汽车先进技术译丛 汽车创新与开发系列

# 汽车电子系统电磁兼容与功能安全

［德］ 凯·博格斯特（Kai Borgeest） 编

胡兴煜 王远腾 译

机械工业出版社

本书聚焦于 EMC 与 ISO 26262 所要求的功能安全的紧密关系。首先介绍了功能安全和 EMC 在汽车电子领域的应用，由于功能安全是汽车电子开发领域刚兴起的一个技术热点，这对汽车工程师和 EMC 工程师在该技术领域的启蒙是有益处的。然后对 EMC 进行了介绍。信号和电源完整性与 ECM 具有相同基本原理，同时在某些情况下也是相关的。

本书探讨了汽车从整车、系统到 ECU 部件所有层级的电磁兼容与功能安全，集成电路级的 EMC 主要探讨了与整车相关的内容。此外，本书还探讨了电动汽车充电设施的相关技术。本书适合汽车电子工程师阅读使用，也适合汽车专业师生参考阅读。

# 原书前言

汽车工业发展经验表明，汽车电子系统出现非预期工作的情况有两个重要的技术原因：软件缺陷和电磁干扰。电子系统故障不仅给用户带来烦恼，同时会对汽车或其他物体造成损坏，甚至会引起交通事故，造成人员伤亡。

本书聚焦于 EMC 与 ISO 26262 所要求的功能安全的紧密关系。首先介绍了功能安全和 EMC 在汽车电子领域的应用，由于功能安全是汽车电子开发领域刚兴起的一个技术热点，这对汽车工程师和 EMC 工程师在该技术领域的启蒙是有益处的。然后对 EMC 进行了介绍。信号和电源完整性与 EMC 具有相同基本原理，同时在某些情况下也是相关的。

在汽车产业中，使用 V 模型描述开发过程是很普遍的，因此，有必要对 V 模型展开讨论，并将功能安全设计流程和 EMC 设计流程集成到 V 模型中。

阅读本书后，读者应该能够识别并避免汽车电子系统的危害，减少高成本的 EMC 问题，能够对整车及部件的 EMC 符合性进行仿真和测试并修复解决问题。本书探讨了汽车从整车、系统到 ECU 部件所有层级的电磁兼容与功能安全，集成电路级的 EMC 主要探讨了与整车相关的内容。此外，本书还探讨了电动汽车充电设施的相关技术。

感谢 Schwarzbeck Mess – Elektronik OHG 和 ETS Lindgren 提供了天线图片，感谢 FORCE Technology 公司提供了混响室图片。

# 目 录

原书前言
## 第1章 汽车电子介绍 ·········· 1
### 1.1 含传感器和执行器的电子控制单元 ········· 1
- 1.1.1 电源 ············ 2
- 1.1.2 时钟 ············ 4
- 1.1.3 模拟输入和传感器 ······ 4
- 1.1.4 数字输入和传感器 ······ 6
- 1.1.5 电源驱动和执行器 ······ 6
- 1.1.6 收发器 ············ 7
- 1.1.7 内部通信 ·········· 7
- 1.1.8 制作加工技术 ········ 8

### 1.2 电源网络 ·········· 9
- 1.2.1 标准的电源网络 ······ 9
- 1.2.2 双电源网络 ········ 11
- 1.2.3 商用车电源网络 ······ 11
- 1.2.4 熔断器 ············ 12
- 1.2.5 电源管理 ·········· 12

### 1.3 电子控制单元之间的通信 ··· 13
- 1.3.1 CAN 总线 ·········· 13
- 1.3.2 FlexRay 总线 ········ 17
- 1.3.3 MOST 总线 ········ 18
- 1.3.4 以太网 ············ 19
- 1.3.5 LIN 子总线 ········ 19
- 1.3.6 CXPI ············ 21
- 1.3.7 SENT ············ 21
- 1.3.8 PSI5 ············ 21
- 1.3.9 汽车安全约束总线 ···· 22

### 1.4 功能域 ············ 23
- 1.4.1 动力传动 ·········· 23
- 1.4.2 车辆动力学和主动安全 ··· 27
- 1.4.3 被动安全 ·········· 29
- 1.4.4 防盗保护 ·········· 31
- 1.4.5 车身/舒适 ········ 32
- 1.4.6 照明与视觉 ········ 32
- 1.4.7 人机界面 ·········· 33
- 1.4.8 信息娱乐 ·········· 33
- 1.4.9 Car2X ············ 34
- 1.4.10 辅助系统 ········ 34
- 1.4.11 线控驱动 ········ 35
- 1.4.12 自动驾驶 ········ 36

## 第2章 电驱动和充电基础设施 ··· 37
### 2.1 组成 ············ 37
- 2.1.1 电池 ············ 37
- 2.1.2 燃料电池 ·········· 39
- 2.1.3 功率变换器 ········ 41
- 2.1.4 电动机 ············ 42

### 2.2 电动动力传动系统 ······ 44
### 2.3 混合动力总成 ········ 45
### 2.4 充电基础设施 ········ 46
- 2.4.1 传导充电 ·········· 46
- 2.4.2 感应充电 ·········· 48
- 2.4.3 充电器通信 ········ 48

## 第3章 功能安全基础 ········ 50
### 3.1 目标与定义 ·········· 50
### 3.2 管理 ············ 53
- 3.2.1 功能安全生命周期 ···· 53
- 3.2.2 安全目标 ·········· 54
- 3.2.3 OEM 与供应商的合作 ··· 55

### 3.3 分析 ············ 55
- 3.3.1 依赖失效分析 ······ 56
- 3.3.2 故障树分析 ········ 57

- 3.3.3 失效模式及效果分析 ········ 59
- 3.3.4 基于失效模式的设计评审 ··· 61
- 3.3.5 事件树分析 ················ 62
- 3.3.6 马尔可夫链 ················ 63
- 3.3.7 危害及风险评估 ············ 63
- 3.4 软件开发 ······················· 65
  - 3.4.1 流程模型 ··················· 66
  - 3.4.2 开发评估 ··················· 68
  - 3.4.3 配置管理 ··················· 68
  - 3.4.4 模块化 ······················ 69
- 3.5 硬件开发 ······················· 69
  - 3.5.1 可靠性 ······················ 70
  - 3.5.2 可靠性框图和冗余 ········ 70
- 3.6 功能安全和 EMC ············· 71
- 3.7 功能安全和质量 ·············· 72
- 3.8 标准 ···························· 72
  - 3.8.1 历史 ························ 72
  - 3.8.2 ISO 26262 ················· 73
  - 3.8.3 ISO/PAS 19451 ·········· 85
  - 3.8.4 ISO/PAS 19695 ·········· 85
  - 3.8.5 ISO 25119 ················· 85
- 3.9 自动驾驶汽车的功能安全 ··· 86

## 第 4 章 EMC、信号和电源完整性的基础 ······ 87
- 4.1 麦克斯韦方程组 ·············· 87
- 4.2 耦合路径 ······················ 90
  - 4.2.1 线路耦合 ··················· 91
  - 4.2.2 电场耦合 ··················· 92
  - 4.2.3 磁场耦合 ··················· 93
  - 4.2.4 电磁场耦合 ················ 94
- 4.3 场到线耦合 ···················· 95
- 4.4 抗耦合措施 ···················· 95
  - 4.4.1 滤波器 ······················ 96
  - 4.4.2 屏蔽 ························ 98
- 4.5 源 ······························· 99
- 4.6 接收器 ························ 100

- 4.7 静电放电 ····················· 101
- 4.8 信号和电源完整性 ········· 103
  - 4.8.1 频域与时域之间的关系 ··· 103
  - 4.8.2 传输线 ···················· 105
  - 4.8.3 信号完整性 ··············· 106
  - 4.8.4 电源完整性 ··············· 107

## 第 5 章 法律法规体系 ············ 108
- 5.1 欧盟 ··························· 109
  - 5.1.1 EMC ······················ 109
  - 5.1.2 功能安全 ·················· 116
- 5.2 美国 ··························· 117
  - 5.2.1 EMC ······················ 117
  - 5.2.2 功能安全 ·················· 117
- 5.3 加拿大 ························ 119
  - 5.3.1 EMC ······················ 119
  - 5.3.2 功能安全 ·················· 119
- 5.4 澳大利亚 ····················· 120
- 5.5 日本 ··························· 120
- 5.6 俄罗斯 ························ 121
- 5.7 中国 ··························· 121
- 5.8 印度 ··························· 122
- 5.9 南美洲 ························ 122

## 第 6 章 ECU 级 EMC 设计 ······ 123
- 6.1 EMC 管理和设计流程 ······ 123
- 6.2 一般设计建议 ················ 125
- 6.3 特殊问题及解决方案 ······· 126
  - 6.3.1 滤波器 ···················· 126
  - 6.3.2 屏蔽 ······················· 128
  - 6.3.3 供电电源 ·················· 128
  - 6.3.4 变换器 ···················· 129
  - 6.3.5 螺线管驱动器 ············ 130
  - 6.3.6 压电驱动器 ··············· 131
  - 6.3.7 点火 ······················· 132
  - 6.3.8 数字电路 ·················· 132
  - 6.3.9 总线 ······················· 134

6.3.10 温度/EMC 交叉效应 …… 135
6.3.11 ECU 开发中的校准探头 … 135

## 第7章 系统级及特殊子系统的 EMC 设计 …… 136
7.1 EMC 管理和设计流程 …… 136
7.2 通用提示 …… 137
7.3 特殊问题和解决方案 …… 137
 7.3.1 雷击 …… 137
 7.3.2 便携式电子设备 …… 138
 7.3.3 线缆线束 …… 138
 7.3.4 车身和地 …… 139
 7.3.5 变型 …… 139
 7.3.6 变化的环境 …… 140
 7.3.7 雷达 …… 140
 7.3.8 军用车辆 …… 141

## 第8章 建模和仿真 …… 143
8.1 建模基础 …… 143
8.2 解析法 …… 145
8.3 半解析法 …… 145
8.4 数值方法 …… 146
 8.4.1 时域有限差分法 …… 147
 8.4.2 蒙特卡罗法 …… 147
 8.4.3 有限元法 …… 147
 8.4.4 矩量法 …… 147
 8.4.5 快速多极子法和多层快速多极子法 …… 148
 8.4.6 围线积分法 …… 148
 8.4.7 有限积分技术 …… 148
 8.4.8 传输线矩阵法 …… 148
 8.4.9 部分元等效电路法 …… 149
 8.4.10 几何光学 …… 149
 8.4.11 几何绕射理论 …… 149
 8.4.12 一致性绕射理论 …… 150
 8.4.13 物理光学 …… 150
 8.4.14 物理绕射理论 …… 150
 8.4.15 射线追踪法 …… 150
 8.4.16 弹跳射线法 …… 150
8.5 随机方法 …… 150
8.6 验证 …… 151

## 第9章 测试和测量 …… 153
9.1 EMC 测量 …… 155
 9.1.1 环境 …… 155
 9.1.2 设备 …… 158
 9.1.3 产生和测量传导干扰 …… 160
 9.1.4 产生和测量电磁场 …… 161
9.2 整车测试 …… 167
 9.2.1 受扰 …… 167
 9.2.2 发射 …… 168
9.3 子系统和 ECU 测试 …… 169
 9.3.1 辐射受扰 …… 169
 9.3.2 传导受扰 …… 170
 9.3.3 静电放电 …… 176
9.4 永久差距 …… 177

## 参考文献 …… 179

# 第1章　汽车电子介绍

本章将不会对汽车电子进行详尽介绍。可参考其他有关此主题的书籍（如文献［21］或文献［65］）。本书将对当前和未来车型中的汽车电子系统，从电磁兼容性（EMC）的角度出发，对这些系统划分功能域，并显示其有关 EMC 和功能安全方面的特性。特别是汽车电子控制单元（ECU）、电源、通信、传感器、执行器的工作原理。本章还简要介绍了线控技术、车联网（car2car、car2c、car2i、car2x）的通信以及自动驾驶。

## 1.1　含传感器和执行器的电子控制单元

汽车电子控制单元（ECU）是典型的嵌入式系统，它和汽车或运输之外的电子控制单元很相似，图 1.1 显示了普通 ECU（发动机 ECU EDC17）的视图。顶部

图 1.1　右侧有导热区域的发动机电子控制单元板图

中央的芯片是一个三核微处理器，左侧布置了外围电路，右侧布置功率半导体，在右侧，印制电路板（PCB）通过热熔胶连接到金属外壳上。两个连接器焊接在另一个印制电路板（PCB）侧，焊点可以在下边缘看到。在汽车电子控制单元（ECU）上方有一组焊接插脚，用于调试。

图1.2显示了ECU的内部电路框图。请注意此电路图不代表元器件在PCB上的布置。所有连接器通常布置在PCB的一侧。为提高热管理效率，功率驱动器一般布置在PCB的边缘。通常使用控制器集成多路复用器和仿真/数字变换器（ADC），因此，尽管它们具有部分模拟电路特性，但它们已被绘制到数字核心模块中。

由于电源驱动通常需要适应不同的执行器，因此电源驱动设计在电路设计中非常重要。设计时需要特别注意EMC，尤其是在大电流切换的情况下。原材料成本主要在电路板、外壳和连接器。

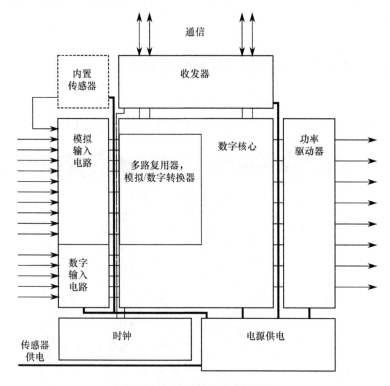

图1.2　电子控制单元内部框图

### 1.1.1　电源

ECU需要为数字电路、仿真电路和部分附加传感器提供电源。常见的数字电源电压为5V、3.3V、2.4V、1.8V或以下。

一般模拟电路和外围传感器的供电电压为5V；部分传感器的外部供电电源高于12V。所有电压都需要进行高低电压转换，其后通过电源分配网络在ECU内部分配，以及向外部传感器供电。某些特殊执行器需要更高的电压，可能高于外部电源（例如，一些喷油器需要高达200V的电源电压）。另一个要求是电压监测，以将整个ECU复位到某个电压阈值以下；否则，一些数字部件会自行复位，并导致整体状态不一致。特别是对于数字电路，其电源电压范围很大，最好是使用同一电源电压水平的数字元件。

对于从外部电源到内部电压的转换，线性电压控制器或DC/DC开关变换器是必要的。

线性电压控制器的优点：
- 成本低。
- 电磁干扰小。
- 无噪声。
- 重量轻、体积小，可集成到集成电路（IC）。

开关式DC/DC变换器的优点：
- 高效率。
- 能够桥接输入高变化速率的电压。
- 可将电压向更高转换。
- 交流电网中可能的功率因数校正。

在可靠性方面。开关式DC/DC变换器可以比集成线性电压控制器集成更多的元器件（有关变换器电路的新视图，请参见文献[15]）；电子电源开关有较大的磨损应力，电解电容器通常会用于不健康的纹波情况下。消费品中DC/DC变换器频繁故障的经验可能会让人觉得其不太可靠，关于可靠性的研究较少；像文献[34, 192, 220]指的是基于变压器的大型变换器，特别是没有比较性研究。除零件数量外，上述风险可通过适当的设计进行控制。在文献[234]中发表了一些关于开关电源（SMPS）中的电子元件常见失效原因。

开关式DC/DC变换器是开关电源的核心电路。由于ECU由直流供电（而不是交流供电），因此本书在ECU上下文中使用了术语"switched DC/DC converter"和"smps"。它们的效率可以达到95%以上，但在低功率/低成本变换器的情况下，效率为80%左右。在实践中，降压线性变换器是最常见的自动驱动电子器件，通常被称为系统芯片，它提供所有的供电电压（模拟和数字电源分开，即使电压水平相同），并监测供电电压，有时还执行其他的常用功能，这些功能不一定与电源相关（如总线通信）。

外部电源电压的提高降低了电子控制单元外部的传导损耗，但增加了电子控制单元内部的转换损耗，这可能会演变为冷却问题。如果需要比外部电源更高的直流电压，可以使用SMPS[16]或电荷泵。对于非常小的电流，电荷泵可以完全集成到一个电路中。一些系统芯片有部分集成的 SMPS，仍然需要外部电感和电容。

ECU 内部的分布是一个典型的 EMC/电源完整性技术主题，将在第 6 章及其他后续章节中讨论。

## 1.1.2 时钟

所有数字元件都需要有一个时钟。低成本的振荡器电路类似于 RC 振荡器（具有内部相移反馈网络的振荡器，由电阻和电容组成），尽管汽车行业对成本很敏感，但晶体振荡器还是很常见的。通常，根据控制器的数据表或应用说明，将晶体作为压电晶体振荡器附加到控制器上。具有分频器/乘法器、锁相环的复杂时钟的计算机板在汽车 ECU 中并不常见。且时钟频率远低于个人计算机，通常在 10 ~ 300mHz 之间。理想的时钟信号被认为是矩形信号，通常占空比为 50%（精度为几个百分比）；实际上，它们的形状为梯形，如图 1.3 所示。在现实应用中，信号倾向于在转换之后触发。

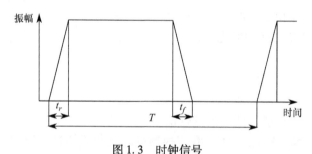

图 1.3 时钟信号

$t_r$—上升时间　$t_f$—下降时间　$T$—周期

如果数据定时不精确（抖动），则逻辑电路功能（控制器、存储器）可能受到干扰。接地偏移或电磁干扰都会引起抖动。在最坏的情况下，峰值会被误解为附加的时钟信号边缘，这可能会影响判定，特别是当同一 ECU 中的多个芯片以不同的方式受到干扰时。

## 1.1.3 模拟输入和传感器

典型的汽车微处理器通常带有一两个 ADC，少数情况下集成了多个。由于控制器中 ADC 的数量有限，但传感器信号的数量不断增加，因此出现了多路复用器的使用。大多数集成了控制器的 ADC 也集成了多路复用器，所以微处理器通常有 8 个或 16 个模拟输入，从每个输入中转换的值被自动分配到相应的寄存器中。传感器不应该直接连接到输入，而是应根据传感器类型，通过一个小型转换电路输入。

通常，不会使用 ADC 的全部可能输入范围。如果控制器的工作电压为 5V，ADC 的工作电压范围为 0 ~ 5V，通常将输入电压映射到 0 ~ 4.5V 之间，有时映射到

0.5~4.5V 之间。超出这个范围的电压，如对地或电源短路所引起的，被检测为错误状态。除了输入电路，一些传感器还具有内部串联电阻的电源电压或接地。

大多数传感器是电阻传感器，它将物理量（例如温度）转换成电阻。负温度系数传感器数量最多。现代的质量流量计也以不同的方式依赖于电阻式温度传感器。电阻传感器的另一个例子是光电子传感器，通常是光电二极管或磁阻传感器。

电阻传感器通过一个引脚与 ECU 接地。另一个引脚与 ADC 输入间接相连。由于控制器中 ADC 数量有限，并且传感器信号数量不断增加，因此使用多路复用器。跨两个 ECU 引脚（图 1.4 中的 $C$）的电容可以转移高频干扰，特别是脉冲。从信号 ECU 引脚到正控制器电源（图 1.4 中的 $R_2$）的电阻与传感器构成分压器，将电阻映射到所需的输入电压范围。

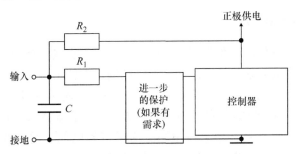

图 1.4　模拟输入、数字输入也是以类似的方式实现的

此外，如果传感器连接丢失，它将把输入上拉到控制器供电电压，因此控制器检测到中断（假设输入电阻高于上拉电阻）。偶尔还有电路使用下拉电阻而不是上拉电阻来构建。电位器是一种特殊的电阻感应电位器（不与电位传感器混合使用），如在加速踏板上的电位器。它们是完整的分压器，可能与附加的固定电阻相结合。

直接传递电压的电位传感器不需要串联电阻来构成分压器，而是一个约为 100kΩ 的上拉电阻（如 $R_2$）或下拉电阻，用于识别断开。"电位传感器"一词不应与基于电位器的特殊电阻传感器混为一谈。一个标准的电位传感器的输入电路很少使用，因为汽车上的少数电位传感器，如压电爆燃传感器或宽带氧传感器有不同的要求，通常是满足这些传感器的特殊集成电路。简单的氧传感器具有未经校正的跳变特性，可以用标准电路进行评估。感应式车轮速度或发动机转速传感器也直接提供电压，但由于其工作原理，它们通常被归类为电感式传感器。霍尔传感器也提供电压，但为此必须施加电流。

几乎所有的 ECU 都测量其外部电源电压。为此，不需要传感器，但输入电路类似于电位传感器。

许多控制器都有内部二极管，可以在内部保护输入，防止静电放电（ESD）和电压超出电源范围。根据控制器输入的规格，可能需要采取进一步的保护措施，例如限压 Z 型二极管或坚固的运算放大器。

在汽车中电容式传感器使用的例子很少。一些发动机具有油质传感器，其测量油介电常数（除了其导电性）。有时舒适系统使用电容式湿度传感器，还有电容式雨量传感器。电容式传感器是廉价振荡器电路的一部分，通常由逻辑逆变器构成，其通过电容改变频率。芯片上集成了多种电容式微机械传感器，用于测量加速度或转速。

电感式传感器也很少见。典型的例子是速度传感器或轮速传感器。这些传感器具有永磁体和感应线圈，感应线圈在传感器和旋转齿轮之间的气隙改变时产生电压，从而改变磁通密度。通过对脉冲和可能的插值进行计算，从而得到发动机或车轮的速度。现在更多地被霍尔传感器所取代。

### 1.1.4　数字输入和传感器

数字传感器，例如制动踏板开关或门触点，并不直接连接到二进制微处理器输入端。如果开关在输入端和接地之间，典型的输入电路由一个限流电阻与控制器输入电阻（图 1.4 所示的 $R_1$）、一个上拉电阻（图 1.4 所示的 $R_2$）串联而成，并包含图 1.4 所示的并联于输入端的滤波电容。如果开关在输入端和供应端之间，则需要一个下拉电阻，而不是一个上拉电阻。为了节省电能，通常选择阻值为 $100k\Omega$ 的上拉或下拉电阻；另一方面，若使用劣质的触点材料，由于电阻较小，闭合开关处产生较高的静止电流有助于保持触点的清洁。在没有任何下拉或上拉电阻的情况下，输入是未定义的，可能会出现意外的逻辑电平，这必须严格避免。有必要进一步保护电路，特别是防静电电路。如果控制器的输入非常敏感，可以使用带有鲁棒性更强的输入门的低集成度标准逻辑芯片，与一个完整的保护电路。因此，输入电路与仿真电路非常相似，除了逻辑门，它比仿真电路中的运算放大器（OP）便宜，而且不需要输入分压器。

从更广泛的意义上讲，总线接口也是数字输入/输出，我们将在 1.3 节中单独讲述。

### 1.1.5　电源驱动和执行器

虽然大多数输入电路都是标准电路，但许多输出电路都是独立于执行器的。大多数执行器由脉宽调制（PWM）驱动。由低边驱动器或高边驱动器驱动；低边或高边驱动器是一个串联的电流开关晶体管，执行器作为负载，将其切换到接地或正电源（图 1.5）。在某些应用中，低边和高边晶体管以半桥的形式组合在一起。低边开关比高边开关更为常见，因为在这种情况下，可以简单地使用 N 通道 MOS 场效应晶体管（MOSFET）。高边开关则需要用 P 通道的 MOSFET 来代替电子空穴，或者是带有更复杂电路的 N 通道的 MOSFET。由于空穴的迁移率较低（在硅中小于电子迁移率的三分之一），空穴传导会导致更高的电阻，或者需要其他维度的设计来弥补这一缺点。除了这两种桥接开关外，高边开关对于远离 ECU 的负载也很有用，因为输出和接地之间有负载，没有必要在汽车上铺设一条长供电线路。前照灯或车尾灯常用这种方法，其中 ECU 往往布置在汽车中央。

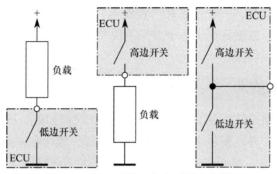

图 1.5　低边开关、高边开关和半桥

双极结晶体管已经失去了以前在功率电子学领域的重要性；目前，通常使用 MOSFET[13]。MOSFET 的阻断电压超过 250V。对于低于 100kHz 的高压应用，例如牵引变流器，也使用绝缘栅双极结晶体管[14,166]。对于标准负载，可用于驱动 IC。这些集成电路结合了几个输出晶体管，包括每个晶体管的栅极驱动器，可以直接连接到微控制器的输出端。许多功率驱动芯片（在汽车和几乎所有与安全相关的应用中）都有一个集成的监控逻辑，它向控制器提供诊断信号（例如过热、短路或负载下降）。除了用于中等功率的硅晶体管，也应用在高要求的电力应用中，例如在混合动力系统中，碳化硅晶体管得到了越来越多的应用。

### 1.1.6　收发器

收发器（XCVR）是个小型集成电路，它将通信控制器的逻辑级输入引脚（通常称为 Rx）和输出引脚（通常称为 Tx）连接到各自总线系统的物理层，以便与其他 ECU 通信。通信控制器是一种设备，它实现所有与硬件无关的通信任务，通常是位定时和更高级别的通信协议。以往的通信控制器常常将集成电路隔离在 XCVR 和单片机之间；如今，对于大多数总线系统，特别是控制器区域网络（CAN）和本地互联网络（LIN），它们都是微控制器的一部分。

一些汽车总线系统有自己的术语，所以 XCVR 有时也有其他叫法，例如在 FlexRay 中的总线驱动程序。在控制器和无线物理层之间也使用 XCVR；这些 XCVR 更复杂，因为它们包含射频（RF）组件，而且它们并不总是单片集成电路。术语"XCVR"表示它可以作为发送器和接收器双向工作。我们将在第 1.3 节中讨论相关的 XCVR 以及相应的总线系统。

### 1.1.7　内部通信

ECU 之间的通信，如 CAN、FlexRay 和其他总线系统是第 1.3 节的主题。有时在 ECU 内部，需要简单的串行通信，例如，控制器与串行电可擦除可编程只读存储器（EEPROM）或控制器和功率级之间的通信（包括监控功能）。在这种情况下，汽车行业不使用自己的标准，而是使用常见的现有标准 SPI（串行外设接口总线)[176]。尽管使用 SPI，一个主芯片（控制器）可以处理多个从设备（外设）；使用一条时钟线和一条数据线用于每个方向的简单点对点连接是常见的。SPI 在逻辑电源电压和接地之间切换。

## 1.1.8 制造加工技术

通常，电子电路是建立在 PCB 上，汽车 ECU 同样如此。PCB 由玻璃纤维增强聚合物制成；通常，导电铜轨不仅印在顶部和底部，也印在中间层与轨道或导电平面内。在汽车 ECU 中，常见的有 6 层或 8 层。在大多数情况下，这种 PCB 是电气性能（隔离性能、介电常数）、力学性能（特别是振动和冲击加速度）、热性能（导热性）和价格之间的良好折中。功率半导体沿着电路板边缘分布，PCB 中的金属芯和 ECU 外壳的热接触有助于冷却。

一直以来，PCB 都是事先完成钻孔；在焊接前，已将电子电路的连接线穿过小孔，因此这种安装技术称为通孔（THT 或 TTH）。今天，小型非有线元件（表面贴装设备，SMD）被直接放置在 PCB 上并焊接（表面贴装技术，SMT）。SMT 的主要优点是寄生少和小型化。一些大型元件，如电感或电容，没有作为贴片。只使用一种有线设备需要一个不同的、更昂贵的生产过程。特别是在设计电源或过滤器时，应该记住这个问题。

对于一些 ECU，如许多传动控制，有更严格的热和机械的要求，如加速度高达 $30g$，温度高达 140℃ 和油接触。在这里陶瓷基板是合适的。通常的陶瓷基板类型是多层低温共烧陶瓷（LTCC）（类似于多层 PCB）。LTCC 是烧结温度远低于

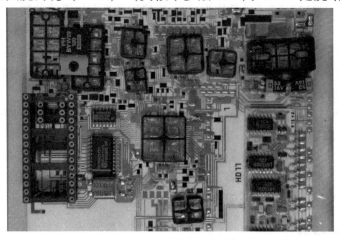

图 1.6 实验性的 LTCC ECU

1000℃的陶瓷材料，因此可以使用普通导电材料，如铜。图 1.6 展示了一个实验性的 LTCC ECU。基片上安装有裸芯片，生产 LTCC ECU 时不会使用芯片盖或塑料外壳 IC。由于抗振动和抗冲击性能差，IC 插座也不会应用在这类 ECU 中。

如果热要求仍然较高，如电动汽车的电力电子，直接用铜结合基板是一种选择。在陶瓷基板的两侧粘接有铜，陶瓷基板隔离电，但传导热量适中，如氧化铝或氮化铝。下面的金属是一个纯粹的散热片，上面的金属被构造成类似 PCB 的导电岛，电源半导体模具附在铜岛上（通常用焊料），并与连接线连接。

ECU 外壳由金属（通常是压铸铝）或塑料制成。驾驶舱内的 ECU 通常使用塑料外壳就可以了；对于动力总成或车辆动力相关 ECU，使用金属外壳。这些 ECU 是完全密封的。在后来的 ECU 中，功率半导体（或 PCB 上的导热贴片）和金属外壳之间的空间常常充满导热和电隔离物质，例如热黏合剂或热油脂。冷却只能通过热传导来实现，而不能通过自由对流或强迫对流（特别是要避免风扇）来实现。热辐射随温度的四次方增加，在工作温度下可忽略不计。

另一个机械组件是连接器。ECU 的引脚数量从小于 10 个到大于 300 个不等。其中一些是并联的，以支持大电流。通常情况下，所有的引脚都安装在线束的一个或两个连接器上。连接器直接安装在电路板上。通常，它们位于板的旁边，连接销是矩形的，连接到焊接柱上。由于它们在屏蔽盒中需要间隙，连接器后面通常会放置一片金属板。一些非常平坦的 ECU（如发动机附件）的 PCB 顶部有连接器，而不是在旁边。在这种情况下，必须选择其他的屏蔽几何形状。

## 1.2 电源网络

在本节中，我们将讨论在一般情况下，有一个或多个电源的由内燃机驱动的乘用车和商用车的电源网络。在第 2 章中，我们将看到电动汽车或混合动力汽车的电源可能有三个不同的电压水平。

### 1.2.1 标准的电源网络

图 1.7 显示了目前汽车中常见的电网架构。该发电机是一个三相交流发电机，

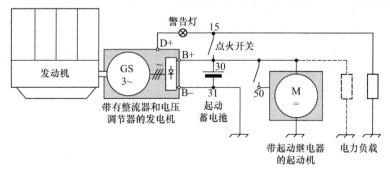

图 1.7 一辆乘用车的标准电网

内部二极管桥作为整流和内部调节器，调整内部场电流，以保持输出电压略高于14V。尽管发电机 B + 端和 B − 端之间有电容，但发电机的输出仍有可见的波动。作为典型的 B6 整流器（三相全桥[15]），每交流周期的输出电压有 6 个波峰（图6.3）。虽然由发动机驱动，但发电机的周期小于发动机的转动周期，因为选择带传动是为了使发电机转得更快（通常是 1～3 倍），而发电机有两个以上的极点（通常是 12 个，有时更多）。

以高于电池本身 12V 的 14V 作为电池充电电压，但是也要避免电池在电压过高时产生易爆的氢气（气相阈值）。放气电压的精确值和最佳充电电压随温度的升高而降低。如今，一些调压器解释了这种依赖关系，而恒压调压器将电压安全地保持在与高温有关的数值上，因此在低温下，它们充电的速度可能要慢。放气电压到底如何依赖于温度也是电池板结构和酸浓度的问题，所以不能笼统地规定，这是控制中的额外不确定性[189]。

电池的正极和负极称为端子 30 和 31。通过发电机励磁绕组的电流必须在发动机运行和交流发电机运转前由电池提供。当点火开关转动时，开关的正极称为端子 15。在端子 15 与励磁端子 D + 之间，有一盏不发电就亮的灯，如今它使用的是一个发光二极管（LED），而不是一个周围有电路的灯泡，这在图中被省略了。有些电控发电机不需要单独的 B + 和 D + 端子，而是用晶体管来开关外部励磁电路和点亮指示灯。

蓄电池和发电机的负极相互连接并接地。通常车体被用作动力和一些信号的公共接地。这种解决方案节省了成本和重量，使用更少的电缆，甚至提高可靠性。尽管有合金钢和轻金属，接地阻抗通常足够低，以避免电流路径的临界横向影响；这可能随着车龄的增长而改变，当生锈或不导电的斑块发生变化时，特别是车身各部分之间的电阻会发生变化。非导电车身（完全或粘接接头）的汽车使用有线接地，长商务车也使用同样的接地。

蓄电池位于发动机舱起动机附近。如果空间不足或存在散热问题，则电池将放在行李舱下方，这需要一条长电流路径才能通往起动机，包括各自的损耗和 EMC 问题。远程电池对平滑发电机电压波动的贡献较小。

最大的负载是起动机，电流可达到约 100A，大型柴油车的起动机甚至超过 1kA（较大的船用发动机起动时依靠压缩空气，而非电子点火）。起动电流使得电压下降几伏，具体数值受电池内阻影响。虽然电压下降的时间很短，但这段时间是至关重要的，原因有很多：发动机可能在最近一次充电后几天或几周才起动，在这种情况下，电池会持续输出自身电量。在发动机起动过程中，由于供油不足，电控单元难以处理控制器复位。ECU 开发人员必须采取措施防止不协调的重置。标准化测试用例见第 9.3.2 小节。特别是在冬天，许多驾驶员在开车时要承担很多其他的工作，这就增加了发生故障的可能性。

根据额定功率或电流随时间的变化关系，可以对负载进行分类。大多数负载由点火开关（端子15）供电。有一些常电负载直接连接到电池（端子30）。例如，报警系统或舒适系统必须在打开点火开关前工作。有时一个ECU会使用常电供电，其目的只是为了避免在初始化周期之间为EEPROM存储数据花费几美分，当电池断开或电量不足时，这种做法会导致故障。任何额外的常电供电ECU在车辆停放时都在不断消耗蓄电池中的电量；有时，电源管理系统在一定程度上可以解决这个问题（见1.2.5小节）。此外，常电ECU会增加火灾风险。电气故障是现代汽车起火的主要原因。

在与点火开关相连接的负载中，有些负载在点火时是连续工作的。其他负载只能在有限的时间内工作。它们在仪表板、继电器或电子电路中有额外的开关，可以在待机和完全运行之间切换。加热器和鼓风机需要的功率最大（除了前面提到的起动机），通常超过1kW。有些负载在不切换的情况下只产生微小的稳定电流，而有些负载具有间歇性电流峰值，特别是汽油发动机点火或柴油发动机喷油（有时汽油发动机也喷油）。从EMC的角度来看，间歇负载更相关，而在开关瞬态过程中稳定负载可能更关键。

### 1.2.2 双电源网络

在双电池网络中，起动蓄电池通常放在发动机附近，另一个电池放在行李舱下面。在少数情况下，存在两个电压相等的双电池网络。在这种情况下，一个电池用于起动机，另一个电池用于其他用途。如果两个电池并联充电，从发电机到两个供电网络的二极管可以避免一个电池的电流在靠近发电机的连接点流入另一个供电网络；通常，发电机和两个电池之间的连接由开关或继电器控制。除了汽车应用，这样的动力网络已知的应用是小型帆船，它带有一个发动机电池和另一个航行时没有发动机时供应舱室用电的电池。

随着供电电压的提高，通常具有不同电压的双电池网络逐渐被采用。近20年前，第一个使用36V电池组（发电机电压为42V）的方法尚未成功。在不久的将来，一个特别常见的情况是48V电池组和12V电池的组合（图1.8）。第一套12V和48V系统正在生产中。发电机和大功率负载分配到48V电池组网络；其他负载连接到12V电池。DC/DC变换器，通常为降压-升压变换器（第2章），桥接两个部分。

### 1.2.3 商用车电源网络

由于两个原因，商用车比乘用车需要更高的电压。主要原因是发动机惯量和压缩力较高，对起动机的要求较高。另一个原因是较长的电路，容易产生较高的损耗。依赖于它们的应用场景，商务车有很多非常规的额外电力系统，例如货物装卸系统。一种解决方案是为整个电力系统配备一对24V电池。因此这个系统的结构和乘用车一样，其区别在于有双重电压。这是最常见的解决方案。也有双电源系

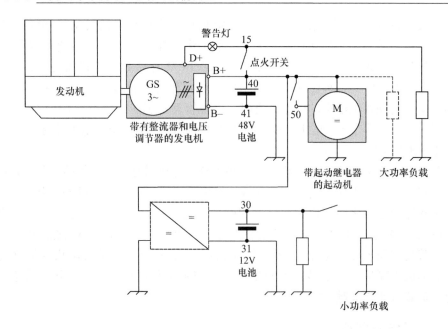

图 1.8 乘用车双电压网络（多种可能配置之一）

统，两个 24V 电池或一个 12V 电池和一个 24V 电池。第三种方法是有两个通常并联的 12V 电池，在起动过程中通过继电器与起动器串联。在这种情况下，一个 12V 的电池持续连接到其他负载。

## 1.2.4 熔断器

约定俗成的，许多汽车都有一个中央配电箱，在这个配电箱中，大多数电路都由熔断器保护（在欧洲，根据 ISO 8820 - 3[146]），熔断器内部有一根易熔导体，防止可能由短路引起的过电流。最大额定值是 120A，因此一些电路，如起动机电路并未使用。对于大于 500A 的电流，根据 ISO 8820 - 5[147]，有轴向连接条的熔断器。对于高达 450V 的高电压，根据 ISO 8820 - 7[148]，要使用带标签的熔断器。虽然熔断器需要进行许多测试[145]，但是对这种部件进行 EMC 测试既不合理也不是必需的[146]。然而，应该记住，感应回路上的大电流突然中断会触发瞬态事件，对某些 ECU 产生不利影响。

ECU 越来越多地集成熔断器的功能器件。在 ECU 内部，基于 PTC（正温度系数热敏电阻）的 MOSFET 或晶体管是另一种选择。基于聚四氟乙烯的热敏开关易取代熔断器，其优点是可逆性好。晶体管提供了更多的控制可能性，但是用晶体管取代熔断器是很有挑战性的，因为人们期望晶体管能够表现出和熔断器同等的安全级别。

## 1.2.5 电源管理

有些汽车有一个电源管理系统，它的物理位置在电池附近的另一个 ECU 中，带有温度和电流传感器，并进行持续性的电压监测。电源管理系统的主要任务是保证汽车的起动能力。这项任务包括电池监测、充电控制和放电保护。此外，电源管理有助于提高电池寿命，例如。避免深度放电，并标示电池使用寿命的结束。

电池监测产生关于充电状态（SOC）、健康状态（SOH）以及在特定情况下完成起动任务的能力的信息，后者称为功能状态（SOF）。此外，还可以测量温度。虽然 SOC 可以很容易地从电压/电流测量中确定，但是 SOH 和 SOF 可以从一个非常复杂的电池模型中计算出来。电池监测为充电控制和放电保护提供信息，对锂离子蓄电池来说是安全的。

充电控制与驾驶有关。为此，电源管理 ECU 可以通过 LIN 或 CAN 与发电机电子设备或其他 ECU 通信。

停车时的放电保护尤为重要。当发电机无法给电池充电时，当然也包括行驶时出现过度放电。主要任务是优先考虑汽车中的用电设备，并在必要时停止对它们的供电。一些汽车通信系统，如 CAN 总线（第 1.3 节）可以使部分网络"休眠"（保持当前未使用的 ECU 空闲，尽管总线上有消息），并在 ECU 之间提供专用的唤醒通信，支持电源管理。

## 1.3 电子控制单元之间的通信

除了能量流动之外，ECU 之间还有密集的数据交换，这将随着自动驾驶功能的增强而进一步增强。数据交换的强度太大，不适合一个信号只有一条线路的模拟交换；此外，模拟信号对电磁干扰（EMI）很敏感。如果电磁干扰振幅很小，数字信号中的信息将保持。随着电磁干扰振幅的增大，误码率（误码位和总数据位的比值）首先缓慢增加，只破坏少量的传输；超过一个阈值，它会迅速增加，直至完全中断通信。位在称为数据帧的相邻组中传输，有时也称为报文或包。随着误码率的增加，帧误码率也随之增加。大多数协议检测到错误帧的概率很高时，ECU 通常不处理非法数据，但它们可能会丢失实际数据。汽车总线常用的恢复策略是对损坏的帧进行重传。前向纠错，即在接收端传输冗余数据来修复损坏的消息，在汽车总线系统中并不常见（除了汽车以太网）。一些总线，例如 CAN 总线，超出了直接恢复和关闭经常参与错误通信的通信节点的范围。在大多数自动化应用程序中，丢失帧没有严重的后果，因此，例如，分布式控制循环可能会很快从错误状态中恢复。在一个关键的安全应用程序中，丢失帧则会有严重的后果。

下一部分将简要介绍所有常见的汽车通信系统。一些总线系统在文献［185］中有更详细的介绍。

### 1.3.1 CAN 总线

CAN 总线是汽车电控单元之间通信的标准方式。在物理上，它由一对未屏蔽的双绞线（UTP）组成（CAN－high，简写为 CAN_H；CAN－low，简写为 CAN_L）。这对双绞线的特性阻抗约为 120Ω。为了更详细地说明，我们将考虑三种 CAN 规格—高速 CAN、低速 CAN 和 CAN FD（灵活的数据速率）。低速和高速 CAN 可以共享相同的协议[102]，但是它们的物理层不同。CAN FD 理论上可以同时使用两个物理层（低速/高速），但是只有高速才有意义。这种选择并不完全，更多的类型是单线 CAN[207]，它已经被 LIN 总线和时间触发 CAN 所取代，而后者在汽车工业中并不成功。一个非常相似的系统，车辆区域网络尚未得到重视；它使用的是与高速 CAN 相同的物理层。J1939 是一种基于 CAN 的商用车协议[205,231]。ISO 16845[108,109]描述了实施后如何进行性能测试，例如对使用 CAN 接口的 ECU 进行性能测试。

图 1.9 显示了两根 CAN 线 CAN_H 和 CAN_L，分别带有一个发射器、接收器和两个 XCVR 中的供电电路。在这种情况下，已经选择了用于更常见的高速 CAN 的 XCVR；有关详细信息，请参见 1.3.1.1 小节；低速 CAN XCVR 类似（请参见 1.3.1.2 小节）。如果控制器的逻辑 0 到达传输（Tx）输入端，晶体管（无论是双极或场效应）将 CAN_H 线拉到正电源，将 CAN_L 拉到地。图中没有显示的二极管将电压电平限制在稍后将描述的指定值。接收器对信号进行不同的评估，并将其馈送到接收器（Rx）线路上的接收机 ECU 控制器。此外，任何涉及的 XCVR 都会在诸如 25kΩ 的跨越电阻上馈入空闲电压（2.5V 在高速 CAN）。

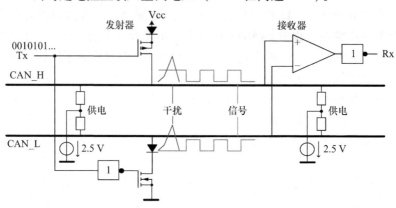

图 1.9　CAN 总线（简化）

本段以极其简单的方式描述了 CAN 总线上的协议；有关更详细的描述，请参见文献 [21] 或文献 [230]。在 CAN 上，具有不同优先级的总线消息被广播给所有 ECU。帧开始后的前 11bit（可选前 29bit）是具有双重用途的标识符。一方面，它声明消息的内容，网络中的每个 ECU 都接收消息，并由内部标识符筛选器检查各自与消息是否相关（接受筛选）。另一方面，标识符表示消息的优先级，逻辑 0 作为优先级，逻辑 1 作为隐性级出现在总线上，如果另一个 ECU 发送优先级信号，则逻辑 1 将被覆盖。试图发送覆盖的隐性信号的 ECU 注意到另一条消息具有更高的优先级,并在剩余帧期间转换为监听模式。对每个标识符位(包括标识符之后的位)重复此访问过程,称为仲裁。经过正确的仲裁,只剩下一个ECU,它有权发出信息。对于下一条消息,同样的仲裁规则也适用,尝试重传出错的消息可以被具有较高优先级的另一条消息再次抑制。由于CAN总线不能满足硬实时条件,因此除了最高优先级(最低标识符)外,不能保证在给定的时间段内传递消息。在实际应用中,跨CAN总线通信的实时应用程序运行良好,但是对于安全关键系统,这种优先级系统是不够的,因为它不是严格确定的。在基于优先级的仲裁之后,传输最多8Byte的消息内容。该帧通过以下循环冗余校验(CRC)来验证,循环冗余校验使用16bit生成多项式(因此传输15bit,然后使用始终为隐性的分隔符位作为计算时间)。所有的接收器都用写入当前帧的主确认位来确认明显正确的接收。最后,帧以隐性位结束。

CAN总线可靠性得到证实的一个原因是复杂的错误处理。它采用了5种不同的错误检测机制。在识别之后,ECU用特殊的错误帧警告其他ECU可能出错。持续出错的ECU将停止向总线通信。尽管其可靠性很高,但由于上述原因,它不能保证安全关键系统在所需的指定时间内传输消息。

#### 1.3.1.1 高速CAN

高速CAN的物理层按ISO 11898 – 2[103]进行标准化;在美国,通常引用类似的SAE J2284[206]标准。高速CAN比低速CAN更常见,XCVR有很多选择,例如英飞凌、NXP、德州仪器、安森半导体、马克西姆集成、Microchip和ST,价格在1美元左右。高速CAN最大数据速率为1Mbit/s;实际上,500kbit/s的速率更为常见。信息传送随着传输线的长度增加延迟,进一步将限制数据速率,传输距离可以达到40m,速率可以达到1Mbit/s;较长的传输距离限制了可能的数据速率。

忽略XCVR芯片的延迟,允许的线长$l$可以近似为

$$l \approx \frac{40\mathrm{m}}{r/[\mathrm{Mbit/s}]} \tag{1.1}$$

式中,$r$为数据速率。总线的空闲电压为2.5V。在逻辑为0的情况下,CAN_H被拉升到3.5V以上,CAN_L被拉低到2.5V以下,因此最小差分电压为2V。在逻辑1的情况下,两条线路的空闲电压都为2.5V,因此差分电压为0(图1.10)。

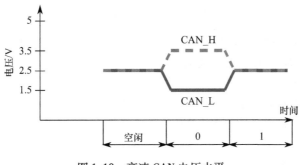

图1.10 高速CAN电压水平

CAN 总线在最远的两段设置终端电阻。如果一个终端电阻被分成两个 60Ω 电阻的串联电路,那么电磁兼容性可以得到改善。两个电阻之间的点分别接地在电容和小电阻上(分接端子,见第 6.3.9.2 小节)。

ISO 11992 描述了一种基于高速 CAN 总线的具有物理层和链路层的货车/拖车总线[105]。它还描述了一个包含安全相关制动信息的应用层,但不控制制动驱动[106]。

#### 1.3.1.2 低速 CAN

低速 CAN 的物理层是在高速 CAN 之后多年引入并标准化的[104]。最大数据速率为 125kbit/s,传输距离可以进一步限制数据速率。总线的空闲电压在 CAN_H 上为 0V,在 CAN_L 上为 5V,如图 1.11 所示(反之则不然,这常常导致混淆)。在逻辑为 0 的情况下,CAN_H 被拉升到大于 3.6V,CAN_L 被拉低到小于 1.4V。在逻辑 1 的情况下,两条线路都设置为空闲电压,因此差分电压为 -5V。

图 1.11 低速 CAN 电压水平

低速 XCVR 可以识别线路故障(中断或短路)。它们仍然判断差分信号,如果导线断路、CAN_H 对接地短路或 CAN_L 对蓄电池正极短路,它们仍会评估差分信号。在其他故障的情况下,内部逻辑从差分模式切换到相对于接地的剩余线路读取。这就是低速 CAN 也称为容错 CAN 的原因。由于硬件在对称和非对称单线操作之间切换较为复杂,并且具有额外的唤醒机制,低速 CAN 的成本高于标准高速 CAN 的成本。

其终端不同于高速 CAN。每个 XCVR 可以有一个终端电阻,但终端电阻不是强制性的。在有许多节点的情况下,总线会因并联的终端电阻而承受过多负载,建议最小电阻为 500Ω,并接受适度的失配。

#### 1.3.1.3 CAN FD

CAN 总线 FD(灵活的数据速率)随着数据速率的增加而临时工作。ISO 11898-2 的第 2 个版本以及 SAE J2284 的第 4 和第 5 部分指定了一个增加了 2Mbit/s 和 5Mbit/s 的速率。CAN FD 仍然使用常规 CAN 总线的绞线。只要数据流中的一个特殊位("比特率开关")命令执行此操作,当前数据帧中的数据速率就会切换到一个更高的值。在 CRC 校验之后,数据速率返回到它的原始值。在出现错误的情况下,还将重置数据速率。CAN FD 的主要目的是在不增加物理层元件成本的情况下提高数据速率。首次使用 CAN FD 的实践经验表明,这一目标并非没有问题。FlexRay 和以太网的应用表明该问题是可以解决的,它们的 UTP(未屏蔽双绞线)具有更高的数据速率,而 FlexRay 的可靠性要求更高。CAN FD 生产线的最优规格是一个尚未得到最终解决的技术经济问题。

CiA(CAN in automation)是一个致力于检查 CAN FD 的缺陷并制定标准的组织。实际上,一系列可能对汽车工业也有用的标准是 CiA 601[25];特别有趣的是第 4 部分中提出的一种振铃抑制电路。该振铃抑制电路检测下降沿(振铃将开始的位置)并在两条 CAN 线之间在短时间内切换低电阻。CiA 602 是专用于商用车辆[26]的 CAN FD。

## 1.3.2 FlexRay 总线

FlexRay 是一种汽车总线,专注于高可靠性的安全关键应用。此外,数据速率可以比 CAN 总线更高(最高可达 20Mbit/s)。对应 ISO 17458[110]和 ISO 10681[101]两个标准。

它由一对像 CAN 所使用的双绞线(即 4 根电线)组成。建议使用屏蔽,但不是必需的。对于每条消息,可以选择是否将第二对用于具有一半数据速率的冗余,或者选择使用两对不同的、没有冗余信息的完整数据速率。在高速传输中使用双绞线对电缆和连接器有严格的要求。特性阻抗必须在 80~110Ω 之间,特定线路延迟必须在 3.4~10ns/m 之间;以前要求的衰减低于 82dB/km 已经在第 3 版后取消。连接器规格要求最大接触电阻为 50mΩ,阻抗在 70~200Ω 之间,包括传输线和总线驱动器(XCVR)在内的总延迟不得超过 2450ns。所有终端电阻必须保持总直流负载(并联电阻)在 40~55Ω 之间[60]。

与高速 CAN 类似,通常在两个最远的 ECU 中都有终端电阻。如果一个终端电阻被分成两个电阻的串联电路,两个电阻之间的节点都通过 4.7nF 的电容和一个小于 10Ω 的电阻接地,那么电磁兼容性可以得到改善。建议总线驱动和收发器之间的共模扼流圈电阻低于每线 1.5Ω,主电感为 100μH,杂散电感低于 1μH(参见关于分接终端电阻的 6.3.9.2 小节)。

与 CAN 一样,FlexRay 也使用差分信号。与 CAN 相比,有 4 种不同的状态,即 0、1、空闲和空闲低功耗(图 1.12)。在仲裁期间,严格避免在 CAN 总线上的那种发送冲突(两个 ECU 同一时间发送),因此没有理由区分主导和隐性级别。这两条导线称为 BP(总线正)和 BM(总线负)。对于逻辑 1,BP 上的电平比 BM 高 2V,逻辑 0 则相反。在怠速模式下,两条线路具有相同的电压。

一个传输周期由一个时间窗口(静态段)组成,其中每个数据帧都有一个保证的时间段,这种确定性使 FlexRay 适合严格的实时要求。当然,这种确定性要求

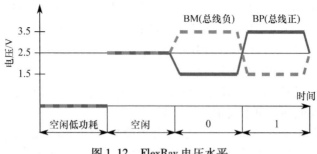

图 1.12 FlexRay 电压水平

传输特定帧,即使其数据自上次传输相应帧以来未进行修改,因此,对于没有任何变化的报文,可能会浪费一些总线时间。因此,在静态段之后,可以配置一个可选的时间窗口,该时间窗口适用于类似于 CAN 总线(动态段)的优先级,但此动态段中的仲裁工作方式不同。一个窗口用于总线内部符号和空闲时间。静态段中对时间精度的要求需要在整个网络中进行精确的始终同步。除了被称为偏移调整的时间跳跃的逐步修正外(如将时钟向后或向前拨),每个节点还可以调整其时钟速度(如向下或加速时钟)。这是通过从局部振荡器导出的局部微刻度和从全局总线时间导出的宏刻度之间的动态映射实现的[184]。有一个特殊的方案来引导网络,这也建立了总线时间。一个帧中可以传输最高达 254Byte 的数据,该帧嵌入在一个 5Byte 的报头和一个包含 3Byte CRC 字节之间。与 CAN 总线类似,报头没有地址信息,除了一些其他总线管理数据之外还有标识符。报头中的循环计数帮助接收器识别丢失的帧。

在 FlexRay 中已经指定了一个特殊的特性,但不是强制的,那就是总线保护器。这些 IC 用于保障向总线上按照时序发送消息。由于成本原因,在实际中没有使用总线保护器。

### 1.3.3 MOST 总线

MOST(面向媒体的系统传输)是一种用于信息娱乐的总线,具有 3 种不同的数据速率(MOST25、MOST50、MOST150)。这些数字表示以 Mbit/s 为单位的最大数据速率。MOST25 和 MOST150 的标准物理层是塑料光纤(POF),它不会造成 EMC 问题。尽管有这样的优势,汽车工业不喜欢这种物理层,因为它很昂贵,而且很难将光缆插入到机身中,以达到最小弯曲半径。对于 MOST50,使用类似于低压差分信令(LVDS)参数的 UTP(有时也被屏蔽)作为物理层,所有 3 种大多数类型都定义了 POF 物理层。2011 年,MOST150 发布了使用同轴电缆的物理层[175]。

MOST 总线拓扑的各 ECU 呈环状结构,在物理上由闭合链组成,即每个 ECU 都有一个光纤到下一个 ECU 的发射器和一个光纤到前一个 ECU 的接收器(图 1.13)。有时,在连接最多的设备之间有一个额外的 CAN 通信,如果环被中

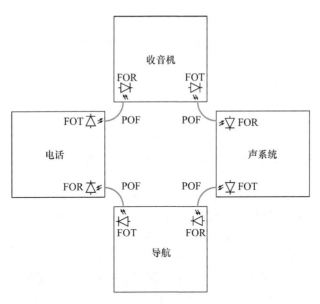

图 1.13 大多数拓扑结构中的典型示例网络
POF—塑料光纤　FOT—光纤发射机　FOR—光纤接收器

断,它将与其他任务一起执行与错误相关的通信。

### 1.3.4 以太网

以太网在家庭和办公室应用中很有名,因此它在汽车领域的应用也得到了应有的重视。第一个应用是多媒体(基于摄像机的辅助系统和信息娱乐系统),其中以太网与 MOST 总线竞争,诊断是以太网与 CAN 总线竞争。尽管双绞线对(每个方向一对)在车外的大多数以太网应用程序中是常见的,但是一个简化的单对解决方案具有高达 100Mbit/s 的性能,这是汽车物理层 BroadR - Reach 的典型特征。互联网协议诊断(DoIP)是一个例外,它使用具有相同数据速率的普通双绞线(100Base - TX)。应该注意的是,以太网在汽车上的应用仍然是新颖的,因此标准还没有建立完全。它使用了 3 个电压级别(图 1.14),因此从 EMC 的角度来看,这对汽车行业是一个新的挑战。

通常(但不一定)在以太网上,网络层由 IP 实现,传输层由传输控制协议或更快但更不安全的用户数据报文协议实现。这个标准协议非常适合 DoIP。对于多媒体应用,音频/视频桥接(IEEE 802.1as[90],IEEE 1722[88])等标准更适合。在最常见的管理相关协议上,主机配置、地址解析和控制消息将运行。针对多个应用,开发了一种新的中间件 SOME/IP。

### 1.3.5 LIN 子总线

LIN 子总线是构建小型子网(集群)的廉价解决方案,通常有 2 ~ 4 个 ECU,

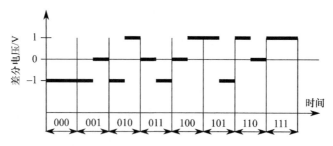

图1.14 以太网差分电压（理想化）。实际上，信号看起来像一个振幅不规则的振荡

没有安全要求，数据速率低于20kbit/s。通常一个LIN ECU连接到一个大型CAN网络。这个ECU通过LIN连接到更小的ECU（通常是智能传感器和执行器），这个层次的网络结构解释了术语"子总线"和"子网络"。在CAN建立之后，开发LIN的主要驱动力是价格。由于LIN最新版本的复杂性不断增加，相对于CAN的价格优势已经缩小，目前处于边际水平。最显著的特点是使用单一的导线与车身作为返回导体。在逻辑上隐性或空闲状态下，它被保持在略低于电源电压（在乘用车上高于12V，在商用车中更高）。主ECU有一个1kΩ的上拉电阻，所有其他ECU建议30kΩ的上拉电阻（图1.15），通常与二极管集成在XCVR中，二极管防止跨LIN供电。在逻辑上占主导地位的状态下，它由一个电压水平在0.7V左右的晶体管接地。在最大总线长度为40m时，数据速率被限制为20kbit/s，在实际中，一个常见的数据速率是19200bit/s；有时使用较慢的数据速率。LIN在ISO 17987第1~7部分中标准化[111]。该标准第8部分指定了电力线上的LIN协议。

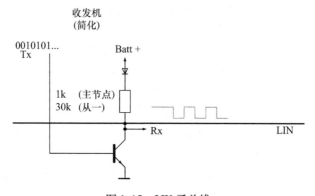

图1.15 LIN子总线

在LIN集群中，有一个主ECU，其他ECU根据请求发送数据。在主机发出一个简短的报头之后，被请求的从ECU将其数据和校验和直接附加到由主机发起的帧中。通常消息在预定的周期内交换，但也可能出现零星或事件触发的消息。错误信息被简单地忽略。为了获得对LIN节点的诊断访问，LIN协议可以隧穿共有的诊断协议。

## 1.3.6 CXPI

实际上，LIN 的价格比最初设想的要高。时钟扩展外围接口 CXPI 可能会在未来更契合 LIN（目前其渗透率仍然很小）。它在 J3076[211] 中标准化，最初在日本标准 JASE D 015[164] 中。物理上 CXPI 与 LIN 相似；主要区别在于协议中保留了严格的 LIN 调度，允许具有冲突解决能力的多次访问。从节点从主节点中获取时钟，不需要自己的时钟。与 LIN 一样，CXPI 网络可以有 16 个节点参与，最大数据速率为 20kbit/s，最大长度为 40m。

## 1.3.7 SENT

SENT（单边缘小字节传输）是一个非常简单的接口，用于将传感器连接到 ECU[208]。在正常快速数据格式，一个矩形信号使用一个变量脉冲宽度编码 1 组 4bit，需要至少 15μs。它使用一条供电线路（5V）、一条接地线和信号线，其中电压低于 0.5V 表示"低"，高于 4.1V 表示"高"。传输由同步脉冲和状态场启动，它以校验和结束。

## 1.3.8 PSI5

过去，已经开发了几种用于约束系统的总线[21]。它们的任务不是在复杂的 ECU 之间进行通信，而是连接智能传感器（这可以被认为是简单的 ECU），也可能是执行器到 ECU，特别是安全气囊 ECU。PSI5 就是其中之一，它应用在了一些量产车上。除了一般规范外，还有一个特殊的配置文件用于约束系统，PSI5 最初是为其设计的，用于动力系统和底盘系统。

虽然约束系统（安全带、安全气囊）提供的被动安全不是功能安全（定义见第 3 章），但被动安全系统中的故障会导致功能安全问题。因此对约束系统总线的要求很高。

PSI5 使用了 4 种类似 CAN UTP 的方式（图 1.16），即点对点连接在异步或同步模式，点对点连接的级联（链）或作为一个总线与几个并行智能传感器（如果连接 ECU 内部称为并行模式，否则称为普通模式）。在异步模式下，传感器启动通信，在同步模式下，ECU 以固定的时间表或可变的方式启动通信。

从 ECU 进行通信与向 ECU 进行通信的工作方式不同。除了通信，ECU 还为总线上的传感器提供高达 11V 的电压。

从传感器到 ECU 的通信，PSI5 使用电流信号与曼彻斯特码（逻辑 0 编码为半位弱电流，后跟半位高电流；逻辑 1 编码为半位高电流，后跟半位低电流）。高电流是介于 22~30mA 之间的电流，高于介于 4~19mA（可选为 35mA）之间的静止电流。

从 ECU 到传感器的通信使用电压电平。用振幅键控（1：脉冲存在；0：脉冲省略）或脉宽键控（1：长脉冲；0：短脉冲）来代替曼彻斯特码。最大数据速率为125kbit/s，可选为189kbit/s。

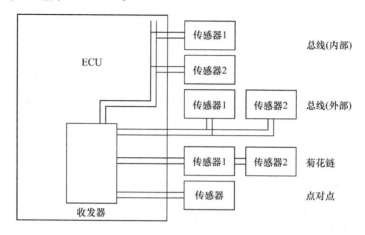

图 1.16 PSI5 拓扑

由于PSI5的物理层非常复杂，因此需要参考标准规范[191]或扩展安全气囊/底盘/动力总成规范。它们也描述了协议。

### 1.3.9 汽车安全约束总线

汽车安全约束总线（ASRB）是由汽车制造商和供应商组成的联盟开发的，其名称为"线安全"，是用于约束系统的双向总线，并在ISO 22896[112]中标准化。它还没有达到很高的市场渗透率。

它是一个冗余双线总线，允许多个拓扑，因此所有节点都可以与总线并行连接，但也可以将ECU串联，例如一个ECU的输出连接到下一个ECU的输入，如MOST的环状结构（菊花链）。由于冗余，也可以将所有ECU并联到一个部分总线上，并在环状链中连接另一个部分总线。ASRB也可以与环闭合。在空闲状态下，它可以容纳11V并将其作为电源。对于逻辑0，电压被拉到6V（称为L0），对于逻辑1，电压被拉到3V（称为L1），电压被拉到半位时间。除了显示的电平外，总线还可以接地到0V。这个特殊级别充当一个称为LS0的安全信号，它将消息限定为一个严重的非常规消息，例如与部署相关的消息。同样在空闲状态下，主进程持续传输0（图1.17）。数据速率为20kbit/s、40kbit/s、80kbit/s或160kbit/s。

该协议是一个主/从协议，其中安全气囊ECU通常是主节点。主节点发起的通信的开始帧（SOF），其数据组成一半为0（即1bit时间的11V，紧随其后的是1bit时间的6V）。然后主节点标识消息的头、头后，从节点（或主节点本身）可以添加消息的有效负载。使用CRC验证消息。有两种数据帧，即读取传感器数据的S帧和用于诊断和部署的D帧。

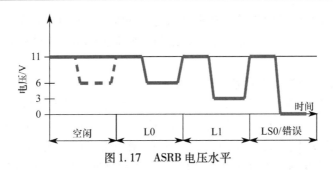

图 1.17　ASRB 电压水平

## 1.4　功能域

### 1.4.1　动力传动

传统动力总成的核心部件是内燃机；我们将在第 2 章的后面讨论电力系统。从电子的角度来看，发动机 ECU 是核心组件（图 1.18）。

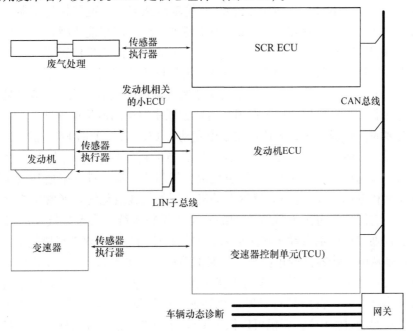

图 1.18　动力总成电子结构概述

SCR—选择性催化还原

虽然在欧洲手动变速器被自动变速器缓慢地取代，但在美国和日本自动变速器几乎是标准配置。这些变速器需要控制。旧的变速器通过液压控制，如今使用电子传动控制单元（TCU）。TCU 具有类似的软件复杂度，并与发动机 ECU 共享大量数据；因此，在动力总成 CAN 总线上，两个 ECU 之间发生了密集的通信。

近年来，废气处理对消除发动机排出的一些废气具有重要意义。它深入集成在动力系统电子架构中。动力总成电子系统与车辆动力学电子系统和驾驶员仪表紧密相连。

#### 1.4.1.1 发动机控制，包括喷射和点火

发动机 ECU 通常位于发动机附近，有时（特别是大型柴油发动机）甚至直接连接到发动机上。有时它位于仪表板附近或杂物箱后面。在 V 形发动机中，ECU 有时分为主从发动机 ECU，其中每个 ECU 控制一组气缸。主 ECU 和从 ECU 通过 CAN 或专用线路通信。发动机 ECU 的典型任务是燃油喷射控制、点火（汽油）控制、发动机和车辆速度控制、进气压力控制、废气再循环（EGR）控制、废气处理控制、电热塞控制（柴油）、热管理、气门控制（如果存在）、诊断、防盗器[21]，不幸的是最近还有非法操纵废气值[56]功能。通常还有一些与发动机相关的小 ECU 辅助发动机 ECU 实现特殊功能，如火花塞控制、点火、复杂可变气门系统或复杂的废气处理系统。通常，这些额外的发动机相关 ECU 比发动机 ECU 小，但在少数情况下（例如一些气门控制），它们可以达到类似的复杂性。传感器连接到发动机 ECU 或辅助 ECU，例如曲轴和凸轮轴传感器、加速踏板传感器、制动开关和离合器开关（如果存在）、燃油压力传感器、冷却液温度传感器、其他的温度传感器、爆燃传感器（汽油机）、一个或多个可能的机油质量传感器、空气质量传感器、增压传感器（仅用于涡轮增压器）、大气压力传感器（ECU 内）、空气温度传感器、一个或多个氧传感器、一个或多个废气温度传感器、几个与废气处理系统相关的传感器，有时还包括用于燃料、机油或尿素溶液的液位传感器。一些发动机使用了更多的传感器。典型的执行器是由发动机 ECU 或者辅助 ECU 驱动的：油箱内的燃油泵、燃油喷射器、点火（汽油机），有时还包括 EGR 冷却器或涡轮增压器旁通阀、节流阀（柴油机）、进气道挡板，气门执行器、排气格栅甚至涡轮增压器涡轮叶片和电热塞（柴油）。燃气发动机（天然气或液化气）通常由汽油发动机派生而来。它们通常有天然气和汽油的一个双燃料系统。大型燃气发动机（几百千瓦以上）通常由柴油发动机派生而来，并经常使用柴油喷射来点燃气体。

特别是从电磁兼容性的角度来看，柴油喷油器（见 6.3.5 节和 6.3.6 节）和汽油机点火装置（见 6.3.7 节）作为干扰源是很有挑战性的。受到干扰影响的主要是一些传感器信号，特别是对于发动机转速，因为发动机转速低时（发动机转速最低发生在起动过程中），振幅可以低于 1V，干扰会导致功能问题，可能导致发动机无法起动。在电子发动机控制的早期历史中，从加速踏板传感器到 ECU 的连接一直是一个令人关注的问题。此外，与其他动力传动系统相关 ECU 的通信可能会受到干扰。

危及安全的情况包括意外加速、发动机在某些情况下（超车、水平交叉）反应延迟和突然停机（例如由于齿轮问题）。由于制动助力器和转向助力器依赖于发动机，发动机失速会产生进一步的危险情况。燃料泄漏可引起火灾，如果再加上电

子燃油泄漏监测功能失灵,可能会有额外的危险。排气相关部件的故障会导致违法行为,因此它们也被认为比单纯的舒适性问题更重要,但比人身伤害或火灾重要等级略低。意外加速被认为是与动力传动系统最相关的危险,因为一方面,这种情况相对经常发生,而且后果往往是除物质损失外,还造成人员伤亡。类似危险的情况是加速踏板,释放后速度不够快,无法返回空闲位置。这尤其会发生在拉索卡滞的情况下,现在已经被电子部件取代。但即使如今,摩擦增加、弹簧断裂或某些物体(特别是垫子)导致卡住踏板的情况也有发生。在大多数现代汽车中,ECU 会比较制动踏板和加速踏板位置,监控功能应识别这种情况并限制发动机转速;在这里,充足的驾驶员反应时间和功能完善的制动踏板开关至关重要。一些制造商通过设置延时,来实现一些两只踏板共同操作的"疯狂"驾驶方式。两个不同的传感器产生的相互干扰已经得到了有效的降低,因此,产生含义不同、执行器相同的错误信号的可能性也很低,除非在两种传感器都提供相似的信号的范围内。另一个非常关键的情况是接地连接的丢失,它会导致输入端的满电压。通常常规的输入范围被限制在 4.5V,所以在输入时 5V 不会被解释为全速,而是被识别为一个错误。此外,踏板上的两个传感器应该有单独的接地线。美国对意外加速故障的系统调查已发表在一份特别报告中[222]。

### 1.4.1.2 变速器控制

由于内燃机的转速和转矩范围通常不足以驱动汽车,需要变速器将转速和转矩变换到所需的范围。几乎所有的变速器都有不连续的传动比,通常在 4~9 个不同的档位之间变换,手动变速器通常不超过 6 个档位。一个例外是商用车辆的多个级联变速器,可提供 24 个档位。连续可变变速器可以快速地改变转速和转矩,无速比的阶跃,通常发动机转速无变化或仅有小的变化,所以它们节省能源,像串联混合动力系统一样提供高舒适度。由于高价格和寿命问题,特别是高转矩,它们还没有达到很高的市场普及度。有关各种变速器的详细信息,请参见文献 [178]。离合器或液力变矩器在起动或换档时将发动机与变速器分开。经典的自动变速器通过液力变矩器而不是离合器与发动机连接,因此它们可以在负载下切换档位。这些液力变矩器不需要执行器,因为它们可以处理不同转速的发动机和齿轮轴(但许多液力变矩器有一个额外的桥式离合器,可提高同步运行的效率)。今天有两种类型的自动变速器需要一个或两个离合器。当手动变速器的变速杆被电动或液压传动装置取代时,就像手动变速器一样,需要一个离合器;双离合器变速器由两个部分变速器组成,每个部分变速器都有一个齿轮啮合。由于这个原因,档位可以非常迅速地转换,只要分别接合驱动两个离合器即可。由于用自动变速器时驾驶员控制离合器踏板是不合理的(或者实际上用双离合器是不可能的),在这种情况下,TCU 也控制离合器执行器。

TCU 位于变速器附近;它通常集成在变速器中。集成 ECU 通常构建在 LTCC 基板上,而不是 PCB 上。它有一个转速传感器(通常是霍尔传感器)和一个油温传感器。由开关感应变速杆的位置并用灯指示其位置。有时在换档时也会有执行器产生一些触觉反馈。变速器或与之相连的是液压阀（开/关或 PWM）。在自动/手动变速器或双离合器变速器的情况下，由电动机、液压或气动执行器来换档。机电传动装置可以与停车锁啮合，但许多自动变速器仍然有一个与操作杆直接啮合的完全机械锁止。离合器是液压驱动的，现在通常用电动机。执行器的位置传感器对于电动执行机构只是可选配置，对于液压执行器来说，它们是必要的。很少有汽车，特别是在美国，具有组合的发动机/变速器控制单元。一些电子组件与变速器油接触。

#### 1.4.1.3 废气处理

动力总成内部的一个子系统是废气处理。汽油发动机中的废气处理系统使用了催化剂，具有一个用于发动机控制的氧传感器和位于催化剂之后的第二个氧传感器，以检查催化剂的功能。在柴油发动机以及某些新型汽油发动机中，都设有微粒过滤器，而在后来的发动机中，则存在用于转化氮氧化物的催化剂（图 1.19）。氮转化催化剂分为三种：

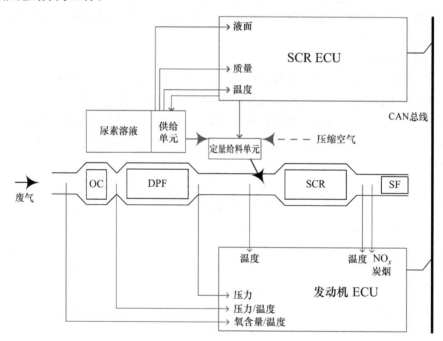

图 1.19 柴油机废气处理
DPF—柴油机微粒过滤器　OC—氧化催化器　SCR—选择性催化还原　SF—氨气漏斗过滤器

- 不需要发动机 ECU 监控的再生。
- 需要发动机电子控制单元控制的稀氮氧化物收集器。
- 需要复杂电子器件的选择性催化还原系统（SCR）控制。

SCR 系统的核心组件是尿素溶液（AUS）的定量给料单元，通常在内部具有自己的 ECU[21]。

最新的发动机 ECU 足够强大，可以弃用其他 SCR ECU。SCR 控制器接收有关 AUS 液位、AUS 温度和 AUS 质量的传感器信号（避免使用无尿素水的法律要求）供给单元（基本上是泵）位于 AUS 储罐上，通常集成了所有传感器。供给单元将溶液吹入废气流。在商用车中，通常使用压缩空气。传感器（温度、压力，$NO_x$ 和炭烟）沿着排气管分布，特别是在排气处理装置之前或之后。它们连接到发动机 ECU 或特殊的 SCR ECU 上，后者通过 CAN 与发动机 ECU 通信。

## 1.4.2　车辆动力学和主动安全

在车辆动力学中，通常分为垂向、纵向和横向动力学。垂向动力学涵盖了由于道路不平而引起的向上或向下运动和作用力。悬架以一种舒适、安全地驾驶汽车的方式应对这些力。经典的弹簧/减振器组合越来越受到电子系统（底盘控制）的控制，该系统可根据空气弹簧的硬度、振荡的衰减并在很小的范围内调整车身高度（自适应悬架）。

纵向动力学涵盖了加速和减速的各个方面。重要的电子系统是防抱死制动系统（ABS），或者将来可能是线控制动。也有辅助系统将信号馈入制动系统。从最广泛的意义上讲，整个动力传动系统也可以视为纵向动力学的一部分。

横向动力学包括所需的侧向运动（转向）、侧向运动的偏差（转向不足、转向过度）和不希望的侧向运动（滑移）。代表的系统是 VDC（车辆动态控制），也称为 ESP（电子稳定程序）或电动助力转向助力器，这可能是通向线控转向的一步。

垂向动力学、纵向动力学和横向动力学并不是严格相互独立的（图 1.20）。

从 EMC 的角度来看，在车辆动力学领域，大功率执行器与 EMC 有较强相关性。显而易见，车辆动力学与安全性息息相关。故障可能会导致车辆稳定性突然丧失。甚至车辆动力学性能的突然变化（本身并不危险），也可能引起错误和危险的驾驶员干预。

### 1.4.2.1　垂向动力学

典型的悬架系统通常由每个车轮的弹簧和减振器组成。在大多数汽车中是钢制弹簧，在某些豪华汽车中是空气弹簧。钢弹簧是纯机械零件，而空气弹簧则具有一个压缩机，可以填充空气并提供更多的控制可能性。减振器通常是机械装置，但也有自适应减振器。通过机电变化的节流孔可以实现减振器的适应性甚至使用磁流变液。如果螺线管发生故障，则仍必须保持最小的安全阻尼。

滚动运动（内侧提升，外侧下降）不仅仅是舒适性问题，因为提升会减少轮胎与道路之间的接触。对于重心较高的车辆，它甚至可能导致侧翻。除了机械解决方案外，电子系统越来越多地用于减少滚动。

从长远来看，机械悬架可以完全由执行器代替（主动悬架）。主动悬架的障碍

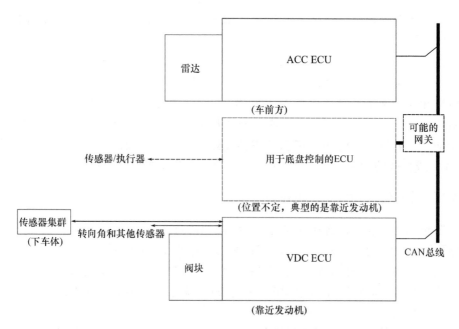

图 1.20 车辆动力学电子体系结构概述
ACC—自适应巡航控制 VDC—车辆动力学控制

除了成本和安全性等常见问题之外,尤其是高峰值电流,从 EMC 的角度来看,这也是一个挑战。

### 1.4.2.2 电子制动系统

乘用车和小型商用车中的常规制动系统采用液压方式工作;大型商用车和公共汽车具有气动制动器,通常还需要附加液压或涡流缓速器。

尽管起初甚至还采用了液压防抱死制动系统,但它们很快被电子防抱死制动系统(ABS)所取代,该系统仍然依靠液压制动系统,但在液压系统中增加了电磁阀来调节制动压力。如果电磁阀未通电,它们使制动器液压保持打开状态。此时系统的行为就像没有 ABS 的制动器一样。硬件故障的可能性接近于零,而软件故障则可能存在。电磁阀与 ECU 一起位于一个液压块中,另外一个泵可将制动液泵回以释放制动压力。ABS 的目标是通过调节制动压力来优化道路和车轮之间的打滑,从而在制动过程中使汽车保持可操纵性,但是与早期的 ABS 相比,它还考虑了使汽车停止的距离。如果车轮抓地良好没有打滑,这将有助于转向,但汽车无法制动;在最大打滑(阻塞车轮)的情况下,汽车仍然可以很好地制动,尽管不是最佳状态,但是转向几乎是不可能的。通过比较各个车轴或车轮速度与车辆速度来测量打滑,因此每个车轮或一个车轴需要一个速度传感器,该速度传感器通常由旋转磁铁和霍尔传感器实现。此外,对过去的车轮速度进行外推并与当前车轮速度进行比较有助于人们识别打滑情况,这对于仅具有另一个车轮进行比较的摩托车 ABS

尤其重要。带阀块的 ABS ECU 通常位于前轮附近。

一种 ABS 的扩展功能是在加速期间的滑动控制。它像 ABS 一样工作，区别在于制动踏板不会产生制动压力。因此，液压块中的阀使泄压泵反向以建立压力。

一个普遍的问题是，经验不足的驾驶员在紧急情况下不能充分制动。许多汽车都有辅助系统，可以识别快速制动动作并立即触发完全制动动作。汽车越来越多地具有自动紧急制动功能，能够自动识别需要制动和停车的交通情况。作为传感器，使用了具有强大图像处理能力的雷达和摄像头。

近年来，已经开发了许多其他的电子制动系统。一方面，它们提高了舒适度（机电式驻车制动器，受控的驻车制动器减速度，坡道保持控制，坡道下降控制），另一方面，它们提高了安全性。

最终可能是完全没有任何液压连接（线控制动）的完全电动制动器。在这种情况下，对系统有极高的安全要求。电源必须能够为电子执行器提供高峰值功率，且不会产生干扰。

#### 1.4.2.3 车辆动力学控制

VDC（也称为 ESP）会按照驾驶员的要求使车辆保持动力学状态。转向盘后方的一个或两个转向角传感器（除其他传感器外，通常是具有旋转永磁体的磁阻传感器）会通知 VDC ECU 驾驶员希望的转向曲线。车身中的旋转和加速度传感器将真实的汽车运动与所需的曲线进行比较。这些传感器位于汽车下方的小型 ECU 中，其中包含旋转和纵向加速度传感器，传感器数据需进行电子预处理以及模/数转换，以通过 CAN 总线将其发送至发出请求的 ECU。

在出现偏差（转向不足或转向过度）的情况下，应尽可能在物理上校正汽车的轨迹。由于实际上很少有汽车可以电子转向，因此可以通过选择性制动单个车轮来完成校正。为此，可通过一个附加泵来扩展 ABS，该泵可以在不踩制动踏板的情况下建立制动压力。也可以使用 ABS 安全阀。

#### 1.4.2.4 电子转向系统

转向系统的发展始于动力转向。当前的液压助力转向逐渐被更节能、更通用的电动助力转向所取代。通常，电动机将其力矩附加到手动转向力矩上。从理论上讲，电动助力转向可以单独转向，但无延迟反应（假设）的驾驶员仍然有机会超越转向指令。最终将是完全电动转向，转向盘和转向器之间没有机械连接。对于电子转向系统，安全要求高，必须为执行器提供较高的峰值功率。

### 1.4.3 被动安全

尽管旨在预防事故的主动安全与车辆动力学系统密切相关，但是被动安全是一个独立域，与主动安全弱相关。被动安全的目的是减轻不可避免事故的后果。减轻后果意味着减少或预防乘员以及越来越多的行人受伤和死亡。传统上，被动安全一直是机械车身、内饰和座椅设计的问题，引入安全带是减少人员伤亡的最大里程碑。如今，电子约束系统，即安全气囊和安全带，与纯机械安全带相比，具有扩展功能（如预紧力、自适应张紧力、力限制）。在发生后碰的情况下，可以将头枕转动到一个位置，以支撑头部避免鞭打运动来最大限度地减少颈椎损伤。在发生侧碰的情况下，座椅可能会使乘员稍微偏离车门。

尽管不能将被动安全与功能安全相混淆，但是被动安全系统的许多可能的故障也是功能安全问题，因为安全系统的故障很容易构成危险。可能存在两种危险的情况：一种是安全系统在需要时失效；另一种是危险的、没有必要的触发，除了分心，它还会造成伤害。EMC和硬件工程师应该牢记这一风险，因此必须避免EMI触发安全气囊。

为了判断事故的后果，伤害量表（AIS）是一个常见的等级[1]。它也用于功能安全，尤其是在ISO 26262中。它不完全判断一个人在一次事故中所受的伤害，而是分别判断。多重伤害量表在汽车安全中尚不常见。AIS将伤害等级从0（轻微伤害）到6（没有生存机会）和9（未进一步指定）进行评分。车祸中大多数伤害是头部受伤，因此与头部相关的AIS最重要。

在被动安全中，我们发现了与其他领域相同的机电一体化方法。ECU数量有限，通常只有一个安全气囊ECU，也称为安全气囊控制单元（ACU）。被动安全系统的常见使用寿命为15年或大约1000个工作小时，在此期间，如果需要的话，发生故障的可能性（需要时发生故障的可能性）接近0。对碰撞信号的典型响应时间约为20ms。在发生横向碰撞的情况下，响应时间更为严苛。

有几种传感器可以检测事故，通常是加速度传感器，它检测碰撞时车辆的突然减速，并且在侧门中结合使用了加速度传感器和类似传声器的压力波传感器来检测侧面碰撞。此外，还有用于冗余和乘员检测的安全传感器。乘员检测传感器是座椅上的接触垫，甚至是具有图像处理功能的摄像头。垫子监测是否占用，并可能估计一个人的重量，更昂贵的光学系统能够识别出占位的人，例如向前弯曲或将脚放在仪表板上（在这样的位置，引爆强大的安全气囊可能会导致比正常位置更严重的受伤，ACU需要不同的部署策略）。对于翻滚检测，使用角速率传感器和加速度传感器。这些传感器部分与车辆动力学传感器相同。动力传动系统与其他领域的差异要求严格使用传感器，这些传感器已经集成了预处理和控制器，并且可以以数字方式将数据传输到ACU，并且抗干扰能力强。

最重要的执行器是安全气囊（前气囊、侧气囊、膝盖气囊）、安全带牵引器、行人安全执行器和eCall（欧盟的自动紧急呼叫系统）。大多数执行器是通过高温触发的，因为它们既快速又强大，但是引爆后就需要进行更换了。从1990年开始，电爆设备（EED）的数量增加了。在过去约10年中，已经达到约20个。一些安全气囊（通常是前部安全气囊）分两步展开——逐渐爆炸或在小事故中部分爆炸。这些安全气囊需要两个爆管。通常，ACU有数个IC来驱动一组爆管，这些IC由微控制器驱动，为避免发生危险的误点火，通常一个电爆装置（EED）必须使用两个晶体管作为开关,并且通常的做法是在带有 AC 信号的电容器上布置引爆管。如文献 [195] 中所示,有几种电路变体可以满足这些要求。根据 MIL - STD 1316[225]的军用级 EED 对 ESD 和 EMI 相对不敏感,但通常不适合汽车规格。

烟火式安全带张紧器越来越多地被可重复使用和更精确作用的电动机取代。

法规强制执行的新领域是行人保护。前挡泥板上的传感器(加速度传感器或光纤)可以识别撞击。基于摄像头的系统越来越多地在碰撞之前识别出行人。撞击后的腿部受伤主要通过结构方式减小,但是在初始撞击后,在风窗玻璃周围或紧靠发动机舱罩下方的硬发动机部件上存在头部受伤的危险。可能的保护措施是(通常是烟火式)使发动机舱盖和风窗玻璃附近的行人安全气囊展开。

### 1.4.4 防盗保护

防盗保护包括进入(有钥匙或无钥匙进入)、电子钥匙、防盗装置和警报系统。防盗保护的最低要求通常由立法规定。

使用无钥匙进入时,无须将钥匙插入锁中并转动它,而是使用包含一个遥控发射器电量(通常为 315MHz、433MHz 或 868MHz)代替。无钥匙进入系统受到干扰,或者汽车中的电池或智能钥匙的密钥卡用尽时,机械钥匙作为后备。被动式无钥匙进入(PKE)在舒适性上又迈进了一步。无须按下遥控钥匙按钮;只需要触摸门把手就可以触发钥匙的认证识别。PKE 是分布式功能的一个很好的例子,其中一个任务涉及多个 ECU(图 1.21)。必须始终保持待机状态的一个 ECU 以电容方式检测人接近门把手的程度。密钥请求开始于 130kHz 左右。有效的按键会在 UHF 上发送响应(超高频,通常为 315MHz、433MHz 或 868MHz,用于远程控制)。如果钥匙识别为有效,且门锁已打开,则警报系统将被禁用,并且 ECU 会很快点亮指示灯以确认是否可进入。

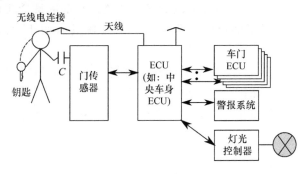

图 1.21 被动无钥匙进入

无钥匙起动是指以类似方式起动发动机而不需要传统钥匙。

对应传统方式,偷车贼可以轻松地撬开锁,通过线束起动汽车。为了避免这种情况,如今欧洲和大多数其他市场上的每辆新车都有一个防盗锁止装置。它需要额外的身份验证，并且避免在没有身份验证的情况下起动。

自 20 世纪 90 年代广泛应用以来，防盗器的体系结构已经发生了变化。如今，防盗器硬件系统由三部分组成：钥匙扣中的射频识别应答器、锁附近的有源发射器/接收器（它与钥匙应答器配合）和发动机控制单元，而该发动机控制单元可访问所有与发动机相关的执行器（图 1.22）。一些防盗锁还提供了酒精呼吸传感器。

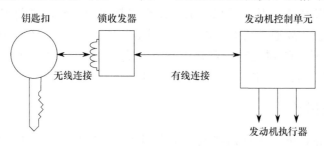

图 1.22 防盗锁结构

除了各个设备之外，通常高于 100kHz 的无线电链路最容易受到 EMI 的影响。

### 1.4.5 车身/舒适

车身装有电子系统，这些电子系统主要为乘客提供舒适感。驾驶辅助系统的用途介于舒适性和安全性之间，因此我们将在 1.4.10 节中对其进行考虑。

舒适系统的历史始于玻璃升降器和滑动天窗，其他如空调及其控制系统、电动座椅调节和电动后视镜调节。最近的发展是新的具备设计元素的室内照明概念，关闭门和行李舱盖的技术。与安全相关且受法规约束的车身系统首先是照明系统。除照明外，还有其他一些系统可以增强视觉并致力于改善安全性（请参阅第 1.4.6 节）。在豪华汽车中，特别是舒适系统的许多调整操作都更具个性化，例如通过菜单、指纹或在不久的将来通过面部识别。一些车辆具有用于门的电动关闭辅助装置。

乍一看，舒适系统（例如玻璃升降器）可能不被认为是值得安全考虑的系统。事实上，根据可靠的互联网消息来源（例如文献［179］），儿童因玻璃升降器致死的情况非常严重。显然安全考虑对于每个系统都是必要的，而不仅仅是那些与安全相关性明显的系统。

### 1.4.6 照明与视觉

安全相关的照明系统是前照灯、尾灯、示廓和制动灯。此外，还有舒适照明系统和应急车辆专用灯。

乍看之下，照明系统似乎是一个保守的领域，但如今，它已远远超出了灯泡的亮和灭的开关。一辆车中的一个或多个照明 ECU 取代了许多照明灯的熔丝，这些

ECU 监控照明灯，将故障告知驾驶员并使有缺陷的照明灯熄灭。除了开关之外，光源本身也发生了变化。卤素灯泡用氙气电弧放电的气体放电灯代替，该气体放电灯需要高压驱动器进行点火，之后被 LED 取代，并在不久的将来被激光取代。特别是具有全新的照明功能，可以在每种行驶情况下都能适当地形成引导光束。

除了照明外，还有其他视觉增强系统，例如刮水器、后视摄像头或环视系统、红外夜视系统和抬头显示器。

氙灯或用于 LED 照明的 SMPS 可能会产生电磁辐射，包括电源线上的非正弦电流。附加功能要求使用 ECU，而 ECU 容易受到电磁干扰。

## 1.4.7 人机界面

人机界面应帮助驾驶员而不是分散驾驶员注意力，这对驾驶安全有很大作用，但通常不将其视为功能安全的范畴。

尽管在以前的汽车中，只有几个旋钮和一个收音机显示屏，但近年来它们的数量有所增加。由于将汽车驾驶员座椅变成经典的飞行员座舱既昂贵又令人困惑，因此可以通过减少物理按钮的数量来增加控制功能。其中一个中央菜单控件从仪表板迁移到中控台上方的大屏幕。仪表板本身已经从机电设备演变为带有微控制器的复杂 ECU，并且近年来越来越多地使用功能强大的图形处理器驱动的显示器。在一些汽车中应用了抬头显示器，驾驶员将最相关的信息投射到风窗玻璃上，甚至投射到前方道路上。为了将手保持在转向盘上不移开，还在转向盘上布置有复用的操作元素（开关、滚轮）。转向盘与安全气囊一起，已经成为具有 EMC 和功能安全问题的复杂电子设备。如今，信息娱乐系统、舒适系统以及其他可调的系统都由一个嵌套的软件菜单系统控制。

## 1.4.8 信息娱乐

"信息娱乐（infotainment）"一词是由信息和娱乐两个术语形成的。收音机和导航系统是两个经典的信息娱乐设备。信息娱乐系统与其他汽车电子有很大的不同。严格的质量和面向安全的流程无法满足传统汽车供应商的需求。在这个领域中，存在着具有不同文化的其他公司（产品质量不一定较低，而过程导向性较少）。信息娱乐系统是典型的消费者市场，其价格低廉，产品周期短，似乎与传统的过程缓慢的世界不兼容。为了弥补这种差距，信息娱乐系统越来越向外部设备开放，例如与智能手机的有线或无线接口。

重要的信息娱乐功能是音频/视频以及与智能手机等通信设备的连接。尽管可以将其视为辅助系统，而将导航系统（内置或便携式）视为信息娱乐系统。

大多数信息娱乐设备通常集中在汽车上的两个区域，仪表板后面和行李舱中。问题可能是信息娱乐系统不如其他系统封闭。终端用户通常希望能够选择自己的设备，并且具有无线电前端或与便携式电子设备的有线连接。设备之间的信号速率高于其他汽车电子。

与其他系统相比,信息娱乐系统对功能安全性的要求被认为较低,但是在某些情况下,来自导航系统的错误或延迟提示会导致事故。在大多数国家/地区,驾驶员在这种情况下应承担责任,但也有法律认为制定者负有部分责任,又回到功能安全性要求上了。对安全的严重威胁是黑客从信息娱乐接口中获利。例如,汽车中的关键安全系统被黑客通过无线设备进行控制[233]。

### 1.4.9 Car2X

Car2X 是一个术语,它概括了汽车之间的通信(Car2C,Car2Car)和汽车与固定基础设施之间的通信(Car2I)。一个典型的 Car2Car 场景是一辆车在转弯后抛锚,向其他驶来的车发出警告信号。一个典型的 Car2I 应用场景是汽车和交通灯之间的通信。由于有许多不同的利益相关者,很难在广泛的市场上建立这些技术,所以消费者并不熟悉它们,但从技术上来说,这些系统已经发展得很好,许多工程师已经在研究它们。预期的应用包括道路安全、交通控制(包括监控)、道路收费和几种新的数字商业模式。从广义上讲,2018 年引入欧盟的 eCall 体系也可视为 Car2I 体系。

Car2X 需要在车外设置无线通信通道。一方面,可以使用 GSM、UMTS 或 LTE 等手机标准。另一方面,可以使用无线局域网(WLAN)。目前的系统(eCall 除外)依赖于 WLAN。随着未来通信标准的发展,或许已经有了继 LTE 之后的第 5 代标准(5G),手机和无线局域网技术很可能会融合在一起。通过调制后灯或前照灯 LED 实现的可见光通信被认为是无线电通信的长期替代方案。

专用于 Car2X 的 WLAN 变体是 IEEE 802.11p[89]。它符合欧洲 ETSI 标准 EN 302 663[42]。它的工作频率范围为 5850~5925MHz。与常见的 WLAN 802.11a 一样,它使用 52 个子载波的正交频分复用。虽然基于 IEEE 802.11a,但它使用双符号持续时间,最终数据速率为 27Mbit/s(802.11a:54Mbit/s)。

除了经典的天线位置(靠近发动机舱盖或车顶),车窗或其他位置也得到了发展。

有关电磁兼容需要特别关注带内干扰和频谱管理。故障可以干扰交通或导致事故,所以 Car2X 系统是与安全相关的。另一方面,在故障情况下,关机会导致安全状态,此时汽车的行为就像没有 Car2X 的传统汽车一样。从长远来看,当 Car2X 建成,汽车或基础设施开始依赖于 Car2X 提供的信息时,这种判断可能会发生变化。

### 1.4.10 辅助系统

近年来,许多新的辅助系统被开发并引入汽车,声称可使驾驶更安全、更舒适。制造商和供应商通常认为辅助系统是舒适功能,而不是安全功能。所以在发生故障的情况下,责任就落在了驾驶员身上,而且系统可以更便宜地实现,就像同一个系统是安全系统一样。对辅助系统的经常性使用会使驾驶员对其产生依赖。因此它们扮演安全系统的角色，这些系统需要设计成安全系统。如果辅助系统是安全系统，则需要分离舒适功能，以确保不受干扰（另见第 3.3.1 节）。

随着电子发动机控制系统的引入，第一个辅助系统是巡航，它能自动将车速保持在预设值，直到驾驶员操纵来制动或加速。以恒定速度驾驶快速瞄准前面速度较慢的汽车的后保险杠，因此使用雷达传感器（自动巡航控制）自动保持距离是下一步的发展方向。典型的应用是调频连续波雷达，频率在 77GHz 左右，有时在 24GHz 左右。更进一步是识别交通标志，特别是限速标志。利用无线局域网识别交通标志的系统（例如文献 [20]）还没有进入市场，但是光学识别已经在道路上使用了。

辅助系统下一个涉及的问题是有意或无意的车道变更。当驾驶员无意中改变车道时，车道偏离警告器会发出警报。变道有时会导致事故，因为其忽视了接近的车辆。这时盲点检测系统就派上用场了。它们使用摄像头或短距雷达来探测正在接近的汽车。

进一步的辅助系统是自动泊车，可以通过智能手机完成自动或远程控制。

针对特殊的驾驶情况，如建筑工地或十字路口，引入了越来越多的特定辅助系统。

## 1.4.11 线控驱动

类似于飞机上的线控技术，在飞机上，控制器和执行器之间的机械/液压耦合已被电子设备成功取代，在汽车工业中也有类似的趋势。一个主要的区别是较高的价格敏感性，尤其是被视为消费品的乘用车。在航空电子（飞行电子）中，昂贵的冗余方案是常见的（例如，用 3 台不同的计算机计算相同的值），而在汽车电子中，这些解决方案被认为过于昂贵。电子电气取代机械连接对飞机和陆地交通工具都很有吸引力，因为它节省了成本、空间和重量，这将是自动驾驶的一个条件。另一方面，放弃了机械系统完美 EMC，开发将变得更加复杂，而且事实是，与机械系统相比，线控系统的经验更少，因此需要努力确保这些系统的安全性。支持保留机械系统的一个重要技术和法律论据是，它们已被证明在使用中。

与机械系统相比，线控技术易受电磁干扰。但这并不一定意味着可靠性降低，因为机械故障是不可能发生的，但它需要更多的关注。

一种线控应用已经在汽车工业中建立起来。传统的加速踏板拉索已经被一个传感器（更精确地说，一对冗余的传感器）取代，该传感器位于驾驶员的脚下，向发动机 ECU（1.4.1 节）发送位置信号。一个即将出现的应用是线控转向（第 1.4.2 节）。另一个离广泛的市场导入还很远的应用是线控制动（也是第 1.4.2 节）。除了安全问题，最大的障碍是对电力的高需求，目前 12V 电源电网不满足。

## 1.4.12 自动驾驶

从驾驶辅助到自动驾驶有几个等级,通常根据文献[209]进行分级,即:

1)无自动化(驾驶员完全掌控车辆)。

2)驾驶辅助(大多数实际车辆的标准水平,车辆自动系统有时能辅助驾驶员完成某些驾驶任务)。

3)部分自动化(包括加速、减速和转向)。

4)有条件的自动化(在一些驾驶模式下,驾驶员可以自主、监控决策)。

5)高度自动化(在许多驾驶模式下不需要驾驶员参与)。

6)完全自动化(不需要驾驶技术)。

从技术角度来看,我们已经讨论了自动驾驶的一些方面。辅助系统持续监控路况,并警示驾驶员,如有必要,驾驶员可以干预。这些系统已经向自动驾驶迈出了一大步。有两个额外的项目:自动驾驶意味着数量不断增加的单一的辅助系统成为一个复杂的系统;功能安全变得尤为重要,因为不再有乘员专注驾驶任务而对问题做出反应(即使法律对自动驾驶汽车的驾驶员有要求)。

第3章将讨论自动驾驶汽车的功能安全含义。

# 第2章 电驱动和充电基础设施

现在大多数汽车都是由内燃机（ICE）（柴油或汽油）驱动的。但是为了实现减少温室气体和颗粒物或氮氧化物等有害污染物的排放的目标，这一驱动方式将被改变。一方面，ICE可以与电动机结合（混合动力汽车），另一方面，汽车可以完全依靠电来驱动（电动汽车）。一辆车有可能只有一个轮毂电机，也有可能每个车轮都有一个轮毂电机。混合动力技术有时被认为是向纯电动系统的一种过渡技术[194]。

一个纯电动系统的关键部件（大多数也可在混合动力系统中找到）包含电源（动力电池或/和燃料电池）、电源变换器（动力蓄电池与电机或电机与电机之间的牵引变流器、充电连接器或感应式传感器与蓄电池之间的充电变换器以及不同电压的直流网络之间的耦合变换器）和电机（图2.1）。从EMC的角度来看，电缆之间的连接也很重要。如果电池从外部充电，则充电设备也是一个需要考虑的问题。外部充电通常通过电缆连接到外部充电设备（传导充电）来实现。也有大量关于无线充电（感应充电）的研究，对于感应充电，基础设施部件和移动部件的内容将在2.4节中一并介绍。

尽管IEC 61800-3[73]中关于电驱动系统的电磁兼容性没有涉及牵引汽车，但也可以作为参考。

## 2.1 组成

### 2.1.1 电池

在传统汽车中，内燃机为所有电子系统供电，所以电池的唯一作用是起动发动机，那么现有的廉价铅酸蓄电池就够用了。有一些改进的深循环铅酸电池可以承受起停系统的多次起动循环还有深度放电，例如吸附式玻璃纤维电池和胶体电池；其中一些作为增强型溢流电池或超级溢流电池来销售。在混合动力或纯电动系统中，电池有了新的任务，即储存直接驱动汽车所需要的能量，就像汽油车的油箱一样。目前的电池，特别是铅酸电池的能量密度（单位体积的能量）和比能量（单位质量的能量）是低于液体燃料的功率密度的。虽然铅酸电池很便宜也很安全，但是它们的能量密度是不足以提供牵引力的。所以其他类的电池就应运而生了。

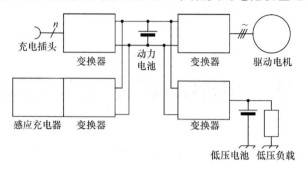

图2.1　纯电动车的电路图

有些汽车既有燃油式也有电动式的车型售卖，因此制造商试图让它们共用尽可能多的部件。所以在一辆电动车中，通常会从一个有12V电池的第二电源网向低压负载供电，在动力电池的高压网络（通常为400V或更高）和12V网络之间会有一个DC/DC变换器。这种情况下，如果从低压的角度来看这个电力系统的话，高电压的DC/DC变换器是可以替代燃油型汽车的交流发电机/整流器的。即使在纯电动汽车中，为了使用低压标准元件和避免电子控制单元（ECU）中的电压调节器损耗，这种低压电网也是合理的。对于纯电动汽车和混合动力汽车来说，动力电池越大越好，所以电池并不仅仅被放置于某一位置，而是被放置于车内的任何可用空间，把电能作为动力，典型的是在地板下，电池充满了可用存放空间。

在20世纪70年代，第一次出现了电迁移率的大肆宣传，其中钠－硫电池已经测试成功，但是其中含有熔融的钠和在受到加热和损坏时都很危险。第二代电池是广泛应用于小型家用电器和部分应用于动力用途的镍镉电池和镍铁混合电池。第三代也就是现在的电池是锂离子电池[41]，其中包括锂聚合物电池和磷酸铁锂电池。研究人员已经有很多关于未来电池的想法，如锂硫电池、锂氯化镍电池、锂空气电池、钠铁电池和钠空气电池。

以锂离子电池为例，它由几个圆柱形或棱形的电池串联而成来获得所需的电池电压，或者并联支路从而获得更大的电流。电池包含一个电池管理系统，一个用于监测、平衡和充电控制的电路，该电路与电池外部的充电器相互配合[9]。大型电池都有一个层次结构，在单体电池和整车电池之间存在一个中间的封装分层结构称为块或模块（图2.2）的中间包装层。每个模块都有一个金属外壳或者是塑料箱，模块可以串联增加电压，也可以并联增加电流。每个模块都有自己的单元监控器，整车电池有一个电池管理控制器和一个金属外壳。电池管理控制器和单元监控器与寿命、容量利用率和防火等性能相关。

在串联电路的中间，有一个在高压系统工作之前必须闭合的开关。这个开关是一个可以从外部拔出的插头。高压线是独立且不接地的，这一点通常会被监测。即使短路时可能导致一部分电池连接到外壳上，但是因为中间有开关，电压也不会超过额定电压的一半。

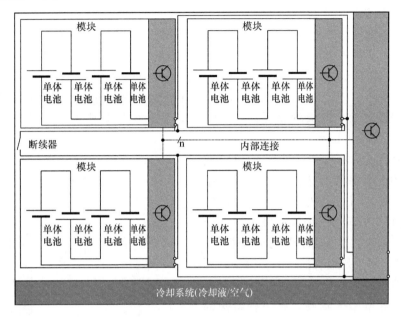

图 2.2　锂离子电池

冷却系统由通过每个模块的冷却管组成，其中的冷却液与内燃机中使用的液体相同（水、非冷冻液体和缓蚀剂的混合物）。或者，也可以是带风扇的风冷电池。

实际上，锂离子电池是实现高体积或质量能量密度的最经济的方法。它的缺点是存在由内部短路和热失控而起火的危险。尽管可以通过在电极之间适当选择分离箔可以将电力超负荷时的火灾危险降到最低，但要使电池在碰撞情况下也能安全地防止机械损坏，则更具挑战性。

电池与其周围环境之间的电磁干扰（EMI）在正常工作中并不经常发生。蓄电池本身具有良好的电磁兼容性，但是电池组中的电子模块更容易受到电磁干扰，因此在电池组及其控制电路中，电磁兼容性依然是一个问题。

## 2.1.2　燃料电池

与电池相比，在氢罐中储能可以提高能量密度和比能量。氢也被认为是一种长期的太阳能储存介质。相比于汽油和柴油，氢在内燃机中燃烧得更清洁，它释放出水、氮氧化物（空气中的氮在高温下被氧化）和少量燃烧的机油，只释放水的最清洁的方法是氧化燃料电池中的氢，并在这种反应中产生电能。汽车燃料电池的实际效率约为60%，所以说，即使转化的电能需要经过后面的变换器、电机并在电池中存储，其仍然要比内燃机更为高效。但是存在的问题有：

- 氢的存储。
- 汽车典型工况下燃料电池的寿命。
- 在低温环境下排水。

燃料电池由两个电极组成，一个电极提供氢气，另一个电极提供氧气。催化剂有助于电子从氢中分离，所以这个电极是负电极（阳极），电子进入电路后留下氢离子。正电极使进入的氧气电离，电子又从电路返回。在电极之间，有一个固体或液体的电解质，用于运输正氢离子或者负氧离子。因此，根据电解质的不同，这两种离子在其中一个电极处相遇，并发生反应生成液态水或蒸汽（取决于工作温度），然后再通过排水系统排出。

综上所述，不同燃料电池的电解质是不同的。电解液的选择决定了阴、阳离子的迁移，同时也决定了工作温度的范围。对于汽车应用来说，PEMFC（交换膜燃料电池，也被称为聚合物交换膜，见图2.3）似乎是最有前途的，因为它可以避免结冰。它的电解质是一种相对便宜的质子导电聚合物膜。有一种特殊的质子交换膜燃料电池就是甲醇燃料电池，它可以从甲醇中分解氢气。其他常见的电解质有碱性燃料电池、磷酸燃料电池、熔融碳酸盐燃料电池和固体氧化物燃料电池。还有一种非常特殊的通过利用内部繁殖的微生物的新陈代谢的燃料电池，由于其特殊性目前应用得很少。

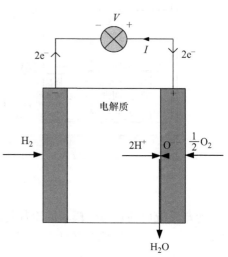

图2.3 质子交换膜燃料电池工作原理

某些类型的燃料电池，特别是PEMFC，对气体压力或湿度的变化非常敏感，它们需要额外的调节使氧气、空气和氢气在规定的压力和湿度下。此外，废液必须从电池中清除，因此这个调节单元需要额外的电子控制、额外的空间和额外的重量，也就会降低了电池单元的总效率。

**氢处理**

大多数燃料电池使用氢。氢气是一种易爆性气体，但如果采取适当措施，它可以像汽油一样安全。社会通常低估了液体燃料的风险而高估了气体燃料的风险，事实上，氢比天然气和液化石油气更危险，因为它与空气能形成大量的爆炸性混合物，它的分子直径很小可以穿透物质，并且在燃烧时火焰主要是紫外线，几乎是看不见的。它的主要优点是不含任何碳，因此它是无碳排放的能源。氢被储存在低温或高压容器中，离开储氢罐的氢气会立即膨胀，所以不能使用易于泄漏的高压管道。氢气只有在需要时才能从储罐中释放，其余时间储罐阀必须保持关闭。需要有一个 ECU 持续在系统中记录氢气的压力与流量,这个 ECU 必须足够灵敏,在出现泄漏迹象时要报警。同时,车身的设计必须保证氢气不会泄漏到车内。

## 2.1.3 功率变换器

在电力系统中,变换器用于充电、高/低压变换和提供动力输出。充电 DC/DC 变换器与连接高压网络和低压网络的变换器具有相似的结构,而与牵引变换器或 DC/DC 充电器则不同。高压和低压网络之间的 DC/DC 变换器通常与牵引变换器组合在一个金属外壳中。功率变换器工作不连续且具有非线性特点,因此其电流在变换范围及以上具有频率贡献。用于充电的交流变换器具有交流基频的谐波,因此噪声谱可以从 100Hz 开始,这是目前汽车电磁兼容标准和大多数法规没有涵盖的,这里的电磁兼容(EMC)标准是由制造商负责的。

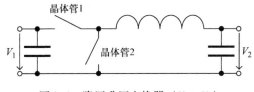

图 2.4　降压升压变换器($V_1 > V_2$)

### 2.1.3.1　网络间的 DC/DC 变换器

图 2.4 展示了一个简单的 DC/DC 变换器,它不是将升压变换器组合在一个方向,将降压变换器组合在相反的方向,而是将两个变换器组合在一个方向。从左向右看,它是一个降压变换器,将 $V_1$ 转换成较小的电压 $V_2$;从右向左看,它是一个升压变换器,将 $V_2$ 转换成较高的电压 $V_1$。

对于高压,出于安全的考虑,必须使用变压器进行电流隔离。一种常见的带变压器的单向变换器是反激变换器。对于双向工作模式,首选的是能提供先进控制的双有源桥变换器(图 2.5),它的工作频率通常在 10~100kHz 之间,因此变压器比较轻小。电路变换器也可以用三相变压器来实现。

### 2.1.3.2　DC/AC 驱动变换器

驱动变换器将直流高压转换成三相交流电压以驱动交流电动机。当电动机用作交流发电机时,它也应该能够反馈到直流网络中。这可以通过与驱动变换器并联的反向整流器来实现,但是通常双向操作驱动变换器本身(图 2.6)。它具有三个半桥(参见 1.1.5 小节),其中每个半桥驱动三相中的一相。开关通常是绝缘栅双极晶体管(IGBT),有时是金属氧化物半导体场效应晶体管(MOSFET)。除硅晶体管外,还使用碳化硅晶体管,应通过无源滤波器对从 DC 电路汲取的电流和提供给电机的电压(或在能量回收模式下反之亦然)进行平滑处理。

图 2.6 中所示的驱动变换器没有输入(DC)和输出(AC)滤波器。直流滤波器很常见,尽管它会增加成本和重量。否则,电流脉冲沿供电线传播。出于成本和

重量的原因，通常会省略交流滤波器，但它有助于将矩形脉冲宽度调制（PWM）电压整形为正弦电压。它还可以帮助抑制引起共模电流的共模电压。共模电流流经电枢轴承到达壳体并接地。高压直流系统是绝缘的，因此共模电流用电容路径闭合环路。

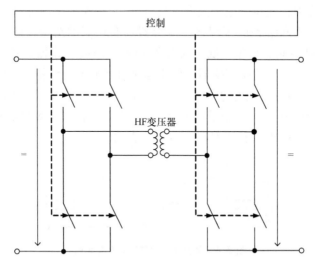

图 2.5　双有源桥变换器

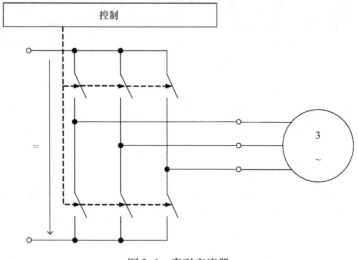

图 2.6　牵引变流器

## 2.1.4　电动机

电动机有两种基本类型（也可以用作发电机）：直流和交流电动机。

## 2.1.4.1 直流电动机

以前的电动汽车通常使用直流电动机,直到现在在一些轻型电动汽车中仍会发现直流电动机。沿定子圆周,它们由偶数个磁极由带有电绕组的凸铁心(或永久磁铁)制成。这些励磁绕组可以串联、并联或两者混合的方式连接到转子(电枢)绕组上。串联励磁在低转速下可提供大转矩,因此对于驱动系统牵引而言是优选的。

在旋转时,每个转子线交替穿过定子的N极和S极。独立于磁场的实际方向,作用在导线上的切线力必须始终指向旋转方向,否则,在两个磁极下的力将相互抵消,从而产生的转矩为零。因此,在两个定子磁极之间,每条转子线都必须反转其电流方向。这是通过使用换向器实现的,该换向器是在一个转子端部的接触环,该接触环在固定的电刷(石墨和铜的滑动触点)下滑动,从而使每根转子线都向正确的方向供电。换向器及其电刷容易磨损,需要维护。在换向器和电刷之间,特别是由于换向器触点之间的感应,电弧会导致宽频EMI进入兆赫范围,并通过传导和辐射传播。在大型电动机中,补偿绕组减轻了这种影响。大型电动机还在轭铁上附加了电线,以消除转子电流引起的磁场失真。

## 2.1.4.2 交流电动机

如今,交流电动机很普遍。它们配有可变频率和可变电压的三相系统。与直流电动机相比,这种附加的功率电子电路是一个缺点。优点是它们不需要换向器并且效率更高。由于没有电弧,因此没有EMI,但是电源变换器可以是EMI源。

交流电动机最重要的类型是同步电动机和异步电动机。两者都在定子中产生旋转磁场。大多数交流电动机定子在纵向上具有凹槽,凹槽中充满了电线以激励电动机。这种具有三相U、V和W的双极电动机的最简单的布置是在定子圆周上具有6个部分,即U正向,V正向,W正向,U反向,V反向,W反向。实际上,这6个区域不是严格分开的,它们重叠以使旋转场几乎呈正弦形。这种形状的缺点是机器的长度,特别是由于在两端连接纵向线的磁头绕组。因此,在汽车交流电动机中,最好使用类似于直流电动机的齿形极(图2.7)。缺点是磁场与正弦形式的偏差很大。与小型步进电动机类似,这些齿会周期性地通电,但与步进电动机的矩形信号相比,电驱动信号仍为正弦波。

在同步电动机中,转子是一块精确跟随旋转磁场的磁铁。而在

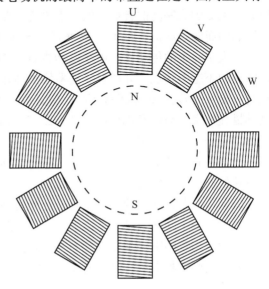

图 2.7 同步电机

图 2.7 中，仅显示了两个极点。实际上，可实现的转子具有更高的偶数极数。磁极可以通过永磁体或励磁方式实现。大多数汽车同步电动机使用永磁体，因为它们提供高功率密度而没有滑环。另一方面，励磁提供了更多的控制选项，实际上一家法国汽车制造商使用滑环转子。

在工业电动机中，异步电动机是有 IEC 标准的。它们具有笼型转子，其中仅通过感应产生电流。在同步转速下，定子磁场与转子之间不会有相对运动；为了保持感应，必须有一个随转矩负载而增加的百分之几的转速差（称为打滑）；这就是为什么这些机器被称为异步的原因。笼型转子价格便宜且坚固耐用，但同步电动机可以更好地制成圆盘状，可以轻松集成到动力总成中。异步电动机的效率高于直流电动机，但低于同步电动机。

## 2.2 电动动力传动系统

最简单的电动动力总成由电池、变换器和电动机（通常为交流电动机）组成。在它们之间有电缆（与传统汽车的电缆相反，高压电缆是带有屏蔽层的）和机械驱动器。电池可能连接到导电或感应充电器。有些电动汽车可以使用称为增程器的小型内燃机在道路上充电，但严格来说，这不是纯电动汽车，而是串联的混合动力系统。变频器应正反向都能工作，从而可以回收制动能量。对于直流电动机，将使用斩波器；传统的电阻控制对于汽车而言损耗太大了。关于机械传动，有许多可能的变化。关于电动机是否确实需要变速器这个问题尚无一个标准答案。电动机电枢可以是车轴的一部分，因此机械传动既简单又便宜，这取决于电动机和变频器，可以为车辆提供足够高的转矩，而不需要变速器。如果由于空间限制或难以制造带有电枢的轴而使电动机平行于（或垂直）于车轴，则需要齿轮。在这种情况下，可以实现大于一个的传动比。由于电动机直径随转矩而增加，因此可以使用高转速、低转矩的小型电动机，并通过变速器增加转矩（并降低转速）。尽管电动机比内燃机具有更大的转速/转矩运行范围，但是可变速齿轮箱也可能适合使电动机负载达到其最佳效率。与内燃机相反，两个或三个齿比就足够了。机械倒档不是必需的，它可以完全通过电气实现。

有一种非常特殊的动力传动系统是将电动机集成到两个或所有车轮中。因此可以单独控制每个车轮的转矩。为了直行行驶，必须使车轴上的两个车轮电动机实现完美的同步，车轮之间的速度差不仅是舒适性的损失，而且还存在安全问题。轮式电动机的另一个问题是悬架系统的承重，因此非常轻的结构是必需的。将变速器集成到车轮上比较困难（但是使用行星齿轮并非完全不可能）。

如果使用燃料电池，则它需要一个缓冲器，因为化学过程的反应速度和负荷变化都不够快。通常，动力电池可作为缓冲器；与图 2.1 相比，将有一个附加的 DC/DC 变换器将燃料电池的 DC 电路连接到动力电池电路。双层电容器（也称为超级电容器）可以直接与电池并联。

## 2.3 混合动力总成

混合动力总成结合了几种驱动原理。通常以及在本书中，该术语是指 ICE（内燃机）与电动机的组合。其他混合驱动器将 ICE 与气动驱动器、液压驱动器或飞轮结合在一起。

混合动力系统有两种基本架构，即串联混合动力和并联混合动力（图 2.8）。两者之间的解决方案是功率分配混合动力车。

串联混合动力与纯电动驱动方式很类似，ICE 和车轮之间没有直接机械连接。有一个电动机（或每个车轮有多个电动机）来驱动。电动机由强大的动力电池供电。为了保持电池电量，内燃机驱动发电机。串联混合动力能够会实现为插电式混合动力，因此在停车期间也可以从公共电源为电池充电。当然，通常在制动期间也通过能量回收对电池充电。一些主要依靠主电源运行的串联混合动力汽车有一个非常小的内燃机，称为增程器。串联混合原理已经在铁路和船舶上使用了很多年。它没有能量回收，并且被称为柴电，而不是混合动力。由于串联混合动力发动机的运行不取决于驱动（电气部分的作用就像无级变速器一样），因此可以减小油耗和炭烟排放，并且可以将发动机优化到有限的运行范围。在某些解决方案中，串联混合动力总成（发电机和驱动电动机，但不包括电池）可以适配普通变速器。

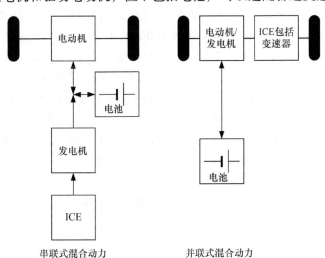

图 2.8 混合动力总成（串联和并联，ICE：内燃机）。
在插电式混合动力车中，有一个额外的充电器连接到电池

在并联混合动力系统中，电动机和 ICE 都可以同时使汽车行驶。这种汽车在大多数情况下，会使用内燃机，电动机会增加一些峰值转矩。只有缓慢行驶，汽车才

可能仅靠电动机驱动。并联方式通常用于SUV之类的汽车，这些汽车由于质量大和为了节约能耗而趋于缓慢。电驱动辅助还有助于减少许多柴油机在加速时的颗粒物排放。图2.8说明了并联混合的基本概念。实际上，并联混合动力存在许多可能的变化，特别是在电动机的位置方面有所不同。它可以安装在ICE和离合器之间，也可以安装在离合器和变速器之间，或者类似于图2.8所示的在变速器后靠近车轮。另一种可能性是使一根车轴由ICE驱动，而另一根车轴由电动机驱动。

在世界上最畅销的混合动力汽车中，有些汽车结合了串联和并联混合动力的优点。在功率分配混合动力系统中，一些动力可以通过电气方式传递，有些动力可以通过机械方式传递至车轮。根据当前的配置，它更像一个串联或更多的并联混合。功率分配架构有很多不同的方式。在一次功率分配混合动力系统中，内燃机驱动行星齿轮，该行星齿轮用作可变功率分配器。一些功率被分配至发电机，然后通过电气路径如在串联混合动力中那样被分配，另一些功率通过机械传动分配至驱动轴。在二次动力分配中，发电机和机械路径之间的初始速比是固定的，但是在动力总成的末端，行星齿轮把可变的电驱动和机械传动组合到了一起。此外，还有复合功率分配式混合动力车，它们将可变的主变速器和可变的辅助变速器组合在一起。

## 2.4 充电基础设施

如今，传导（有线）充电仍是标准解决方案，但是近距离感应充电已经完成了许多有关试点项目的研究，作为无线电力传输（WPT）的一种可能实施方式。除了一些电阻损耗之外，有线充电将近100%的电力从充电基础设施转移到汽车中。WPT没有达到如此出色的效率。损失的功率是一个干扰场，因此它对于EMC也很重要，在高功率的情况下也要保证暴露在野外的人员的安全。感应充电的动机是舒适，只是将汽车停在充电线圈上（甚至沿着充电线圈行驶），而不是插拔连接器。缺点是损失和EMC问题。从理论上讲，还可以在近场中对电容进行充电，在该区域中，串联谐振电路的一个电容器极板是充电设备的一部分，而另一电容器极板在汽车中。参考文献［38］认为该技术尤其适用于小型消费类电器。实际上，在汽车工业中，这一原则没有任何意义。第三种选择是利用发射和接收天线在高频下进行电磁远场充电。在少数情况下，该原理已用于轮胎内传感器的无线供电，但是对于高能耗应用，由于该方法损耗高，因此不适用。

### 2.4.1 传导充电

传导充电需要在充电基础设施和汽车之间连接电缆。对于电动汽车而言，充电应与填充汽油一样快，而在较短的充电时间中，必须增加功率。IEC 62196[74]使连接器标准化。

在欧洲，最初引入了带有所谓的2型插头的交流充电器；它们仍然是最大功率为3.7kW和普通熔丝为16A的家用充电器的通用充电器。对于三相交流电,规定最大功率为22kW(图2.9)。现在,对于许多这些标准充电器,已经添加了额外的DC(直流电)连接(组合充电系统,CCS)。在低功率版本中,某些AC(交流电)引脚被DC引脚替代;还有一个高功率版本,带有两个额外的DC引脚,最大电流为200A(最大功率90kW)。

图2.9 家用交流壁式充电器

在日本获得最广泛接受的CHAdeMO标准在DC 500V时可提供高达62.5kW的功率。从技术上讲,增加功率不是什么大问题,障碍是标准化和经济性问题。将来,功率会更高。在DC 450V时,Tesla站("增压器")的峰值功率为145kW。在辛德尔芬根,有新的充电站,在DC 1000V时最大功率为200kW。当然,车辆必须达到该功率要求,并且合理的做法是,不将此类充电站连接到230V/400V系统,而是连接到中压电源(10~30kV)。随着充电功率的增加,与电源的兼容性也越来越成为一个问题。16A熔丝低功耗充电器就比如普通的家用电路,功率约为100kW,这会有所不同。

IEC 61581 - 1[80]包含4种充电模式,模式1和模式2为16A/32A慢速混合充电模式,其中模式2包括一个电缆内熔丝盒,而在模式1中,一个家用RCD(漏电保护器)就足够了。然而模式1使用家用墙壁插座,不应长时间使用16A的最大电流。模式3是增加功率的模式,可以将电能反馈到网络中,而模式4是直流电充电模式。

基于通用标准(IEC 61000)的EMC要求在IEC 61851-21-1[81]中进行了标准化(IEC 61851的其他部分也包含EMC相关条款)。IEC 61851-21-2(舱外充电系统的EMC要求)于2018年刚刚发布。

关于抗扰性,IEC 61851考虑了类似于IEC 61000系列的车辆对沿AC和DC电源线传导的快速瞬变/突发干扰的抗扰性,车辆对沿AC和DC电源线传导的浪涌的抗扰性,对电磁辐射RF场的抗扰性和抗扰性到电源线上的脉冲。与IEC 61000系列相比,要求期望的抗干扰能力更高。

关于发射,它考虑了由充电变换器引起的交流电源线上的谐波发射(另请参见IEC 61000-3-2),交流电源上的电压变化发射,电压波动和闪烁,交流或直流电源线上的高频传导干扰,网络和电信访问中的高频传导干扰,高频辐射干扰和供电线路上的辐射干扰。特别需要注意的是充电电缆上的谐波会干扰相同频率范围内的无钥匙进入系统。

## 2.4.2 感应充电

感应充电很便捷,因为无须进行机械连接即可充电。这是通过谐振变压器实现的,典型的谐振频率为85kHz。变压器的初级绕组埋在道路中,次级绕组是车辆的一部分。如果功率传输效率低至0.9甚至更低,将会与充电的初衷不符。杂散场对于EMC而言是一个挑战,甚至可能绕过绕组而对人们造成危害。此外,需要检测两个绕组之间的硬币或小动物之类的物体。两个绕组都需要小心对齐,并且偏差不得超过10cm。该任务不能由驾驶员掌握,而是需要辅助系统。这样的辅助系统可以以光学方式工作,但是可能需要在充电基础设施和汽车之间建立一条额外的无线通信路径。

实际上,高通Halo和WiTrICity这两个制造商的系统接近量产。其他制造商可能也会效仿。预计2018年将首次对宝马530e进行商业推广。

感应充电在IEC 61980[83]中已标准化。

## 2.4.3 充电器通信

充电器和网络之间存在通信,用于网络调节和计费,这种通信超出了本书的范围。在大多数充电模式(IEC 61581-1,模式1和模式2)中,尤其是对于家用充电器,车载充电器无须与充电站进行通信即可自主工作。大功率充电(AC:模式3;DC:模式4)要求充电器与汽车之间进行通信。

CHAdeMO充电器通过CAN总线与汽车通信。在美国,基于LIN的通信正在准备中。类型 2 插头在 AC 连接器（IEC 61581-1）中为模式 3 提供了两个信号引脚：CP（接触导向）和 PP（接近导向）。充电站通过 CP 上的 PWM 信号向车辆报告其电流能力。车辆通过可变电阻将来自 CP 的信号接地，以编码当前的车辆状态。PP 报告从汽车到充电器的最大充电电流。模式 4 中 CCS 的 DC 通信在 IEC 61851-24[82]中进行了标准化。关于车对电网通信的更进一步的一个标准是 ISO 15118[107]，这对 EMC 最为关键，因为它在 ISO 15118-3 中使用电力线通信，在 ISO 15118-8 中使用 WLAN 通信。

# 第3章 功能安全基础

尽管我们的生活比原始社会的祖先要安全得多，但科技产品给我们的生活也带来了新的风险。不冒险就没有进步，但是必须将风险限制在可容忍的数量级。乍一看，似乎比较愤世嫉俗地将人的生命风险与预防成本相比较，或者用真实或理想的成本来量化这些风险；确实，要找到法律上和道德上正确的方法并非易事。法律取决于国家，在道德考量上也存在文化差异。

在本章中，我们将学习有关功能安全性的基本思想，我们将了解重要的标准，例如 ISO 26262 [132]~[141]，并了解在任何可能的工作条件下该主题与 EMC 有多少关系。功能安全是一个包含硬件和软件的问题，因此值得一看的是与软件有关的实践，以了解我们是否可以从硬件开发，特别是 EMC 方面学到一些东西。应该提到的是，系统从简单性中受益，因此系统复杂性的增加往往会损害 EMC 和功能安全性。除了产品复杂性之外，越来越多地分布在多个部门或公司的开发也是一个挑战。我们将看到，一种系统的功能安全方法也可以提高产品质量。

## 3.1 目标与定义

标准已为此问题定义了一些功能安全性术语，但是在标准化之前有些术语已经存在了很长时间，因此遇到以不同的方式表述的术语并不奇怪。在存在功能安全问题的项目中产生误解是危险的，所以，尽管制订一份术语表是一项额外的工作，但对所有项目参与者均是有帮助的。如果在项目中工作的每个人都可以使用各自的标准，则引用这些标准也可能有所帮助，但是由于许多标准的成本很高，因此通常会限制访问，因此通常只能从传闻中得知这些标准。

在所有实际的工作和环境条件下，包括电磁干扰，甚至在可能的方式意外使用（滥用）产品操作的情况下，也都不得对人员、财产价值或金融资产造成损害。功能安全可降低系统危险的意外行为带来的风险。功能安全不可能完全排除风险，但必须避免无法忍受的风险。因此，任何功能安全方法都包括对可容忍和不可容忍风险的早期分类。分类之前，必须确定风险。风险的识别和分类通常在风险分析的工作步骤中完成。

汽车本质上是危险的产品，会在世界各地造成事故和人员伤亡。主动安全旨在减少诸如防抱死制动或车辆动态控制之类的系统的事故,是汽车开发中的重要领域,但这不是功能安全的一个方面。被动安全可减轻不可避免事故的后果,例如有安全带或安全气囊的汽车。尽管主动安全和被动安全是功能安全以外的其他主题,但是这些主题之间存在着密切的关系。如果没有必要时触发安全气囊,则可能由于故障而导致危险情况,因此这是功能安全的问题。作者知道一个案例,其中由于 EMC 问题,鸣喇叭声触发了安全气囊。如果在严重事故中安全气囊仍留在其罩盖内,则此故障也是功能安全考虑的范畴。

我们不认为人为故障是功能安全的问题。一旦人类成为技术解决方案的一部分,这种情况就会改变。这种典型的情况是发出警告,警告需要人为操作的技术问题,例如停车或修理汽车。如果驾驶员忽略该警告,则是人为失误。但是,如果在几秒钟或更短的时间内需要采取行动,会发生什么?可能很多驾驶员的反应不够迅速。仅将系统设计为反应时间的中值(即平均反应时间)的 50%,就会给大约一半的用户带来无法接受的风险。在最坏的情况下进行系统设计似乎更合适,但以反应时间为例,最坏的情况根本没有反应。这个假设并不代表现实,因为它会使任何警告看起来都没有用,尽管在许多情况下警告实际上很有帮助。不幸的是,目前尚无惯例,如何以最佳方式考虑人类的不确定行为。

从用户的角度来看,在某些情况下,系统的行为会不一致甚至令人困惑。尽管乍一看有可能是用户的责任,但进一步的查询经常表明系统行为是用户行为不足的根本原因,因此,人机界面非常重要。参考文献 [193] 报告了一些示例。

类似于安全(safety)的术语是保全(security)。某些语言(例如德语)无法区分这两者,这可能会引起误解。安全致力于使产品所有人和产品周围的一切保持安全,而保全则有相反的目标,即保护产品免受环境危害。在某些情况下,此定义得到了广泛的解释,例如未经授权从电子控制单元(ECU)中读取数据也被视为保全问题。保全性通常是指故意的威胁,例如入侵汽车的 ECU。尽管保全性不同于安全性,但是我们再次发现它们之间的关系,因为保全性违规也会导致严重的安全问题。保全标准(如 J3061[210])的结构与安全标准类似,特别是,开发过程是相似的。J3061 建议针对所有根据 ISO 26262 被认为对保全至关重要的系统运行被提议的保全性流程。功能安全性考虑危险,保全性考虑威胁。危害是由故障引起的,威胁是由攻击引起的。尽管安全开发和保全开发通常是由同一个人共同完成的,但这两个术语不应混为一谈。J3061 是针对软件的,而针对硬件的安全标准 J3101 正在制定中[212]。

我们努力开发可靠且可用的系统。实际上,可用性和可靠性经常以相同的方式使用,但是这两个术语在理论上有所区别。可用性 $A$ 是系统能够正常运行的给定时间间隔的百分比。该时间间隔通常是计划的使用寿命,但是可用性也可以与其他时间间隔相关。如果在整个生命周期中都没有考虑可用性,而是考虑到较小的时间间隔,那么它将获得时间 $A(t_1, t_2)$ 的函数,其中 $t_1$ 和 $t_2$ 限定了时间间隔。与间隔相关的定义相反，点可用性 $A(t)$ 是系统在给定时间 $t$ 工作的概率。在硬件工程中，可靠性 $R(t)$ 是在定义的条件下保持功能的概率。在整个生命周期中，这种概率通常不是恒定的（因此也称为可靠性函数）。在软件工程中，有不同的定义[216]。因此，至少在理论上，可以对可靠性和可用性进行量化；在实践中，这变得困难并且在一定程度上仍然是任意的。

由于安全产品通常需要可靠的组件，因此有时会将可靠性分配给组件，而将安全性视为系统属性。另一方面，系统可以是可靠的（有时甚至与其安全性相矛盾），并且在某些情况下，可以为组件分配安全性。一个典型的例子是 1987 年德国赫本发生的货车事故。制动失灵后，一辆装满汽油的油罐车的驾驶员想用发动机制动。但电子系统阻止他调低档位，以避免动力传动系统的有害转速。虽然避免了对动力总成的直接破坏，但是由此造成的事故是汽油损失和大火摧毁了城市中的许多房屋（最后货车和受保护的动力总成也一起毁了）。这是一个有趣的情况，因为制动故障确实是可靠性的问题，但随后避免了由于误解而不是部件故障而导致的降档。因此，尽管有时很有用，尤其是在硬件故障时，但本书通常不会共享对组件/系统的可靠性/安全性分配。

在许多情况下，可靠性和安全性并驾齐驱。但在某些情况下，两个目标也相互矛盾。如果监视系统检测到暗示故障的情况，但无法将其肯定地分配给故障，则在某些情况下，关闭系统可以保证安全性；但为了提高可靠性，最好在确定危险故障之前保持系统正常运行。很多时候，我们发现这些系统可靠但不安全，而不安全问题是由于可靠零件的相互作用而产生的。系统的复杂性导致无法预料零件的相互作用的情况。一个例子是 1993 年在华沙机场发生的一次着陆事故。飞行员想反转推力并部署扰流板来停止飞机。由于风的原因，飞机没有直接触碰跑道。因此，起落架传感器未检测到安全着陆，并且推力反向和扰流板部署受到抑制（这是合理的，因为两者在飞行中都是无用且危险的）。尽管飞机的所有部分都正常工作，但这是对子系统交互的典型误解。

可用性和安全性之间可能存在可靠性和安全性之间的类似冲突。一个示例是在共轨柴油发动机中检测到异常的燃油压力衰减。原因可能是燃油泄漏，因此可以安全地使发动机熄火并中断燃油流动。另一方面，可能是传感器信号受干扰或瞬态控制问题。在这些情况下，可用性将受阻。

有些安全功能，例如在紧急情况下要激活的功能或设备，这些情况在系统正常运行期间不起作用。将故障率作为整个系统寿命的参考是没有意义的。在这些情况下，按需故障的概率（PFD）优于故障率。一个例子是安全气囊，它在大多数汽车的使用寿命中从未使用过，但是如果有必要，则应该使用，否则这将是按需进行的故障。

可依靠性⊖是故障期间正常操作的准确性。它通常是指平时不活动但在发生故

---

⊖ 译者注：原书作者特意指出 dependability 和 reliability 的区别，因此，将 dependability 译为"可依靠性"，实际中文中两者都应译为"可靠性"。

障时激活的子系统或组件。PFD 可以被视为对可靠性的一种量化。需要注意的是：术语"可依靠性"还有许多其他常用用法，例如作为可用性、可靠性、安全性、保全性和弹性的统称。

抵制故障的能力有时称为弹性。通常，该术语尤其是指由外部触发的故障。从这个意义上讲，它与安全性密切相关。

由于未检测到的故障比检测到的故障更危险，因此诊断范围（DC）是一项重要措施。DC 是指可检测到的危险故障率占总危险故障率（包括那些无法检测到的危险故障率）的百分比。最佳 DC 为 1（或 100%），这意味着可以检测到所有危险故障。设 $\lambda_{DD}$ 为危险但可以检测到的故障率，而 $\lambda_{DU}$ 则是危险但不能检测到的故障率，这意味着

$$DC = \frac{\sum(\lambda_{DD})}{\sum(\lambda_{DD}) + \sum(\lambda_{DU})} \tag{3.1}$$

安全故障分数（SFF）将安全故障与其故障率 $\lambda_S$ 和可诊断的故障相关联到所有故障，即

$$SFF = \frac{\sum(\lambda_{DD}) + \sum(\lambda_S)}{\sum(\lambda_{DD}) + \sum(\lambda_{DU}) + \sum(\lambda_S)} \tag{3.2}$$

## 3.2 管理

几年前，功能安全仍然是一项边际职责，通常分配给质量管理。与汽车行业的许多其他业务一样，已经有质量准则要求进行故障模式和影响分析（FMEA）（请参阅第 3.3.3 节）。在许多项目中，已经尽了最大的努力来完成这项职责，通常是指项目即将接近尾声的时候，FMEA 仍然没有得到解决。当然，这样的程序并没有太多机会将开发引导到更好、更安全的产品方向，因为没有时间进行重大更改了。因此，仅会进行一些小的更正。

为了开发更安全的产品，从一开始就需要考虑功能安全性。这不是一项麻烦的任务，而是一项创新活动，可以带来更好的产品。如今，建立了从开发项目开始到废品堆场的功能安全生命周期。安全目标的早期定义有助于将项目引向正确的方向。它包括开发合作伙伴和供应商。

### 3.2.1 功能安全生命周期

功能安全从一开始就需要考虑。这需要从设计初期分析危害，并跟踪整个开发过程。伴随而来的安全设计则从系统级开始，然后分解到各子系统，正常的开发过程也是如此。周期中的一个关键点是开发过程划分为硬件和软件开发的步骤。在这

里,更抽象的安全过程分解为更具体的实践。同样重要的是硬件和软件流程合并回单个流程的步骤。最后,需要进行验证。

当开发完成,第一个产品出厂时,大部分功能安全工作就完成了,但不是全部。功能安全遵循整个产品生命周期,包括制造、服务和退役。图3.1说明了这个生命周期。

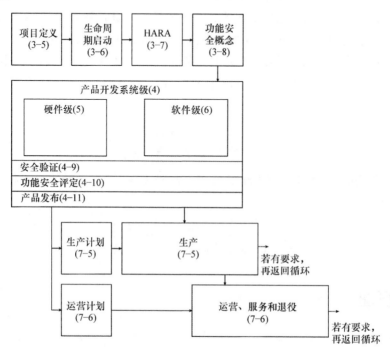

图3.1 ISO 26262建议的功能安全生命周期(本标准的各个章节在括号中给出,并在第3.8.2节中讨论)

HARA—危害和风险评估

在生命周期内,如果有一些相互作用,就必须考虑到与审议中的项目没有直接关系的进一步发展。例如,如果车辆动力学控制是已开发的项目,它也依赖于发动机控制,因此发动机控制的修改是不可忽视的。此外,外部发展,有时只是技术的进步,是并行发生的,需要加以考虑。

## 3.2.2 安全目标

安全关键系统的早期开发过程需要对危害进行评估,并需要对以下问题做出决定:如果未能达到安全目标,必须采取哪些措施。一个非常基本的决定是系统是处于故障安全中,还是可操作中。故障安全是指系统进入一个故障不构成危险的状态。实际上,这意味着在许多情况下要关闭系统。在某些情况下,这在可靠性方面是不可接受的,甚至在某些情况下,关闭并不是最安全的解决方案。例如,在小型飞机上使用汽车发动机需要一个全新的安全概念，因为在空中或起飞前关闭发动机可能会导致灾难性的后果。即使在故障的情况下，发动机必须继续运行，如果可能的话，它必须故障运行。

在飞机上，故障安全与故障操作的区别非常明显，但在汽车上，关掉发动机并不总是一个好主意。除了安全性和可靠性之间可能存在矛盾之外，在穿越铁轨或超车接近迎面而来的车辆时，发动机熄火也是危险的。动力转向和制动助力器也受到发动机熄火的影响，高速下的强力制动几乎是不可能的。

在故障安全与故障操作之间，可能存在许多中间阶段，且操作有限。例如"跛行回家"功能，该功能在某些错误情况下允许在速度或转矩限制下开车回家或到达下一个车间。

必须进一步考虑在什么地方发出警告是合理的，以及发出哪种警告，例如仪表板上的报警灯闪烁。

由于安全目标通常是在危害和风险评估（HARA 或 HRA）中推导出来的（参见第 3.3.7 节），它们可能对某些故障有条件。对于它们应该依赖于故障，还是应该普遍存在是有争议的。

### 3.2.3　OEM 与供应商的合作

当开发或生产的一部分移交给供应商时，功能安全的责任不应止于部门或公司之间的接口。为此目的，需要开发服务或组件的买方与承包商之间达成协议。我们必须区分两种情况，一种是购买已经开发的组件，另一种是关于个人开发的协议。

在简单购买未单独开发和制造的组件的情况下，这些组件需要功能安全证明。如果制造商已经证明了功能安全性，那么可能已经在不考虑具体应用的情况下以一般方式完成了这种工作，此类组件称为脱机安全元素（SEooC）。SEooC 的典型示例是用于安全关键控制的集成电路，此问题已通过 ISO/PAS 19451[152,153] 解决。

ISO 26262 建议针对每个单独的合同开发接口协议。该文件要求双方对关于特定安全生命周期及其向合作伙伴的分配、技术内容、安全目标和工具的协议均负有责任。

## 3.3　分析

在降低风险之前，有必要进行分析。本节介绍了部分重叠的几种方法，因此没有必要全部使用。有很多方法及其名称的缩写，但是许多方法彼此相似，并且在实践中，安全性分析是使用一组有限的方法完成的。在与汽车行业不同的行业中工作时，会有一些不同的术语和缩写，但即使在那里，分析方法也是相似的，并且实现相同的想法。汽车工业中最重要的方法是 FMEA，其他方法也可以很好地结合使用。读者应将以下分析方法视为工具包，在每种情况下，都应选择最合适的工具。

分析工作本身往往会在完成结果文档之前的很长时间内提供宝贵的见解。

有时，在试图找出哪种情况会导致故障的演绎分析与涵盖后果的归纳分析之间会有所区别。对于某些方法，这种区别很明显。对于许多方法来说，它是任意的且令人困惑的，对于这些方法，此处不区分。

有时会发现自上而下和自下而上的过程有所不同，自下而上的过程始于故障（例如缺陷部分），并评估其影响直至人员伤亡、伤害和类似后果。自上而下的过程首先查看可能发生的事情（例如驾驶员死亡），然后寻找原因。很明显，自下而上的分析使用归纳法，而自上而下的分析使用演绎法。

### 3.3.1 依赖失效分析

对相关故障的分析有两个目的，一是识别相互依赖的故障，二是显示对干扰自由（FFI）的违反。FFI 是指两个或两个以上的硬件或软件组件互不影响。相互独立的故障要么有共同的根本原因，要么有级联可靠性，即第一次故障直接增加了第二次故障的概率。

检查所有多个故障组合的依赖关系的工作量实际上可以增长到无穷大，但是考虑可能的相关故障对是可行的。相关性在很大程度上取决于原因，即为什么要进行依赖失效分析（DFA）。为了 DFA 本身而做 DFA 没有任何价值，通常它是与故障树分析（FTA）结合在一起完成的（第 3.3.2 节）。但单独做这件事来发现 FFI 违规是合理的。

FFI 的概念具有实际的相关性，例如，一个 ECU 执行多个功能，其中部分是安全关键的，而部分不是。如果一个函数是低安全要求，任何这个函数对一个更安全的函数的影响可能危及其安全级别，因此被影响函数的安全水平不能高于影响函数，无论被影响函数安全等级多高都应如此。如果可能存在非安全相关功能对安全功能的影响，也必须像安全相关功能一样开发原本不安全相关的功能。因此，FFI 要求严格区分与安全相关的功能和与安全无关的功能。即使在具有不同临界度的安全相关功能之间（如 ISO 26262 3.8 节中的汽车安全完整性等级），也必须有 FFI 的证明；否则，对于所有可能影响高安全级别功能的功能，必须假定其为最关键的级别。

DFA 没有标准化的程序。第一步可以是识别相关的故障，并在矩阵中成对地对其进行对比。DFA 必须系统地检查软件和硬件的逻辑、物理或其他依赖关系；最后，所有确定的依赖项都列在一个表中。特别是，任何公共资源，如总线系统或内存，都应该仔细检查。从 EMC 的角度来看，所有可能的耦合路径都值得注意。通常，邻近性已经是构成元件或子系统对电磁干扰（EMI）或其他影响的共同易感性的充分条件，公用电源就是另一个例子。有时识别功能依赖关系更为困难，在这里 FTA 或事件树分析（ETA）可能会有所帮助。由于设计、维修或操作上的系统性错误，例如同一个设计工程师在冗余结构犯了同样错误，识别依赖关系就更加困难。除了人为错误之外，这种困难的可靠性的另一个例子是编译器，它将相同的错误代码注入两个明显独立的部分。这些例子清楚地表明，要发现依赖的失败，通常需要大量的经验。

DFA 的一个有用的副作用是发现了冗余的结构，但是某些相互干扰破坏了冗余。共同原因分析（CCA）是 DFA 的副产品（没有标准化的 CCA 程序）。CCA 可以从故障树分析中派生出来。显然独立的硬件或软件单元的 FTA 可能会在故障树中深度重叠。这种重叠是一个常见的原因。目前的挑战是要完全比较这些深层故障树。由于同一原因可以用不同的术语在两个故障树中描述，软件自动比较的 FTA 比较很容易跳过一个共同的原因。

### 3.3.2 故障树分析

FTA 确定了故障或故障的原因，因此它显然是一个演绎分析。除了 IEC 61025[77] 中描述的方法之外，还有许多不同的方法在实践中得到了发展，即如何进行 FTA。它可以定性地作为故障的根本原因，也可以定量地导致故障度量，如 ISO 26262 要求的随机硬件故障概率度量（PMHF）。与 DFA 一样，FTA 也可以帮助识别不同故障的共同原因。

图 3.2 给出了一个不完整的没有概率的故障树示例，该故障树没有概率，即在释放加速踏板后汽车没有停止加速。该图会一直出现分支，直到从根本原因（也称为基本事件）直接或间接推断出所有原因，并且这些根本原因无法进一步追溯为止。完整的大型 FTA 通常以模块化方式绘制。在实践中，很难确定一个标准来中止将原因链定义为根本原因的原因链，因为这些原因趋于无限。该示例表明，在某些情况下（实际上在大多数情况下），事件的原因是"或"逻辑的，因此例如当接地中断时（在这种情况下，踏板中的电位计通过其正极端子保持连接到正电源，并通过其滑动器保持连接到输入），或者输入端与供电电路短路输入电压 2 将达到最大值——电源电压。在其他情况下，事件是"与"逻辑的，因此如果一个复位弹簧损坏，则不是直接危险，但是如果两个弹簧都损坏，加速会继续进行。第二种情况称为冗余设计。

如果"或"逻辑的事件是互斥的，则概率相加，如果"或"逻辑的事件是独立的，则"或"逻辑的事件的概率成倍增加。大多数"或"逻辑事件不是相互排斥的，而是可以同时发生。然后，两个概率重叠，并且对于每个贡献事件，相交集必须仅计数一次，而不是两次。因此，如果 $p(E_1)$ 是事件 1 的概率，$p(E_2)$ 是事件 2 的概率，而 $p(E_1 \wedge E_2)$ 是共同发生的概率，那么

$$p(E_1 \vee E_2) = p(E_1) + p(E_2) - p(E_1 \wedge E_2) \tag{3.3}$$

如果超过两个事件，筛网公式[35,葡萄牙文]（也分配给庞加莱和西尔维斯特）适用于三个事件 $E_1$、$E_2$ 和 $E_3$：

$$p(E_1 \vee E_2 \vee E_3) = p(E_1) + p(E_2) + p(E_3)$$
$$- p(E_1 \wedge E_2) - p(E_1 \wedge E_3) - p(E_2 \wedge E_3) \qquad (3.4)$$
$$+ p(E_1 \wedge E_2 \wedge E_3)$$

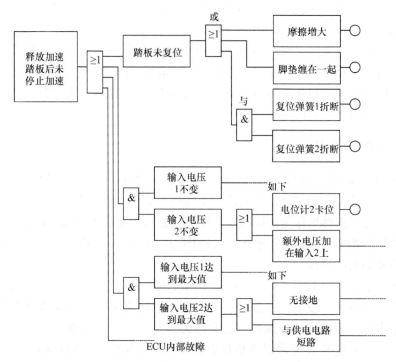

图 3.2 FTA 实例。在逻辑运算中，IEC 符号代替了仍然常用的 ANSI 符号。一些事件右边的圆圈表示树没有进一步发展的基本事件

在 n 个事件的一般情况下，得到的概率是

$$p(E_1 \vee E_2 \vee \cdots \vee E_n) = \sum_{i=1}^{n} p(E_i)$$
$$- \sum_{1 \leq i < j \leq n} p(E_i \wedge E_j) \qquad (3.5)$$
$$+ \sum_{1 \leq i < j < k \leq n} p(E_i \wedge E_j \wedge E_k)$$
$$- \cdots + (-1)^{n-1} p(E_1 \wedge \cdots \wedge E_n)$$

实际上，大多数"或"逻辑相关的事件可以同时发生，但是 $p(E_1 \wedge E_1)$ 足够小，可以忽略不计。这是安全的，因为取消较小的减法项会导致非常小的高估，与低估相比，这是不严格的。所以一个很好的近似是

$$p(E_1 \vee E_2) \approx p(E_1) + p(E_2) \qquad (3.6)$$

如果两个与"与"逻辑相关的事件不是独立的（例如，一个组件的故障增加

了另一个组件的后续故障的可能性），则我们需要条件概率 $p(E_2|E_1)$，即 $E_2$ 在发生之后发生的概率 $E_1$。此条件概率可以是 DFA 的结果。我们获得

$$p(E_1 \wedge E_2) = p(E_1) \cdot p(E_2|E_1) \tag{3.7}$$

有时，条件概率 $p(E_2|E_1)$ 近似为 $E_2$ 的简单概率，因此

$$p(E_1 \wedge E_2) \approx p(E_1) \cdot p(E_2) \tag{3.8}$$

在这方面，与"与"逻辑关联的事件比"或"逻辑与关联的事件需要更多的注意，因为在此，近似值应该更大还是更小，是不能轻易确定。如果概率相互依赖，则实际上 $p(E_2|E_1) > p(E_2)$ 的可能性更大（否则，$E_1$ 会产生保护作用），因此可以估计所得的概率太小！

显然，"或"逻辑关联事件的概率的增加增加了总概率。最终导致失败的事件越少，失败的概率就越低。这种见解的一个实际结果是使事情变得简单。

如果我们将与之相关的事件的概率相乘，我们就会将比 1 小得多的概率相乘。结果会更小。这就是冗余的目的。

除"与"/"或"外的其他关系是"或"逻辑的逆关系和排他关系（XOR）。对于逆关系，门之前的概率从 1 中减去，即

$$p(\overline{E_1}) = 1 - p(E_1) \tag{3.9}$$

式中，$\overline{E_1}$ 表示 $E_1$ 没有发生。

XOR 的计算方法如下

$$p(E_1 XOR E_2) = p(E_1 \cdot \overline{E_2} + \overline{E_1} \cdot E_2) \tag{3.10}$$

IEC 61025 还提出了一些特殊的门，例如多数票门，它要求一定数量的输入为真并具有优先级，并且输入条件必须按一定顺序实现。

如果事件的起因确实具有分枝树的结构，那么建立故障树的努力是合理的。如果存在一个没有或只有几个分支的线性原因链，则在没有显式 FTA 的情况下进行 FMEA 更为合理。

### 3.3.3 失效模式及效果分析

FMEA 是许多行业（包括汽车行业）降低风险的常用方法。"失效"一词的使用方式与 ISO 26262 中的使用方式完全不同。尽管基本方法始终相同，但 FMEA 的类型不同，并且根据行业和地区的不同，部分样式也会部分标准化。

常见的 FMEA 类型有结构 FMEA、过程 FMEA、系统 FMEA、硬件 FMEA 和软件 FMEA。在本书的背景下，系统 FMEA 最相关的是描述典型的机电一体化系统，包括传感器，执行器和控制器。机电一体化系统的 FMEA 有时也称为机电一体化 FMEA。分析控制还包括硬件 FMEA，逻辑上还包括软件 FMEA。然而，在实践中，这并不常见。

软件失效的方式与硬件不同。除了内存故障，软件故障是严格系统化的，是开发过程中的错误造成的。如果有可能写出一个完美的软件，那么在操作上就不会有

错误。这个论点经常被用来反对软件 FMEA，因为软件是经过测试的。用数十、数百、数千或更多行代码完成软件测试是不可能的。即使是一个看起来很简单的流程图，也已经提供了大量的执行路径组合。测试可以通过测量和最大化测试覆盖率的工具得到改进，但是对所有路径和数据组合拥有 100% 的覆盖率是不现实的。因此，在现实中，测试并不足以证明一个软件没有在实践中反复出现的错误。软件工程师致力于用数学方法证明软件的正确性。这些方法都是目前的研究成果，还没有一个切实可行的解决方案。因此，如果不考虑软件故障，FMEA 仍然是不完整的。

汽车行业中经典的 FMEA 样式来自于汽车工程师协会（SAE）[204]、汽车行业行动小组（AIAG）和德国汽车工业协会（VDA），还有 IEC 标准[76]。方法上的差异很小，但是在 FMEA 表单的图形布局上有很大的差异。此外，还有几个扩展是从标准 FMEA 派生出来的。一群汽车制造商、供应商、半导体制造商和其他组织已经于 2017 年 12 月将样式统一到 AIAG 和 VDA 的样式[8]。

FMEA 是一个发现和列出尽可能多的错误的创造性过程。对于所有的故障，可能的原因都可以在 FTA 中找到。事实上，FTA 可以支持 FMEA，甚至可以包含在 FMEA 中。此外，FMEA 列出了故障的所有可能影响。最后，将所有故障按其风险进行分类。在经典方法中，风险由风险优先级编号（RPN）量化，RPN 是严重程度（S）、概率（P）和故障检测难度（D）的乘积

$$RPN = S \cdot P \cdot D \qquad (3.11)$$

第一步是识别所有可能的错误。这是一种创造性的过程，很有可能会存在大量遗漏。创造力是由一次次不同背景的人的小组会议激发出来的。通常，由一个训练有素的主持人指导会议。团队合作比单独在办公桌上定义失效的原因和后果更有效，但经验表明，不同的团队在这方面对类似产品的评价非常不同。

来自不同团队的关于同一主题的 FMEA 各不相同，因为从根本原因到最终结果的长因果链中的所有事情都可以作为失效被放在中心考虑。所以原因链，或者更常见的是左边的分支原因树和右边的结果链或结果树，也会因焦点的不同而不同。如何才能以独特的方式区分失效、失效的原因和失效的后果？一种常见的方法是首先定义函数，而不是将函数的缺失视为考虑到的故障。这种方法非常类似于 ISO 26262 对故障的定义。在此之后，开发原因树（如 FTA）和结果树就很简单了。为了对故障进行评级，可以得到 P 为所有原因概率的和，这些概率将在 1~10 的范围内进行映射。由于概率差别很大，有时取最大的原因概率就足够了。类似地，效果也按 1~10 的等级进行评分，致命失效的严重程度为 10。如果 DC 是未知的，最任意的似乎是 D 的确定。计算每次故障的 RPN 表明 FMEA 不能真正达到客观性。特别是对于需要测量的高 RPN，为了避免测量的必要性，有时倾向于更乐观地评价这类故障。

2017 年的标准[8]带来了一些变化。可能最重要的更改是用称为操作优先级的任务优先级替换 RPN。对于所有 1000 种可能的 S、P（也称为发生，用 O 表示）

和 D 的组合，表将度量值分配给三个优先级之一。现在有一个六步程序，其中包括一些修改，即确定主题（ISO 26262 中的"项目"）、结构的分析和描述、所需功能的分析和描述、故障分析、风险分析和优化。许多不同的形式已经统一了。

如果一个故障引起危害，则 FMEA 可以接受法律调查。这可能是一个问题，因为对安全问题的开放性可能会受到这种二次使用的影响。出于同样的原因，不建议与客户共享 FMEA。这会使 FMEA 偏向于涵盖关键问题，而不是将其用于发现。一种解决方案是使用两个 FMEA，一个用于发现关键问题的关键 FMEA 和一份正式文件。如果查询同时显示了两个文件，将很难解释。另一方面，只有一个文档是强烈跟踪和解决所有问题的强烈动机。另一个解决方案是拥有正式的 FMEA，并基于故障模式（DRBFM）添加非常激进的设计审查。

FMECA（失效模式效应和临界性分析）是 FMEA 的一种扩展，在航空和军事工业中很常见，失效的临界性在 FMEA 的 RPN 计算之外被详细考虑，例如根据军事标准 1629A [226]；在汽车行业，这是不常见的。通常，术语 FMEA 和 FMECA 是同义词。

相关术语有 FMEDA（故障模式效应与诊断分析）和 FMMEA（故障模式、机理与效果分析）。

FMEDA 还通过两个参数 DC（见式（3.1））和 SFF（见式（3.2））确定诊断质量。

与 FMEA 相比，FMMEA 更关注导致失败的机制。这些机制被物理模型化，以获得定量估计的失效的可能性。由于与 FMEA 相比工作量很大，因此分析有时仅限于最重要的路径。另一个困难是物理模型常常依赖于环境条件，特别是温度，因此必须假设一个典型的使用概要。FMMEA 有时用于电子学中预测老化的关键影响。

### 3.3.4 基于失效模式的设计评审

基于失效模式的设计评审（DRBFM）与 FMEA 非常相似。它将 FMEA 的基本思想带入产品的设计阶段。

在任何设计过程中，无论是硬件还是软件，通常都会对设计步骤进行评审。通常具有不同背景的几位专家仔细研究设计，以寻找可能的改进或错误。在 DRBFM 中，同样的活动也会发生，但主要关注 FMEA 中的失效。在一个全新的设计中，一个可能导致失效的特性的变化被称为关注点。在第一步中，收集关注点，然后对它们进行评级。这种寻找根本原因的方法通常使用五个"为什么"。第一个问题是"为什么失效会发生？"下一个要问："为什么导致失效的原因会出现？"等等。很明显，该方法是执行 FTA 的一种特殊的问题技术。

由于大多数故障发生在产品发生更改的地方，因此并不一定要分析整个产品，而是只分析与类似产品相比较的更改。所以，DRBFM 甚至可以与 FMEAto 一起合理地查看变化。对于一个全新的开发，所有内容都是变更的，在这种情况下，DRBFM 可以被认为是稍微不同的 FMEA 方法。DRBFM 指南可从 AIAG[7] 获得。

## 3.3.5 事件树分析

事件树分析（ETA）有助于识别故障的影响，因此它被分配到一组归纳方法中。它是一个有用的工具，以"什么/如果"分析的方式来评估功能问题的对策。图 3.3 显示了一个示例。让我们以卡住的加速踏板为初始事件。驾驶员可以踩下离合器踏板、制动踏板，或者两者都踩下（不在图中）或什么都不做。如果他不做出反应，损害是不可避免的。如果他只踩离合器踏板，发动机就会继续高速运转，但这样的结果不再危险。如果他只踩制动踏板，就很可能使发动机熄火，这是一种无害的情况。如果发动机不熄火，它就很难在较长时间内保持制动。如果制动已经接近失灵，那么这种失灵现在在压力下发生的可能性更大。现在局势难以控制，需要进一步详细考虑。因此，发动机 ECU 具有安全功能，可以识别加速踏板和制动踏板之间的不可靠性，并限制发动机转矩。如果驾驶员同时踩制动踏板和离合器踏板，情况并不危急；如果 ECU 没有检测到，发动机将继续高速运行。

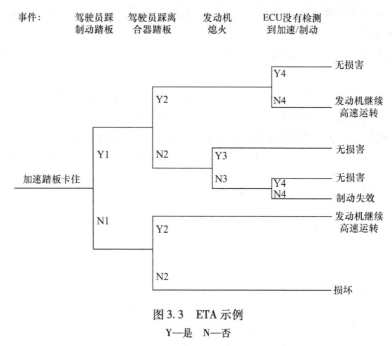

图 3.3 ETA 示例
Y—是 N—否

这个例子是定性的，在许多实际应用中是足够的，如果必要的话，还可以考虑概率。在这种情况下，可以通过将初始事件到决策树中特定结果的所有是和否概率相乘来计算结果的概率。如果多个路径导致相同的结果，则添加路径概率。所以发动机高速运行的概率是 $p(Y1)p(Y2)p(N4) + p(N1)p(Y2)$。

对于 ETA 中的每个决策点，可以添加一个额外的故障树来理解为什么系统要以特定的方式进行决策。这种带有小 FTA 的 ETA 连接到注入决策标准的分支上，称为原因后果分析（CCA）。图 3.4 举例说明了图 3.3 中的 ETA 如何可以扩展到 CCA。

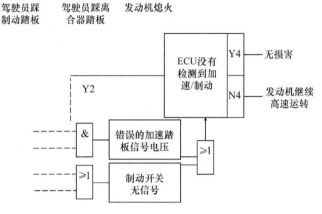

图 3.4　基于图 3.3 事件树的原因后果分析（CCA）实例
Y—是　N—否

## 3.3.6　马尔可夫链

许多工程师都熟悉状态机，它由多个状态和条件组成，这些状态和条件触发从一个状态到另一个状态的转换。导致故障的过程也可以由几个状态来描述，这些状态可以导致从正确的操作到故障，但是通常存在过渡的条件，这些条件不能用确定性事件来描述。此外，在没有明确触发的情况下，总有一些机会进入相邻状态。用转移概率代替确定性触发条件的状态机称为马尔可夫链。如果有必要的输入数据，马尔可夫链适用于可靠性和可用性定量分析。它们不能帮助识别与组件故障无关的风险。虽然在 ISO 26262 中有提到，但它很少直接用于功能安全，而是作为可靠性工程的工具。有关详细信息，请参见文献［17］。

## 3.3.7　危害及风险评估

HARA 或 HRA（也称为危害和风险分析）是在产品构思期间完成的。该术语由 ISO 26262 创造，并在其第 3 部分第 7 章[135]中进行了描述，但是当然，可以独立于标准的应用而完成。生成的文件是定义开发需求的所有危害和风险的详细列表。它没有严格的计划，通常，它是扩展的 FMEA（第 3.3.3 节），其范围包括得出安全目标，进一步的功能安全要求以及技术要求。可以将其实现为表格，其中列出了功能、故障、状况、情况、暴露于危险中的人员、影响、带有原因的严重性估算、带有原因的暴露估算、带有原因的可控性估算、开发后果、安全状态、耐受时间和其他合适的项目。HARA 非常典型的情况是将情况定义为第一步，一方面是帮助发现危险，但尤其是暴露等级在很大程度上取决于驾驶或操作情况及其发生的频率，而在典型的 FMEA 中，故障概率通常取自组件统计信息。因此，风险暴露（HARA）和概率（FMEA）是相似且可比较的概念，但它们并不相同。

情景可以由驾驶方向、加减速、速度、特殊驾驶情景、交通情景、停车情景、环境条件（温度、气压、湿度、尘土、路面质量、能见度/天气）、碰撞情景、驾驶员活动（制动踏板、离合器踏板、加速踏板、变速杆、驻车制动杆）等用户活动粗略构成。德国汽车工业协会[228,德文]提供了一份根据 ISO 26262 进行风险评级的详细目录。

表3.1 显示了一个例子，一小段原用于动力系统。在实践中，HARA 可以分成多个表。与 FMEA 的一个非常明显的区别是，所有不危险的故障都为风险 0 级，因此它们是质量管理问题，而不是危害问题。在 FMEA 中，不具有危险性的故障，如果概率高且可控性差，则可以得到高分。

表 3.1 动力传动系统 HARA 摘录

| 功能 | 故障 | 条件与状况 | 暴露于危险的人员 | 影响 | S | S级别原因 | E | E级别原因 | C | C级别原因 | ASIL | 安全目标 |
|---|---|---|---|---|---|---|---|---|---|---|---|---|
| 发动机怠速 | 发动机熄火 | 停车 | 驾驶员 | 发动机需要重新起动 | 0 | 舒适问题 | 4 | 在道路上停留的时间和频率，E4级别 | 1 | 为蓄电池充电可能可以重新起动 | QM | 蓄电池管理，保持重新起动能力 |
| 发动机怠速 | 怠速转速过低 | 停车，后面无车 | 驾驶员 | 发动机可能熄火 | 0 | 舒适问题 | 4 | 在道路上停留的时间和频率，E4级别 | 2 | 驾驶员可能做出反应 | QM | 保持最低的怠速转速 |
| 发动机怠速 | 怠速转速过低 | 停车，后面有车 | 驾驶员 | 发动机可能熄火 | 1 | 如果加速时发动机熄火，有被后车追尾的风险 | 3 | 在道路上停留的时间和频率属于E4级别，但并不总是有加速车辆跟得特别近 | 2 | 驾驶员可能做出反应 | QM | 保持最低的怠速转速 |
| 发动机怠速 | 怠速转速不正常 | 停车，空档 | 驾驶员 | 舒适性排放 | 0 | 舒适性问题，对排放的影响尽可能最小 | 4 | 在道路上停留的时间和频率，E4级别 | 3 | 通常需要修理 | QM | 保持怠速转速稳定 |

（续）

| 功能 | 故障 | 条件与状况 | 暴露于危险的人员 | 影响 | S | S级别原因 | E | E级别原因 | C | C级别原因 | ASIL | 安全目标 |
|---|---|---|---|---|---|---|---|---|---|---|---|---|
| 发动机急速 | 急速转速不正常 | 停车，挂前进档，踩加速踏板 | 车辆使用者 | 车辆可能轻微前窜，舒适性，排放 | 1 | 小的损坏或轻微受伤 | 1 | 在道路上停留的时间和频率，E4级别 | 1 | 驾驶员有机会做出反应 | A | 保持急速转速稳定 |
| 发动机急速 | 急速转速不正常 | 停车，挂前进档，踩加速踏板 | 车前的汽车或人员 | 车辆可能轻微前窜 | 1 | 小的损坏或轻微受伤 | 1 | 在道路上停留的时间和频率，E4级别 | 1 | 驾驶员有机会做出反应 | A | 保持急速转速稳定 |
| 发动机急速 | 发动机加速运转 | 停车，空档 | 车辆使用者 | 可怕的噪声，油耗增加，可能损坏 | 0 | 舒适性问题，维修问题 | 4 | 在道路上停留的时间和频率，E4级别 | 2 | 很大的可能性车辆可以被熄火 | QM | 驾驶员无操作时发动机不加速 |
| 发动机急速 | 发动机加速运转 | 停车，挂前进档，踩制动踏板 | 车辆使用者 | 车辆加速 | 3 | 加速可能造成致命伤害 | 4 | 在道路上停留的时间和频率，E4级别 | 3 | 驾驶员很可能不能做出充分反应 | D | 驾驶员无操作时发动机不加速，踩制动踏板时车辆不运动 |
| 发动机急速 | 发动机加速运转 | 停车，挂前进档，踩制动踏板 | 车前的汽车或人员 | 车辆加速 | 3 | 加速可能造成致命伤害 | 4 | 在道路上停留的时间和频率，E4级别 | 3 | 驾驶员很可能不能做出充分反应 | D | 驾驶员无操作时发动机不加速，踩制动踏板时车辆不运动 |

注：ASIL—车辆安全完整性等级；QM—质量管理。

## 3.4 软件开发

对于硬件工程师来说，软件很难掌握，因为既不能直观地估计工作进度，也不能直观地估计质量和安全。从理论上讲，软件可以快速而容易地进行更改，但是密集地使用这种特性常常会导致质量甚至安全问题。另一个特性是，对于软件来说，开发和制造之间没有区别（除了写入/写入物理设备之外）。处理软件不可见性的必要性导致了高度结构化和系统化的开发过程。这些过程很少出现在预期的原因中，而是更多地出现在数十年来多次失败的痛苦中。长期从事软件工程师工作的人认为，在质量、成本或交付方面出现故障是正常情况。如今，有一种趋势是，硬件工程师试图从软件工程的流程中学习。有时候，这种方法是可行的，但是必须记住硬件和软件的本质是完全不同的。Barry W. Boehm 是软件工程的先驱之一，他的许多开创性的论文都在文献 [214] 中进行了总结。他可以被认为是过程模型的发明者之一。最近的方法是评估开发过程。在软件工程中，配置管理确保不会混淆配置（属于一起的源代码文件）或源代码文件的版本。在与硬件相关的开发中，这个术语并不常见，但是已经引入了类似的工具。

### 3.4.1 流程模型

软件开发的一个方面是流程模型的早期开发。流程模型收集要完成的工作步骤，并以合理的顺序排列它们。其中一个高度面向风险的模型（项目风险和产品风险）是 Boehm 的螺旋模型[18]。一个基本的想法是以中间评价为反复循环的发展。今天，我们找到类似的汽车零部件开发周期，首先通过样品 A 先积累经验，通过样品 B 进一步评估函数，通过样品 C 评估最后一个函数在理论中的实现（在实践中甚至有样品 C，新功能实现），最后，样品 D 虽然不应该承担新产品开发，但要通过样品 D 对第一次量产的生产流程进行评估（从发展的角度来看，它是一个量产产品，从生产的角度来看它是试运行的）。经过多年的发展，可以为每个样本周期重复的典型步骤序列已经形成：需求、规范、设计、实现（即在软件过程中编码）、模块测试、集成、系统测试、验收测试。由于软件工程师喜欢将这些步骤画成级联矩形的图表，因此它被称为瀑布模型。意识到后面的步骤必须对前面的步骤做的很多工作，也可以用图形表示，例如用箭头。事实证明，验收测试搜索与需求之间存在偏差，系统测试搜索与规范之间存在偏差，如果软件偏离了最初的设计，集成就会失败，模块或单元测试显示出编码错误。这些关系可以用 V 模型表示，如图 3.5 所示。小的返回箭头表示迭代。在实践中，迭代经常跨越多个阶段，它们甚至可能返回到需求阶段。有时，讨论是否需要或允许这样的迭代，开发实践用"是"清楚地回答了这个问题。

该 V 模型是汽车工业中远远超出软件范畴的标准过程模型，功能安全标准 ISO 26262 含蓄地提到了它。如果交付多个样本，则可以将 V 模型分别应用于每个样品阶段。

通常，工程产品有一个固有的层次结构。在这种情况下，一个产品级别上的设计产生了下面级别上的子产品的需求。子产品可以是电子设备的模块，也可以是 ECU 的软硬件子产品。特别是，系统设计提供了对硬件和软件的需求，导致两个并行的从属 V 模型。通过两者的集成，子 V 模型再次合并，最终完成系统测试和整个产品的验收测试。图 3.6 显示了一个例子，ISO 26262 如何将系统 V 模型划分为硬件 V 模型和软件 V 模型，并再次合并它们。将多个项目（硬件、软件或硬件和软件模块）放在一起称为集成。集成通常是至关重要的，即使在幸运的情况下，

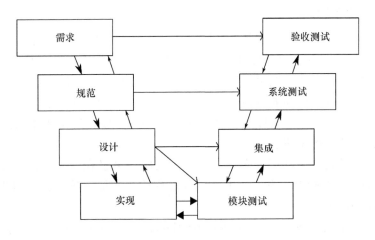

图 3.5　V 模型

所有东西乍一看似乎立即就能协同工作，也需要进一步的测试来仔细检查硬件 – 软件接口（HSI）和模块接口。

虽然 V 流程在汽车行业很常见，ISO 26262 等功能安全标准默认为 V 流程，但也存在两个严重的缺点。缺点之一是严重的问题，特别是对需求的误解，在交付之前的测试中发现得很晚，并且通常没有更多的时间来修复它们。第二个问题出现在汽车制造商和供应商之间的合作，刚性结构使得它几乎不可能对新的客户需求反应灵活，而在 V 模型开始阶段已经全部记录了客户需求也是不现实的。还有其他流程模型称为"敏捷"模式，应对这个问题。其中两个是极限编程和 scrum，被成功地用于其他行业的纯软件开发，而汽车行业却极不情愿。反对在汽车工业中使用这些敏捷模型的一个理由是，以这种方式开发硬件是困难的，甚至是不可能的。另一个原因是，近年来，包括 ISO 26262 在内的许多标准化工作都建立在 V 模型的基础上。

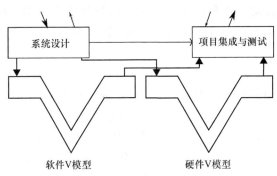

图 3.6　双 V 模型

## 3.4.2 开发评估

质量管理的一个主要思想是，良好的开发过程会产生良好的产品，尽管尚无此假设的证据。经验表明，有时即使良好的流程也会产生劣质产品，并且有时会以令人难以置信的混乱方式开发出优质产品。但是有理由相信，通过适当的流程，开发出可重复生产的优质产品的机会会增加。特别是，如果将开发分配给供应商，则无法预先了解产品质量，但可以知道过程质量。因此可以理解在不分析现成产品的情况下评估开发能力的愿望。

首先在软件行业设计了许多评估方法，其中两种已在汽车行业广泛使用，即CMM（能力成熟度模型）和SPICE（软件过程改进和能力确定，请勿将其与同义电路仿真器相混淆）。

CMM由卡内基·梅隆大学（Carnegie Mellon University）开发，并于1986年出版。该评估检查了称为关键过程领域的软件工程的良好实践。对于5个CMM级别中的每个级别（最低级别除外），都需要实施并记录一系列实践。严重的问题是CMM评估的高昂成本，官僚机构随着级别的提高而急剧增加以及对人员绩效的高层监控，这与某些国家的劳动法规相矛盾。作者在不同CMM级别的项目上进行了系统的试验，尽管过程质量较高，但CMM级别较高时产品质量甚至下降。这些试验的项目数量太少，无法获得有意义且普遍适用的统计数据，但是显而易见的是，官僚机构负担增加而又没有增加其他人参与该项目，这浪费了工程任务的时间。根据这一经验，对于优质安全的产品，人们可能会以合理、局部的过程质量最佳点为目标，而不仅仅是理论上可能达到的最大过程质量。2000年以来，CMM被一种称为CMMI（CMM集成）的类似系统取代，或更准确地说是CMMI-DEV用于开发，涵盖了包括硬件开发在内的系统工程。尽管CMMI与欧洲汽车行业失去了联系，但在美国仍然很常见。

SPICE已通过ISO[96-98]进行了标准化。它与CMM（I）共享一些基本思想，使用完全不同的词汇，但是在细节上也有许多真正的区别。一个主要的区别是SPICE不会为整个开发过程分配一个级别，而是将单个级别分配给不同的过程领域。超出标准的SPICE的特殊改编是汽车SPICE（Automotive SPICE）[67]。

## 3.4.3 配置管理

大型软件产品由数百个甚至数千个文件组成，这些文件包含产品的源代码。在一个软件版本中，错误的文件可以合并在一起。每个文件会演变成需要跟踪的多个版本，尤其是如果版本另外分成多个变体，例如，如果ECU是为不同的汽车设计的（这是正常情况）。当一位工程师处理一个文件时，另一位工程师可能会修复同一文件上的错误。之后，第一位工程师可能会用他的更改覆盖错误修正。这些只是一些例子，当许多工程师处理许多文件时，这些地方可能出错。有避免这种问题的工具，使用此类工具的结构化工作流程称为配置管理。

显然，硬件开发中可能会发生类似的情况，其中产品由许多组件组成。实际上，尽管电气和机械工程中更频繁地使用产品生命周期管理，但硬件工程师越来越多地使用类似的工具。

### 3.4.4 模块化

将产品分解为一组模块不是特定于软件的想法，而是大型软件构建块的众所周知的经验是存在多种干扰。在现代编程语言中，用局部变量代替全局变量是一种进步，因为来自软件不同部分的操作对变量的副作用减少了。由混乱的 GOTO 命令组成的不断发展的意大利面条式代码已经被计划的代码所取代，因为更多的结构化概念开始于几种循环，直到使用带有局部变量的子例程和函数。后来，引入了面向对象编程（OOP），目的是重用现有代码。OOP 背后的一个思想是保持类的所有方法和属性都是严格私有的，这些方法和属性不是为与其他实例交互而设计的。这些编程技术并不是没有标价的。子例程或函数调用需要花费时间和内存的堆栈操作，OOP 的开销甚至更大。但是，这些技术已经将局部化引入到操作中，从而降低了远程软件组件以不可预知的方式产生相互干扰的风险。

这些概念也适用于硬件。具有良好定义和保护接口的小型设备可提高功能安全性（请参阅第3.3.1节），并提高电磁兼容性。尽管它们会产生额外的成本，但硬件可能比软件更多。硬件设计师应该牢记这些想法。OOP 中预期的可能的重新使用是另一个好处。

## 3.5 硬件开发

除了软件中常见的逻辑错误外，硬件在物理上会发生故障，并且系统性较差，在许多情况下是随机发生的。硬件故障可以在任何地方发生，但是有非常典型的故障。大多数故障与连接器、EMC 或越来越多的劣质电子组件有关。劣质组件可以是廉价的低质量组件，也可以是假冒伪劣的组件。组件必须经过认证；除了根据 ISO 26262 的机制（请参阅第3.2.3节）以外，还有有助于功能安全的通用质量认证（文献[2-5]和其他随附文件）。

安全故障是指不会影响安全要求但通常会影响操作的故障，例如由于传感器老化或 EMI 而导致的小发动机控制器偏差。单点故障（SPF）是仅违反安全要求的故障。如果有必要组合多个故障，则这些故障称为多点故障（MPF），未检测到的关键故障称为残留故障，我们将在3.8.2节中重新讨论这些类型的故障。依赖于 MPF 的故障比依赖 SPF 的故障发生的可能性较小，因为单个故障事件不足以触发危险的故障。将 SPF 转换为更安全的 MPF 的强大技术是冗余，尤其是其中有多个冗余路径以不同的方式实施的多样化冗余。因此，如果 EMI 干扰一条路径，则另一条路径可能不受特定种类的干扰影响，并且仍然起作用。不幸的是，各种冗余会导致高成本、增加重量和空间以及增加功率需求。如果冗余系统是功能降低的简化备份系统（可能更好地抵御干扰），则可以部分降低这些成本。

监视与安全相关的硬件组件非常重要，这样才能获得较高的故障诊断覆盖范围。如此众多的功率半导体具有内置诊断功能，该诊断功能可以数字方式连接到微控制器。

硬件故障可以通过两种方式与功能安全相关：或者当该硬件属于安全相关系统的一部分并且故障降低了与安全相关的功能时；或者在另一种情况下，如果故障本身带来了新的危害。尽管将可靠性视为有助于系统级安全性的组件属性是一种简化，但是对于硬件，这种简化通常是有效的。因此在这里讨论可靠性是合理的。

### 3.5.1 可靠性

根据过去硬件组件的经验，可以给出近似的故障率 $\lambda(t)$。在可靠性理论中，功能安全中常见的失效和故障之间没有区别，因此在本小节中，我们在技术可靠性中通常使用术语故障率。此故障率表示此组件每次将发生多少次故障。如果我们假设 $R(t=0)=1$，则可靠性和故障率之间的关系为

$$R(t) = e^{-\lambda t} \tag{3.12}$$

### 3.5.2 可靠性框图和冗余

在故障树（FTA）中，我们看到了"或"逻辑关联事件和"与"逻辑关联事件。在第一种情况下，将故障或失效概率相加，在第二种情况下，它们相乘。如果事件的概率取决于组件或子系统的故障率（我们已经讨论过可靠性和安全性是不同的概念，但是在某些情况下，它们之间密切相关），那么我们可以看看故障率组合系统的 $\lambda(t)$（每次故障）。

可靠性框图解决了与 FTA 相似的问题，但关键的是此处的可靠性 $R(t)$，它已在本章的开头介绍。

一个例子是晶体管功率级。可能我们希望避免导通失败对应用造成影响，因此我们决定使用两个 MOSFET 的并联电路作为图 3.7 中的 T1 和 T2（双极晶体管的并联电路在热方面很不稳定，必须避免使用）。两个晶体管中的一个必须工作才能执行所需的功能，这种情况称为 2 选 1 冗余。如果 $Ri$ 是晶体管 $i$ 所要求功能的可靠性，则总可靠性为 $R_{12} = R_1 + R_2 - R_1R_2$ [17]。现在让我们想象两个 MOSFET 的栅极都有一个公共的驱动器电路。如果晶体管组合失效或者驱动器电路失效，则电路发生故障，换句话说，需要驱动器电路和晶体管的功能。在这种情况下，总可靠性是部分可靠性的乘积。如果 $R_3$ 是驱动器的可靠性，则总可靠性 $R_{123} = R_{12}R_3$，等效于 $R_{123} = R_1R_3 + R_2R_3 - R_1R_2R_3$。

有时，晶体管并联以实现双倍功率。在这种情况下，我们需要两个晶体管来实

现所需的功能（也许还有一个有用的简化功能，而剩下的一个晶体管，则该简化功能在形式上是另一种功能，必须指定其自身的可靠性）。如果我们确实需要两个晶体管，则完全相同的电路的可靠性是不同的，即 $R_{123} = R_1 R_2 R_3$。如果我们不考虑功能"关闭"的可靠性，而考虑功能"打开"的可靠性，则得到相同的表达式。图 3.7 清楚地表明，可靠性框图在很大程度上取决于功能。在电子电路的情况下，它不一定代表其物理结构，例如，在这个例子中两个晶体管的并联。

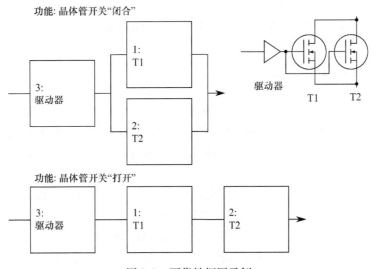

图 3.7　可靠性框图示例

可靠性框图在 IEC 61078[78] 中进行了标准化。

通用术语是硬件容错（HFT）。它是系统或子系统（更准确地说，系统或子系统的安全功能）可以承受而不会发生故障的硬件故障的数量。HFT 为 0 意味着仅一个硬件故障就足以导致故障。HFT 可以通过冗余来增加。

## 3.6　功能安全和 EMC

功能安全的目标是将风险保持在可接受的范围内。当然，EMI 并不是可能发生危险故障的唯一来源。经验法则是将全部可容忍风险的 10% 分配为与 EMC 相关的风险极限。

为了保证功能安全，仅根据常规测试标准（第 9 章）通过成功的测试来证明 EMC 是不够的。在所有常规工作条件下，在某些情况下甚至在滥用条件下，而不仅仅是在测试条件下，都必须确保功能安全[22]，考虑所有组件的公差，测试和操作之间的主要差异可能是环境条件（尤其是温度）、使用时间、使用情况和滥用情况，甚至是干扰期间在微控制器上运行的软件的当前状态。通常的做法是增加测试级别以实现一定的安全余量，但即使有极高的安全余量，这种方法也不能绝对保证安全，但会增加成本（不会损失成本，因为它们也会提高质量）。

将功能安全性与 EMC 关联的标准是 IEC 61000 - 1 - 2[84]。在某种程度上，它也提倡当前的过度测试哲学。它试图将 IEC 61000 系列之外的其他 EMC 标准连接到通用功能安全标准 IEC 61508[79]，因此在不考虑特定汽车 EMC 和功能安全标准的情况下保持通用性。它参考 IEC 61025 引入 FTA，有助于定义对 EMC 和功能安全的要求，包括测试并在其附件中显示一些示例。IEEE 正在制定一项补充标准 1848[91]，该标准与 IET 电磁弹性实践准则[92]密切相关。

## 3.7 功能安全和质量

功能安全需要对故障、错误和失效进行深入思考。如果没有功能安全方面的发展，许多安全隐患将无法被发现。搜索危险故障还可以发现那些不是危险的可能故障，并有助于系统地记录下来。这些故障是典型的质量问题，可以在发现后解决。

安全开发需要严格的流程。尽管经验表明产品质量不会自然从过程质量中受益（如果人员短缺，产品质量甚至可能会因为过于官僚主义而遭受损失），但是在安全工程和质量管理中建立过程的方法是相似的，因此很容易实现 具有涵盖安全性和质量的过程。第三个问题，保全性，也可以集成到流程中。

汽车工程中的一个通用质量标准是 IATF16949[69]，它也提到了功能安全性的一些主题，尤其是 FMEA 的必要性。从形式上讲，将 FMEA 扩展到质量改进可以简单地通过将风险优先级阈值（或文献［8］中的优先级重新定义）降低到对质量至关重要的值来实现，当然，此后要采取更多的措施。

在硬件工程中，功能安全性通常取决于组件的可靠性。产品的整体可靠性的收益超越了安全关键方面是显而易见的。

## 3.8 标准

### 3.8.1 历史

尽管不是直接强制性地要求遵守当前标准，但它是有用的。如果发生任何损坏，则根据现有技术开发产品的举证责任容易转移给制造商。有效的标准被认为是最先进的技术，因为只要法律上没有明确提及这些标准，开发时就有可能偏离这些标准，但是即使如此，产生偏差也要有充分的理由。关于功能安全的第一个非常通用的标准是关于电气/电子或可编程系统的功能安全的 IEC 61508[79]。该标准已由国际电工委员会（IEC）于 1998 年发布，可称为历史里程碑。在其发布之前，尚未普遍接受以电子方式控制安全关键功能。

尽管 IEC 61508 的作者考虑了制造系统，但它已经成为有关功能安全性的通用标准。后来，出现了许多专用标准，乘用车采用了 ISO 26262。其他衍生标准的示例包括：用于加工行业的 IEC 61511，用于核电站的 IEC 61513 和用于铁路的 EN 50128。尽管不专门用于商用车或摩托车，但 ISO 26262 已记录了一种可以部分应用于这些车辆的最新技术。实际上，正在开发第 2 版的 ISO 26262，该版本明确考虑了除乘用车以外的其他道路车辆（从字面上看包括所有量产的公路车，但不包括轻便摩托车）。

最新的发展是农业机械的 ISO 25119[156-159]，在某种程度上是基于 ISO 26262 的经验。

### 3.8.2　ISO 26262

朝着该标准迈出的第一步开始于工业，ISO 于 2005 年接管了标准化活动。在 2009 年发布国际标准草案之后，2011/2012 年的 ISO 26262 第 1 版包括十个部分：

1）词汇[132]，2011 年。
2）功能安全管理[134]，2011 年。
3）概念阶段[135]，2011 年。
4）系统级产品开发[136]，2011 年。
5）硬件级的产品开发[137]，2011 年。
6）软件级产品开发[138]，2011 年。
7）生产和运行[139]，2011 年。
8）支持过程[140]，2011 年。
9）面向汽车安全完整性等级（ASIL）和面向安全性的分析[141]，2011 年。
10）ISO 26262[133]准则，2012 年。

硬件部分为 76 页，而软件部分为 40 页。最重要的是，本书的范围更多的是硬件专用的，因此我们将涵盖比硬件部分短得多的软件部分。除第 1 部分外，ISO 26262 的所有其他部分都具有相同的内部结构：

- 前言
- 介绍
- 第 1 章：范围
- 第 2 章：规范性引用
- 第 3 章：术语（引用 ISO 26262-1 的一句话），定义和缩写词
- 第 4 章：合规要求
- 第 5~n 章：具体章节
- 附录
- 参考书目

例如，第 5 部分第 7 章是关于硬件设计的。在下文中，我们稍后将其称为

NO.5-7。从结构上看不出来，但从内容上看，商用车的最新版本也受该标准的约束。

该标准总共有43章，约有100种工作产品。该标准通常会保留有关这些工作产品的详细信息。一方面，这种自由是一种以合理方式调整其应用的机会。另一方面，这会导致不同公司的实施方式截然不同。更深层次的危害是建立没有真正安全文化的肤浅的安全官僚机构。

#### 3.8.2.1 词汇

第1部分定义了一些术语。

该标准将安全定义为不存在不合理的风险。风险是危害发生的可能性和危害的严重程度的结合。为了对风险进行近似的定量估计，引入了严重程度、暴露程度和可控性等术语。严重程度可衡量危害程度，暴露程度可确定危险情况持续多长时间。可以使用概率对其进行量化，但在进行典型驾驶或操作条件之前，应先进行调查。可控性最终描述了通过及时反应来控制风险的机会。此概念在功能安全中超出此标准是常见的，并提醒FMEA中的S，P和D（第3.3.3节）。

一个关键术语是产品。它是正在考虑的子系统，例如，车辆动力学控制或包括其控制单元在内的发动机。在这些示例中，针对汽车电子系统的标准的严格应用不会包括底盘或发动机，但是，当然，必须将它们包含在任何安全考虑中。将项目分解为元素，例如 一个ECU，然后可以分解为多个部分，例如电子元器件。

用容易混淆的一类术语将故障分类为故障、错误和失效。故障一词描述了有时被称为根本原因的故障，通常在组件级别。故障可能会导致错误状态，称为错误。如果某个项目由于错误而停止正常工作，则称为失效。失效可能会导致危险。乍一看，描述故障的不同术语似乎是学术上的区别，但实际上，它们提供了3个不同可以使汽车更安全的级别。

我们已经使用了术语安全目标。根据ISO 26262，安全目标是"分配给系统的最高安全要求，目的是将一个或多个危险事件的风险降低到可容忍的水平"。安全目标的定义是更详细的安全相关要求的起点。

#### 3.8.2.2 功能安全管理

功能安全管理（第2部分）包括整个生命周期，它考虑了项目独立的安全管理（2-5）、构思和开发过程中的安全管理（2-6）以及生产开始后的安全管理（2-7）。项目独立管理要求在公司中建立"安全文化"。这种文化的某些特性是对功能安全的明确责任、对功能安全的高度重视（不是仅仅需要做完的事情）、与其他过程目标的独立性（例如上市时间）、早期考虑、现有的人员和物质资源、建设性讨论的文化和适当的流程。

#### 3.8.2.3 开发启动和概述

No.3-7着重于开发和生产。第3部分专门介绍安全概念的开发。在第4部分中，系统开发开始，该部分分为硬件开发（第5部分）和软件开发（第6部分）。

第 7 部分考虑了开发后的剩余生命周期（生产、运行、服务、退役）。这些部分可以视为实际工程中的 ISO 26262 的核心。

第 3 部分包含项目定义（3-5），生命周期初始化（3-6，也适用于产品修改或环境变化），危害分析，如第 3.3.7 节（HARA，3-7）中所用的风险评估和功能安全概念（3-8）作为概念阶段的安全相关活动，涉及整个生命周期直至退役。

No.3-5 用几句话评论了如何定义商品（即所考虑的汽车的子系统）。该标准未规定粒度，但是考虑例如完整的车辆动力学控制或完整的动力总成，即使仅开发一个 ECU 也是如此。有关此主题的更多考虑，另请参见文献 [197]。

所有常见功能安全标准（包括 ISO 26262（3-7））的核心活动是功能的风险分类。IEC 61508 引入了安全完整性等级（SIL），而 ISO 26262 引入了类似的等级，称为汽车安全完整性等级（ASIL）。IEC 61508 中的 SIL 不能直接映射到 ISO 26262 中的 ASIL。在汽车工业中，没有达到 SIL 4 的级别。SIL 3 可以近似地映射到 ASIL C 和 D，SIL 2 可以近似地映射到 ASIL B，而 SIL 1 近似地映射到 ASIL A。因此，D 是最关键的级别，需要在后续开发步骤中采取最严格的措施。如前所述，风险随着概率（暴露 E）、严重性（S）的增加而增加，而随着可控性的降低（C，注意：C 的较小值表示良好，即高可控性）。对 E、S 和 C 进行严格的数字分配通常是不可行的，因此该标准使用文字描述（表 3.2）。对于大多数与安全相关的开发方法和活动，该标准根据 ASIL 区分为"强烈推荐""推荐"或"不推荐"。对于最高的 ASIL，几乎强烈建议使用所有方法，当然，对于 ASIL D，没有推荐的方法。

严重性分类基于伤害。ISO 26262 使用缩写的伤害量表，这是汽车医学中的常用措施[1]。

这些值对 ASIL 的严重性、暴露程度和可控性的分配可以在表或决策树中显示，如图 3.8 所示。如果功能不是安全性关键因素，而仅仅是质量问题，则不会将其分配给任何 ASIL，而是将其称为 QM（质量管理）。

表 3.2　ISO 26262 中严重性、暴露程度和可控性的分配

| | |
|---|---|
| $S_0$ | 无伤害 |
| $S_1$ | 轻度和中度伤害 |
| $S_2$ | 严重威胁生命的伤害（可能幸存） |
| $S_3$ | 危及生命的伤害（幸存可能性未知），致命伤害 |
| $E_0$ | 不可能 |
| $E_1$ | 非常低的概率 |
| $E_2$ | 低概率 |
| $E_3$ | 中等概率 |
| $E_4$ | 高概率 |
| $C_0$ | 一般可控制 |
| $C_1$ | 简单可控制 |
| $C_2$ | 通常可控制 |
| $C_3$ | 难以控制或不可控制 |

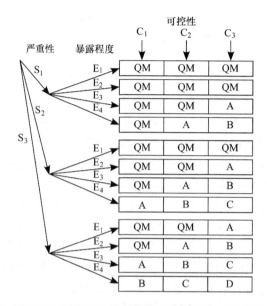

图 3.8　S、E 和 C 的 ASIL 等级判定和质量管理（无 ASIL 等级）

#### 3.8.2.4　系统开发第一部分：准备软件和硬件开发

第 4 部分（系统开发）定义了在系统级别（4-5）进行产品开发的启动，包括项目计划、安全计划、项目集成和测试计划、验证计划和功能安全评估计划、技术安全要求规范（4-6）和系统设计（4-7）。在完成这些活动之后，将开发分为硬件开发（第 5 部分）和软件开发（第 6 部分）或其他子系统。完成这些任务后，该项目将通过硬件和软件的集成返回到系统工程（另请参见图 3.6）。对于功能安全，根据 ISO 26262 的下一步是项目集成和测试（4-8）、安全验证（4-9）、功能安全评估（4-10）和生产发布（4-11）。在系统级别（4-5）启动产品开发包括计划和记录系统级别的所有安全相关活动，同时也间接影响第 5 部分（硬件）、第 6 部分（软件）和第 8 部分（支持过程）。结果应该是有关项目的详细计划、安全措施及其评估、集成和测试计划以及验证计划。安全要求（4-6）完善了安全概念，所有安全机制都需要以可实施的方式进行描述。必须牢记产品的整个生命周期。系统设计（4-7）也是在功能安全性较小的系统中进行的活动，此处需要考虑一些其他问题。根据当前的知识，根据需要分析的 ASIL 级别错误源（例如通过 FTA），更高的 ASIL 也需要 FMEA、ETA 或 Markov 模型。根据 ASIL，以不同的要求分层设计，精确定义接口，避免复杂性，保证运行期间的可维护性以及开发和操作期间的测试。对于以下分为硬件和软件的部分，需要 HSI（软硬件接口）规范。HSI 包括例如存储器、总线接口、变换器、多路复用器、电输入/输出或监测单元。设计验证的方法是检查或系统设计、仿真、原型设计和设计分析的演练。根据第 9 部分，方法的选择取决于 ASIL。

### 3.8.2.5 硬件开发

图 3.9 显示了从系统开发（第 4 部分）到硬件开发的过渡，以及硬件开发本身的不同工作步骤和产品。

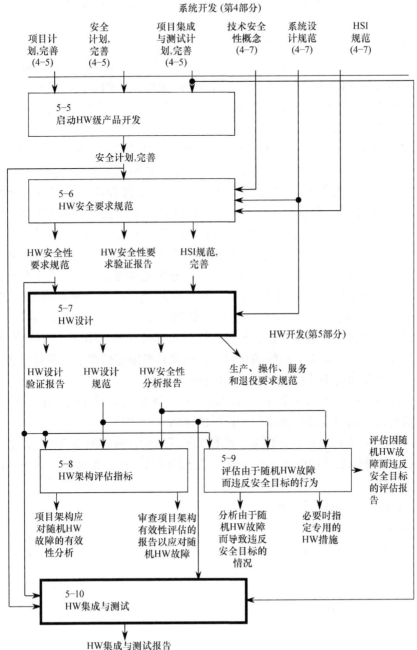

图 3.9 根据 ISO 26262 进行的 HW（硬件）开发
HSI—软硬件接口　HW—硬件

硬件开发始于在硬件级别（5-5）进行产品开发，主要目的是确定硬件中的安全优先级以及如何实现它们。为此，在涉及硬件的所有重要方面都完善了指导安全开发过程的安全计划。本文档没有标准化格式，应详细说明所有必要的安全措施，与软件的安全计划一致并且在硬件工程步骤（包括外部组件的鉴定）方面自洽。

从该计划中，结合技术安全概念（4-7）、进行系统设计规范（4-7）和HSI规范（4-7），得出了硬件安全要求（5-6）。这包括对HSI的改进、硬件安全要求规范以及关于它们的验证报告。要求描述了故障检测（例如监测单元）和反应的机制。必须考虑内部和外部故障的影响。环境条件，例如EMI、温度和振动以及特定环境，也必须考虑。

完成这些准备工作后，就可以开始硬件开发的核心活动（5-7）。它由架构设计、详细设计和有关设计的一些基于安全的注意事项组成。必须确保与以前的文档没有任何偏差，因此在此阶段也要编写两个文档（硬件设计验证报告和硬件安全分析报告）。对于安全分析报告，可以使用已经描述的方法，例如FMEA，特别是对于更高级别的ASIL，强烈建议使用其他类似FTA的演绎分析。必须考虑安全故障、SPF、剩余故障和MPF。尤其是多点故障使分析变得非常复杂，识别那些相关的故障组合就显得尤为重要。验证硬件设计的方法是演练、检查、安全分析、仿真和硬件原型。核心输出是设计规范和生产要求规范，以及生命周期的后期阶段（第7部分）。模块化和简单的设计有助于处理复杂性。模块化设计应是分层的，具有定义明确的接口，避免不必要的复杂性，尤其是对于ASIL C和D的可维护性和可测试性是重要的标准。组件的规定方式应使其极限充分高于正常运行要求。现在应列出这些生命周期阶段的所有与硬件相关的要求。

设计之后，接下来的两个分析活动是对硬件体系结构指标的评估（5-8）和由于随机硬件故障而导致的违反安全目标的评估（5-9）。

第一个（5-8）可以视为根据故障相关要求对设计进行的检查。检查结果分为两个文档。硬件体系结构度量标准在第5部分的附录C中，根据附录B中的故障分类进行了说明：

- 与安全无关的硬件元素：
  - 安全故障
- 安全相关的硬件元素：
  - 安全故障
  - SPF/残留故障
  - 多点故障（MPF）：
    ○ 检测到MPF
    ○ 感知到MPF
    ○ 潜在的MPF

安全故障不会被进一步考虑，但是可以接受质量管理。单点故障是足以违反安全目标的故障，如果无法通过诊断将其称为残留故障，则应优先考虑休眠故障等术语。多点故障（MPF）只能一起违反安全目标，而不能单独违反。它们通过发现进一步分为系统可以检测到的 MPF，人（尤其是驾驶员）可以感知到的 MPF，而潜在的 MPF 仍未被检测到。硬件体系结构度量标准试图量化项目针对这些不同故障的鲁棒性，分析故障率和 DC。对于安全相关的硬件组件，它根据故障类型，SPF 的 $\lambda_{SPF}$，剩余故障的 $\lambda_{RF}$，检测到或感知到的 MPF 的 $\lambda_{MPF,DP}$，$\lambda_{MPF,L}$ 表示潜在的 MPF，$\lambda_S$ 表示安全故障。因此总故障率 $\lambda$ 为

$$\lambda = \lambda_{SPF} + \lambda_{RF} + \lambda_{MPF,DP} + \lambda_{MPF,L} + \lambda_S \tag{3.13}$$

知道有关 SPF 和 MPF 的 DC，可以估计出剩余/潜在故障的份额。有两个硬件体系结构度量标准：SPF 度量标准和潜在故障度量标准：

$$\text{SPF metric} = 1 - \frac{\sum_{SR,HW}(\lambda_{SPF} + \lambda_{RF})}{\sum_{SR,HW} \lambda} \tag{3.14}$$

$$\text{latent fault metric} = 1 - \frac{\sum_{SR,HW}(\lambda_{MPF,latent})}{\sum_{SR,HW}(\lambda - \lambda_{SPF} - \lambda_{RF})} \tag{3.15}$$

等式中的下角 SR，HW 表示与安全相关的硬件元素。从式（3.13）可以看出，式（3.15）中的分母是多点故障和安全故障的故障率之和。我们可以看到，随着 SPF 和残留故障在所有故障中所占份额的增加，SPF 度量降低了。如果所有可能的故障都是由于 SPF 和残留故障（$\lambda = \lambda_{SPF} + \lambda_{RF}$）引起的，则该值为 0。SPF 度量应尽可能高（最大值为 1 或 100%）。

因此，可以理解潜在故障度量。

附录 D 通过表格和许多示例显示了如何评估 DC。让我们考虑例如包括接头和连接器的线束。附录 5-D 中的表 D.1 显示，对于低 DC（60%），足以监视开路和对地短路。对于中等 DC（90%），还必须监测正电源和相邻引脚的短路情况。对于高 DC（99%），接触电阻和引脚之间的电阻是另外一个问题。附录 5-D.2 提供了有关监控技术的非常详细的概述。

对于 ASIL B，建议最小 SPF 度量为 90%，对于 ASIL C，最小为 97%，对于 ASIL D，最小为 99%。实际上，这意味着在所有故障中 SPF 和残留故障的份额应尽可能小，尤其是对于较高的 ASIL 级别。实现此目标的一种可能性是冗余。由于不希望出现潜在故障，因此它们的份额也应该很小，从而导致潜在故障指标很高，即 ASIL B 至少为 60%，ASIL C 至少为 80%，ASIL D 至少为 90%。

在 ASIL B 或更高级别的情况下，通过评估硬件指标（5-8）得出的另一份文档是"评估项目架构应对随机硬件故障有效性的审查报告"。本文是对以前的工作步骤的回顾。尤其应检查是否通过考虑与安全无关的硬件元素来模糊度量。

对于更高级别的 ASIL，另一个与 5-8 平行的检查活动是评估由于随机硬件故障（5-9）而导致的违反安全目标的情况。对于"分析由于随机硬件故障导致的

违反安全目标"（工作产品第 9.5.1 节），提出了两种替代方法，即随机硬件故障（PMHF）的概率度量或对每个剩余的单点的单独考虑和双点故障违反了已考虑的安全目标。

对于每个安全目标，PMHF 都会使用目标值来获取违反该目标的最大可能性。在设定目标值的不同方法中，标准建议在产品的整个使用寿命中，给出了 ASIL B 和 C 的最大值（$10^{-7}/h$）和 ASIL D 的最大值（$10^{-8}/h$）。可以使用 FTA 进行的定量分析应考虑项目架构，导致单点或残留故障的每个硬件部件的故障模式的估计故障率，与双点故障相关的估计故障率，DC 和双点故障情况下的暴露。

备选个人考虑取决于故障的类型。对于单点/残余故障，将检查是否满足"故障率等级"；否则，必须引入一种安全机制或必须改善现有机制。该标准定义了 5 种故障率类别，每种故障类别都表示 ASIL 依赖的发生率，可能与残留故障的特定 DC 相结合。该标准在其第 9.4.3 节中描述了定义和分配故障率等级的复杂过程。如果双点故障被证明是独立的，则将执行相同的检查。

定义"硬件专用措施的规范，如果需要，包括有关专用措施有效性的理由"（工作产品第 9.5.2 节）包括两个步骤，首先需要检查该工作产品是否完全必要，如果是，则必须讨论专门的措施。该标准定义了几种条件（例如，ASIL C 和 D 中的 SPF），在这些条件下，设计可能满足各自 ASIL B、C 或 D 的所有要求。一种可能性是采用全新设计返回系统工程（可能最终注意到新设计的类似问题）。在这里，采取了专门的措施。标准列出的示例包括针对关键应力因素的过度设计或通过与这些应力因素的物理隔离进行保护，特殊的来样测试、老化测试、专用的控制装置或安全性分配或相关的特殊特征。简而言之，在开发过程中任何适合满足安全要求而又不需要大的重复循环的事情。

最后，对最新的两个文档（工作产品第 9.5.1 节和第 9.5.2 节）在"由于随机硬件故障而导致的违反安全目标的评估报告"中（工作产品第 9.5.3 节）进行了审核并报告。

完成本文工作后，就完成了重要的实践步骤，并最终完成了系统开发的最后一步，即硬件集成和测试（5-10）。当然，就像在测试中一样，会写一份报告。测试活动从测试用例的定义开始，包括需求分析，接口分析，等效类的生成和分析，边界值分析，基于经验的错误猜测，功能依赖关系分析，常见极限条件，顺序和相关故障的来源，环境条件和用例分析，包括 ISO 16750 和 ISO 11452 在内的标准，也包括最坏情况在内的重大变体的分析。有关硬件的安全机制实施的完整性和正确性测试包括：

- 功能测试
- 故障注入测试（触发所有定义的安全机制）
- 电气测试

功能测试将产品的运行与在正常条件下指定的预期运行进行了比较。强烈建议将其用于任何 ASIL，甚至超出功能安全性，这也是任何面向质量的开发过程的活动。故障注入测试通常是一项很大的工作，特别是如果鲁棒性设计避免了仅在正常接口上触发故障就可以进行故障注入测试。因此，通常需要侵入性的、昂贵的程序。如果例如需要注入 EEPROM（非易失性存储器）故障，这可以通过辐射来完成。因此，强烈建议将其用于 ASIL C 和 D。对于 ASIL A 和 B，仅推荐使用。强烈建议进行电气测试，并且即使不考虑 ISO 26262，在大多数市场中也必须直接进行电气测试，它们可以表明产品是否可以承受工作电压，或者是否显示由于过热而导致的隔离故障、电弧或火灾。

硬件集成测试通过以下方式来验证鲁棒性和外部压力下的运行能力：

- 具有基本功能验证的环境测试
- 扩展功能测试
- 统计测试
- 最坏情况的测试
- 过载测试
- 机械测试
- 机械耐久性测试
- 加速寿命测试
- EMC 和 ESD 测试
- 化学测试

对于环境测试，ISO 16750 有关环境条件的描述是一个很好的参考。ISO 26262 明确提到了关于气候条件的 ISO 16750 − 4[130]。在这些测试条件下，该项目的标准功能已激活，不应受到特殊测试的影响条件。特别是对于高 ASIL，有必要使用稀有甚至不合规格的输入来扩展功能测试。尽管 ISO 26262 不使用该术语，但有时也称为误用测试。统计测试为项目提供了随机输入，它们可以很好地补充系统测试，并有机会涵盖"被遗忘"的测试案例。统计测试仅在有大量输入的情况下才是合理的，因此应自动进行。最坏的情况下，测试应该以最大的破坏性甚至破坏性的方式结合有害条件。过载测试显示指定条件与击穿/破坏之间的余量。该标准给出了抗拉强度作为机械测试的示例，因此它指的是非常基本的力学性能。实际上可能存在更相关的机械测试，例如冲击和振动（请参阅 ISO 16750 − 3[129]），但是环境测试部分涵盖了这些测试。为了获得持久性，循环应力会长期施加。加速寿命测试可仿真老化。视产品而定，可以通过加速使用来完成（例如在短时间内反复进行防抱死制动），升高的温度也会加速老化。不应使用"开箱即用"的老化程序，而应设计商品的特定老化模型。EMC 和 ESD 测试在第 9 章中进行了说明。对于有关耐化学性的测试，ISO 16750 − 5[131] 是有用的。

### 3.8.2.6 软件开发

关于功能安全性，软件开发过程的完成方式与硬件开发过程类似。比较第 6 部分（软件）和第 5 部分（硬件）中的目录，只有几个词有所不同，第 6 部分的页数较少（特别是因为没有那么多附录）。结构上的差异是，第 6 部分区分了软件体系结构设计和软件单元设计与实现，而第 5 部分中的硬件设计是一步，没有要设计或测试的单元（可能需要对组件进行鉴定），在第 8 部分中将在某种程度上与软件单元相当的过程视为支持过程）。硬件开发的两个步骤，即评估硬件体系结构指标（5-8）和评估由于随机硬件故障导致的违反安全目标（5-9）在软件开发中没有相应的部分。

软件开发需要建模和编码准则（6-5）。至少对于最高级别的 ASIL 而言，它们应涵盖低复杂度的实施，使用语言子集以避免危险的编程习惯，实施强类型（强制将 C 语言作为汽车行业的标准编程语言的固有类型可能不够强大），防御性实施，既定的设计原则，明确的图形表示，样式指南和命名约定（简称声音编程实践）。

软件安全要求（6-6）是在硬件开发中得出的，此外还需要软件验证计划。如果发生故障，可能会危害技术安全概念的所有功能都必须进行仔细检查，通常是会使系统进入安全状态的功能，监视和测试功能（包括监视硬件的功能），可修改的功能（例如，服务中的功能）和可能影响实时行为的功能。

下一步是软件体系结构设计（6-7），除 ASIL A 外，强烈建议使用半正式符号。在 ASIL D 的软件工程中建立的许多原则中，应限制使用中断，因为中断会导致。非确定性实时行为。该设计描述了软件组件内部以及它们之间的接口的静态结构和动态行为。这包括依赖于 ASIL 的安全机制的实施，例如数据范围检查、合理性检查、数据错误检测（通过错误代码或冗余存储）、外部监视设施（例如硬件监视程序）、控制流监视和各种软件设计（如针对系统错误的对策）。错误处理机制是恢复、正常（即受控）降级、独立的并行冗余和数据校正码。必须估算所有资源（内存、运行时间、通信）。通过逐步验证或更高级别的 ASIL，通过更严格的检查、仿真、原型、形式验证、控制流分析和数据流分析来验证体系结构设计。

在进行体系结构设计之后，单元设计及其后续实现（6-8）是整个软件开发过程中最深入的重点。如果是基于模型的设计，则将模型视为设计。可以使用自然语言、非正式符号、半正式符号和正式符号（不建议使用）来描述单元设计。该标准列出了几种依赖于 ASIL 的设计原则，以达到正确的执行顺序、接口一致性、控制和数据流的正确性、简单性、可读性和可理解性、鲁棒性、修改和可测试性的适用性。对于验证演练、检查、半正式验证、形式验证、控制流分析、数据流分析、静态代码分析和语义代码分析，都是依赖于 ASIL 的推荐方法。

编码后，单元测试（6-9）开始使用基于需求的测试、接口测试、故障注入测试、资源使用测试以及模型和代码之间的背对背比较。通过定义等效类、边界值分析和错误猜测，应从要求中得出测试用例。对于较低级别的 ASIL，声明覆盖范围可能足够；对于更高的级别，应该计划分支机构的覆盖范围，甚至计划条件/决策范围。

下一步，将集成（6-10）各软件单元组合在一起并进行测试。可能的测试方法和派生测试用例的方法与单元测试中的相同。覆盖率指标是功能覆盖率和呼叫覆盖率。

集成后，将在回路系统、ECU网络或汽车中的硬件上验证（6-11）软件安全要求。

### 3.8.2.7 系统开发第二部分：从软件和硬件开发到发布

分别开发硬件和软件后，需要对产品进行集成和测试（4-8）。推导集成测试用例的方法是需求分析、接口分析、等效类分析（等效类是一组期望相同行为的测试输入，因此对于每个等效类，至少选择一个代表性测试输入）、分析边界值（特别是发现软件错误）、错误猜测、功能相关关系分析、共同极限条件分析、相关故障的顺序和来源、环境条件和操作用例分析以及现场经验分析。这些方法中有许多与软件密切相关。对于硬件－软件集成，将使用基于需求的测试、故障注入测试和背对背测试来测试安全机制的正确实现和性能，这些测试通常会在模型和已实现的代码之间比较不同实现的行为。接口测试、错误猜测和故障注入测试用于揭示诊断覆盖范围（DC）。通过资源使用测试和压力测试来测试硬件－软件级别的鲁棒性。提出了与硬件－软件集成类似的过程来进行系统集成。对于车辆集成，通过基于需求的测试、故障注入测试、长期测试和用户测试来测试功能安全要求的正确实施。通过性能测试、长期测试和用户测试来测试安全机制的正确功能的性能、准确性和定时。用户测试应在真实条件下进行，与现场经验得出的测试类似，但由于样本量较大且具有随机性，因此它们涵盖了许多会通过系统测试用例设计的情况。同样，接口和安全机制失效范围的有效性需要在车辆级别进行测试。

与功能安全有关的系统工程的下一步是安全验证（4-9），以证明符合安全目标和安全概念以及安全目标本身是否适当。随后进行功能安全评估（4-10）。该标准没有规定如何进行验证和评估，可行的方法是进行验证的测试和仿真，而评估则是理论上的考虑。尽管标准没有要求，但是应该由一群人来完成。完成这些步骤之后，可以将产品发布进行生产。

### 3.8.2.8 生产

第7部分讨论生产（7-5）和操作（7-6）。由于产品种类繁多，因此该标准无法提出生产细节，因此重点放在基于开发阶段之外基于文档的生产计划上。

### 3.8.2.9 操作

除了最终用户操作外，此阶段还包括服务，并以停用结束。

最终用户（消费者）的行为可以有助于功能安全。因此，用户指南可以定义操作规则，或者汽车中的贴纸可以更直接地提醒用户。在这里，我们看到产品文档也是功能安全的一部分。应该考虑到，大多数最终用户都不会阅读文档，甚至规则也无法执行。

服务对功能安全的贡献与生产相似。一方面，必须按照与原始零件相同的规则制造零件；另一方面，必须按照与工厂组装相同的规则安装备件。在制造和安装备用零件之间，可变条件下的存放时间通常比原始零件要长得多。

根据该标准的先决条件是作为功能安全概念的一部分的警告和降级概念（3-8）、发布生产报告（4-11）以及生产、操作、服务和停用的要求规范（5-7）。有关此阶段的工作产品包括维护计划中与安全相关的内容，维修说明，向用户提供的信息中与安全相关的内容，与现场观察有关的说明，退役说明中与安全相关的内容，以及（如果适用）有关系统、硬件或软件开发级别的操作、服务和退役的要求的规格说明。

### 3.8.2.10 支持流程

第8部分讨论了支持过程和主题，即分布式系统的接口（8-5）、安全要求的规范和管理（8-6）、配置管理（8-7）、变更管理（8-8）、验证（8-9）、文档（8-10）、软件工具认证（8-11）、软件组件（8-12）和硬件组件（8-13）的认证以及已经过应用来验证过的（8-14）。

用于开发的软件工具必须执行一定的工具置信度，具体取决于相应的ASIL级别和工具的影响。对硬件工具没有这样的要求，因为例如测量仪器比生产代码编译器的影响要小。即使没有此严格要求，也应检查硬件工具是否有严重影响，这是一个好习惯。最典型的硬件影响是测量误差，通常的做法是提供足够的误差余量。

### 3.8.2.11 面向ASIL的分析

第9部分介绍了面向ASIL的分析。

如果开发了具有特定ASIL级别的硬件/软件功能，则在进行更详细的开发时将保留该ASIL级别。通常，所有贡献子功能都具有与衍生这些子功能的功能相同的ASIL级别。当然会有一些自由度。让我们想象一下，我们有一个ASIL C功能，并用另外两个冗余功能代替了该功能。冗余增加了安全性，因此出现了一个问题，如果在这种情况下可以使用较低的ASIL级别。在某些情况下，使用ASIL B具有两个冗余功能可能比在ASIL C中具有一个冗余功能更便宜（在大多数情况下，它更昂贵）。该标准建议将这些功能称为ASIL B（C），这些考虑因素被称为有关ASIL定制的需求分解（9-5）。

元件共存（9-6）涵盖了不同ASIL的功能共同促成某种功能的情况（包括元件完全没有ASIL级别的情况）。在这种情况下，必须证明FFI。否则，对于所有元件，必须采用最高的ASIL级别。与这个问题密切相关的是对相关故障的分析（9-7）。

安全分析（9-8）选择一些讨论的分析方法，用于定量分析：
- 在系统、设计或过程级别上进行定性FMEA
- 定性的FTA
- HAZOP（危害和可操作性研究）
- 故障树分析（ETA）

并进行定量分析：

- 定量 FMEA
- 定量 FTA
- 定量 ETA
- 马尔可夫模型
- 可靠性框图

#### 3.8.2.12 指导原则

如先前在本书中所讨论的，第 10 部分将对该标准中功能安全的许多方面进行更多说明。一个重要的问题是第 10 章中的"在实践中论证"的论点，如果使用的旧部件长期未显示安全问题，则可以大大减少安全分析的工作量。对这种用户，出现了其他业务，例如工业自动化，与 IEC 61508 的关系也可能很有趣。

#### 3.8.2.13 第二版

下一版正在开发中，其结构相同，但有两个附加内容：
1) 将 ISO 26262 应用于半导体的准则[149]。
2) 适用于摩托车[150]。

### 3.8.3 ISO/PAS 19451

关于半导体的包含内容，ISO/PAS 19451 的两个部分也是有关联的。第 1 部分[152]讨论了概念在不同硬件组件（例如仿真/混合信号组件，具有一个或多个核的微控制器）、IP（半导体的知识产权是芯片布局的一部分，这些芯片是从另一制造商或工程公司购入的）和可编程逻辑器件，通常是现场可编程门阵列。第 2 部分[153]处理硬件组件的鉴定过程。尽管这两个标准仍然很新（从 2016 年开始），但它们将合并到 ISO 26262 的较新的第 11 部分中。

### 3.8.4 ISO/PAS 19695

ISO/PAS 19695[155]是有关摩托车或类似三轮车安全相关系统功能安全的标准。尽管在某种程度上，ISO 26262 的概念也适用于摩托车，但摩托车行业已要求进行改编。计划将此标准集成到 ISO 26262 中。

方法是相似的。确定了摩托车安全完整性等级，而不是汽车安全完整性等级，这在某些情况下会导致与汽车不同的降低风险的机制。该标准还说明了与汽车行业不同的开发过程。硬件和软件开发的详细要求保持不变。

### 3.8.5 ISO 25119

关于农业、林业或市政车辆的拖拉机和机械中的电气/电子控制系统功能安全的类似标准是 ISO 25119。其结构类似于 ISO 26262，但更短。安全寿命周期是相似的，由于许多考虑的机器在通常比汽车更长的寿命中要进行改装，因此特别强调了改装。类似于 ISO 26262 的 4 个 ASIL 级别，它定义了从 "a" 到 "e" 的 5 个农业绩效水平（AgPL）。AgPL"e"是要求最严格的级别。

在其第一部分[156]中，该标准定义了包括 AgPL 在内的术语，并介绍了生命周期和过程的一些核心过程文档。

第二部分[157]描述概念阶段，第三部分[158]包括硬件和软件的系列开发，第四部分[159]描述生产、操作、改装和支持过程。

## 3.9 自动驾驶汽车的功能安全

是什么让无人驾驶汽车如此特别，以至于在本章中将其专门作为一个单独的部分？区别之一是，如果发生问题，安全考虑在很大程度上取决于人的反应。在自动驾驶汽车中，人的反应不会在足够的时间内发生。如果法律规定了驾驶员的最终责任，那么这与自动驾驶汽车中分心的人的现实情况相去甚远，甚至会挑战自动驾驶的意识。另外，ISO 26262 假定存在驾驶员，因此，它可能不适用于自动驾驶汽车的当前形式。另一个问题是决策的复杂性，不仅有对或错、安全或不安全的决策，甚至还有超出功能安全性水平的道德和不道德的决策。显然，需要考虑交通中可能发生的无限情况。如果采用深度学习，则该行为不可重现且不可测试。此外，要获得成熟的技术并花费很多时间，要么会发生很多事故，要么会变得异常谨慎，例如不安全的高龄人类驾驶员（反过来可能会促使其他交通参与者采取危险的操作），尽管从长远来看，事故的主要原因——人为失误，将失去其意义。

在典型的安全性分析（FMEA 或 HARA）中，量化故障相关性的一个标准是可控制性。考虑缺少驾驶员的一种正式方法是将需要交互的所有项目的可控制性设置为最差值。这将导致完善的子系统形成全新的危害模式，从而在直觉上不会出现问题的地方导致系统体系结构发生变化。

解决道德问题更加困难。功能安全界还没有现成的答案，如何将道德观念整合到安全概念中。道德上更容易解决的问题是是否应避免违反规则以免发生事故，例如是否应该越过实线以防止可能的碰撞。几乎每个人类驾驶员都会这样做。危害分析中不同的严重性级别可能是在此处找到解决方案的一个很好的起点。如果无法避免人员伤亡，那么决定谁应该死要困难得多。

自动驾驶将导致许多不可预见的情况。这种无限的局面空间必须加以限制。焦虑的人严格避免无法估计自己做事后果的情况。因此，如果无法以其他方式控制情况，则可以将系统置于安全状态，这是一种策略，尽管自动驾驶汽车经常驶入路边并停车可能会很麻烦。

对于深度学习行为，必须有限制。如果系统严格保持在这些限制内，则可以测试。必须意识到，即使是相对简单的系统，今天也无法完全测试。

在获得自动驾驶经验的途中，唯一的机会似乎是不要比风险理解方面更快地量产实施技术。

# 第4章 EMC、信号和电源完整性的基础

在本章中，将介绍一些 EMC 基础知识，特别是干扰如何通过干扰源从电线或通过场耦合到敏感体（接收器），干扰在何处及如何产生，电磁干扰（EMI）如何影响敏感体以及通常如何采取对策，后面的章节将讨论特殊的对策。为了更深入地理解，建议使用专门针对 EMC 甚至电动力学基础知识的教科书，例如从理论角度来看文献 [64]，从数学/数值角度来看文献 [10，19，203]，从实践角度来看文献 [174，188]。与 EMC 一起考虑信号完整性和电源完整性（SIPI）。

在开发过程的早期考虑 EMC 是很重要的。我们将在后面的章节，特别是第 6 章和第 7 章，介绍 EMC 管理、EMC 分析和 EMC 控制的设计流程。我们在第 8 章中为仿真打下了基础。EMC 验证作为工作流程的一部分与第 9 章密切相关。

## 4.1 麦克斯韦方程组

电磁波，包括电磁干扰，通过空气或沿电线传播。我们可以把空气推广到其他非导电的气体、液体、固体（如线缆绝缘层）和真空。这两种传播，通过非导电介质（通常是空气）和沿着导体（通常是金属导线），都有自己的理论定律和实际工程领域。还有电阻性材料和半导体材料；在电子应用中，它们可以被认为是特殊的导体。

电磁场的理论基础被工程师们称为"理论电气工程"，或者更准确地说，被具有更理论化观点的物理学家称为"电动力学"。与无线世界相比，有线电路的基础被称为网络理论。网络理论可以从场论中衍生出来，所以它是一个子集，而不是一个单独的学科。另一方面，从实用的角度来看，通常将两个领域分开对待，而传输线理论和天线理论则是两者之间的桥梁（参见第 9 章）。

19 世纪，物理学家詹姆斯·克拉克·麦克斯韦用数学方法描述了电磁场的变化。这种数学方法的优点是一个完整的、详尽的描述，只有 4 个方程和 3 个媒质的本构关系式。

有 4 种不同的方法来写出相同的 4 个方程。微分形式很好地描述了每个无穷小体积元的物理性质，这对推导数值方法也很有帮助。积分形式有助于用简单几何分

析来描述实际问题。如果所有的场值都是正弦的（或者一个时间周期场通过傅里叶分析分解成正弦分量，见 4.8.1 节），这两种表示都可以在频域内表示。

时域微分形式如下：

$$\text{rot } \boldsymbol{E} = -\mu \frac{\partial \boldsymbol{H}}{\partial t} \tag{4.1}$$

$$\text{rot } \boldsymbol{H} = \boldsymbol{J} + \varepsilon \frac{\partial \boldsymbol{E}}{\partial t} \tag{4.2}$$

$$\text{div } \varepsilon \boldsymbol{E} = \rho \tag{4.3}$$

$$\text{div } \mu \boldsymbol{H} = 0 \tag{4.4}$$

式中，$\boldsymbol{E}$ 为电场强度；$\boldsymbol{H}$ 为磁场强度；$\boldsymbol{J}$ 为电流密度。电场 $\varepsilon(\partial \boldsymbol{E}/\partial t)$ 的快速变化在物理上的作用与电流流过导体的电流作用相同。$\boldsymbol{E}$、$\boldsymbol{H}$、$\boldsymbol{J}$ 取决于时间 $t$ 和笛卡尔空间坐标 $x$、$y$、$z$；根据不同的问题，可以使用不同的笛卡尔坐标，例如柱坐标。为了简单起见，上面没有明确地写出 $\boldsymbol{E}$、$\boldsymbol{H}$ 和 $\boldsymbol{J}$ 的时间和位置依赖性。$\mu$ 是磁场常数（磁导率），$\varepsilon$ 是电场常数（介电常数），电荷密度为 $\rho$。$\mu$、$\varepsilon$ 和 $\rho$ 也可以随时间和位置变化。它们甚至可以依赖于场值本身（非线性）或给定位置和时间的场空间方向（各向异性），但它们通常是常数。

在一些文献中，对于相同意义的微分算子有不同的表示法，即

$$\text{rot } \boldsymbol{E} = \text{curl } \boldsymbol{E} = \nabla \times \boldsymbol{E} = \begin{pmatrix} \frac{\partial}{\partial x} \\ \frac{\partial}{\partial y} \\ \frac{\partial}{\partial z} \end{pmatrix} \times \boldsymbol{E} \tag{4.5}$$

和

$$\text{div } \varepsilon \boldsymbol{E} = \nabla \cdot \varepsilon \boldsymbol{E} = \begin{pmatrix} \frac{\partial}{\partial x} \\ \frac{\partial}{\partial y} \\ \frac{\partial}{\partial z} \end{pmatrix} \cdot \varepsilon \boldsymbol{E} \tag{4.6}$$

式（4.1）又称法拉第定律，式（4.2）称安培定律，式（4.3）称高斯电定律（或简称高斯定律），式（4.4）称高斯磁定律。

电荷守恒定律表明，从一个无限小的封闭的体积中产生的电荷流（电流）是由于内电荷的减少引起的。当电荷在封闭的体积内既不产生也不消失时，它可能流入流出，但产生的流量为 0。这个定律与高斯定律相似：

$$\text{div } \boldsymbol{J} = -\frac{\partial \rho}{\partial t} \tag{4.7}$$

这个定律的一个特例是基尔霍夫电流定律，它说流入或流出一个节点的所有电

流之和为零。

将麦克斯韦方程组与本构关系一起考虑：

$$B = \mu H \tag{4.8}$$

$$D = \varepsilon E \tag{4.9}$$

$$J = \sigma E \tag{4.10}$$

式中，$B$ 为磁通密度；$D$ 为电位移矢量，有时也称电通量密度。式（4.10）是欧姆定律的一个特殊公式。除电导率 $\sigma$ 外，前面方程中的材料常数由真空或空气中的基本常数（索引 0）和其他气体或材料中大于 1 的相对因子（索引 $r$）组成（表 4.1）。

$$\varepsilon = \varepsilon_0 \varepsilon_r \tag{4.11}$$

$$\mu = \mu_0 \mu_r \tag{4.12}$$

在许多工程应用中，我们有定义形状的物体或空间。在这些情况下，积分形式有时会导致非常简单的解析表达式。积分形式的 4 个方程如下：

$$\oint E \mathrm{d}s = -\dot{\Phi} \tag{4.13}$$

$$\oint H \mathrm{d}s = \iint \left( J + \varepsilon \frac{\partial E}{\partial t} \right) \mathrm{d}A \tag{4.14}$$

表 4.1 电磁材料常数

| 材料 | $\varepsilon_r$ | $\mu_r$ | $\sigma/(\mathrm{mS/m})$ |
| --- | --- | --- | --- |
| 铝 | 1 | 1 | 35 |
| 陶瓷（非铁电体） | 6~10 | 1 | 0 |
| 铜（退火） | 1 | 1 | 57 |
| 铁 | 1 | 200~2000 | 10 |
| 塑料（几种常见材料） | 4~30 | 1 | 0 |
| 银 | 1 | 1 | 67 |
| 蒸馏水 | <88 | 1 | 0 |

注：金属特别是铁的参数随合金变化很大。水的参数对温度和频率有很强的依赖性；轻微杂质会增加导电性。

$$\oiint \varepsilon E \mathrm{d}A = Q \tag{4.15}$$

$$\oiint \mu H \mathrm{d}A = 0 \tag{4.16}$$

式中，$\Phi$ 是磁通量，即在环路面积上磁通密度的积分。

$$\Phi = \iint B \mathrm{d}A \tag{4.17}$$

在许多实际应用中，磁通密度随时间变化，而不是磁通穿透的面积。在这种情况下，磁通量的时间导数为

$$\dot{\Phi} = \iint \dot{B} dA \tag{4.18}$$

可以用图 4.1 解释式（4.13）中 $\dot{\Phi}$ 前面的负号。如果随时间变化的磁通量刚好增加，根据楞次定律感应会对其起因进行作用，在环路中会出现逆时针电流。如果我们拆开环并插入一个电阻，则电阻两端的电压将如图所示，底端为正电压。断开回路中的感应电压（有时称为电动势（EMF））必须具有相同的极性，该 EMF 是 $E$ 沿 ds 的积分。

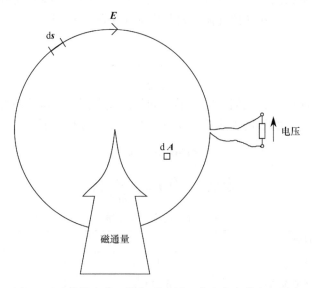

图 4.1　法拉第定律，增加磁通量，真实方向的电场强度 $E$
ds 表示积分路径，d$A$ 是无限小面积元

除了物理上的解释外，在闭环中形式上也是合理的。

闭合的轮廓积分逆时针方向为正，逆时针方向（正）的电场不与增加的磁通量同时存在，但伴随减小的磁通量，即导数前为负号。

## 4.2　耦合路径

本节说明了 EMI 从源到接收器的路径。有时只有一条可以轻易识别的路径，有时会有几条平行路径。另外，通常存在不同的连续路径——干扰可能沿着传输线传播，辐射到自由空间中，再被另一条传输线拾取，并直接进入设备。

传播通过以下路径：
- 传输线，包括阻抗耦合
- 场，即
- 电场，

- 磁场，
- 电磁场。

### 4.2.1 线路耦合

为了来回流动，电流需要一个闭环。如果将回路分成两半，则将剪掉两根导体。导体即电线或地平面（例如车身）。因此，简单的传输线由一条导线在或多或少的导电平面上或两条导线组成。在印制电路板（PCB）或集成电路（IC）中，有走线而不是松散的线。除有意先设计的导体外，还有其他非有意导体，例如金属管或想不到的接地电流。在汽车中，线束有数十根导线，这样的传输线是多导体传输线（MTL）。

EMC 工程师看到非常复杂的东西，这由传输线理论来描述，而外行只是看到连接线。因此，将在 MTL 的导体之间耦合电场和磁场，以下各节将对此进行考虑。为了更深入地理解，建议使用 Clayton R. Paul 的著作[186]。在 4.8 节中讨论信号和电源完整性（SIPI）时，我们还必须仔细研究传输线。

这里我们考虑一个相对简单的效应，称为阻抗耦合。为此，我们放弃使用复杂的传输线模型，而是将电小导体（相对于波长）简单地视为集总电感和集总电阻的串联电路。对于低频和大电流，阻抗可以简化为电阻。对于高频和小电流，阻抗可以简化为电感。

现有功率在千瓦范围内的汽车音频放大器。尽管没有显著的使用这种放大器，但它们提供了一个很好的例子。我们假设一个 14V 电源和一个 1400W 的放大器峰值功率。该放大器产生高达 100A 的音乐调制电流。该放大器与另一个电子控制单元（ECU）共用一条电源电缆，该电子控制单元的总电阻为 0.1Ω。所以放大器会造成音乐调制的电压损耗，在 14V 的电源电压中会造成高达共 10V 的电压损失。显然，ECU 会连续被动进入复位状态（在这种情况下，功率放大器本身也不能正常工作），这称为阻抗耦合，如果两个或多个电路共享一个公共阻抗（通常是导体的电阻），则总是发生这种情况。

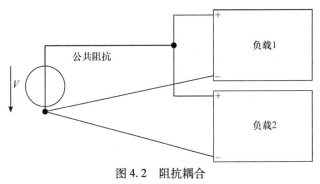

图 4.2 阻抗耦合

我们在图 4.2 中找到了这种情况。负载 1 可以是放大器，负载 2 可以是 ECU。

两个负载共用一条与电压源连接的 + 线。- 线展示了如何避免阻抗耦合。除了低阻抗外,公共路径应保持尽可能短。阻抗耦合会发生在示例中的 ECU 之间,但是它也会在 ECU 内部的 PCB 上,甚至在 IC 内部发生。在第 6 章中,我们将考虑数字电路从 PCB 配电网络获得脉冲电流而导致电源电平跳动的情况。

引起变化电流的设备(在此示例中为放大器)可以视为电流源。所产生的交流电可以通过两端的电容短路(对于汽车功率放大器,设计中有非常大的电容)。例如,在 PCB 上的 CMOS IC 的电源引脚上跨接电容。

我们考虑了共电压源和共阻抗的情况。这是汽车电子设备的典型情况,但更普遍的是,如果具有两个单独电压源的两个电路回路共享一条公共电流路径,也会发生阻抗耦合。

### 4.2.2 电场耦合

如果有一个电压,例如在一个高压电路和地面之间,或者在一个杆状天线的两尖端之间,那么就有一个电场和一个把电压和电荷连接起来的能力。

让我们考虑一个 EMC 相关的例子——一捆线束中两根相邻的电线(图 4.3)。导体 1 对导体 2 有电压 $V$ 和电场 $E$。如果一根导线(导体 1)上的电压随时间波动(我们称之为 $v(t)$),那么另一根导线就会有电容性电流 $i(t)$。

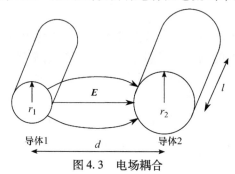

图 4.3 电场耦合

即

$$i(t) = C \frac{\mathrm{d}v(t)}{\mathrm{d}t} \tag{4.19}$$

或在角频率为 $\omega$ 的正弦电压的情况下

$$I = \mathrm{j}\omega C V \tag{4.20}$$

电容 $C$ 取决于导体的几何形状以及两者之间的介电材料。根据图 4.3 的几何形状,$C$ 为

$$C = \frac{2\pi\varepsilon l}{\ln \dfrac{d^2 - (r_2 - r_1)^2 + \sqrt{(r_1^2 + r_2^2 - d^2)^2 - 4r_1^2 r_2^2}}{d^2 - (r_2 - r_1)^2 - \sqrt{(r_1^2 + r_2^2 - d^2)^2 - 4r_1^2 r_2^2}}} \tag{4.21}$$

对于通常的导线半径小的情况，式（4.21）简化为

$$C = \frac{2\pi\varepsilon l}{\ln(d^2/r_1 r_2)} \quad (4.22)$$

另一种常见的几何形状是同轴电缆，同轴电缆的内导体半径为 $r_i$，外导体半径为 $r_a$。在这种情况下，电容为

$$C = \frac{2\pi\varepsilon l}{\ln(r_a/r_i)} \quad (4.23)$$

### 4.2.3 磁场耦合

磁场耦合来自流动的电流，而不是电压或固定电荷。如果电流 $I$ 流过导线，则根据式（4.14）的同心磁场会在电线周围积聚，如图 4.4 左侧的导线。在直导线的导体外部具有圆形横截面的情况下，可以大大简化该方程式，即

$$\oint \boldsymbol{H} \mathrm{d}s = 2\pi r H(t, r) \quad (4.24)$$

$$\iint \boldsymbol{J} \mathrm{d}A = I \quad (4.25)$$

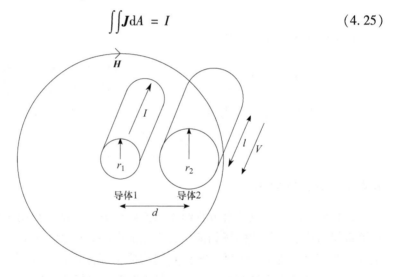

图 4.4　磁场传播。电流 $i(t)$ 引起磁场 $\boldsymbol{H}$，磁场 $\boldsymbol{H}$ 又感应出电压 $v(t)$

这里使用圆柱坐标代替是笛卡尔坐标是合理的，$r$ 是距导线中心的半径，而 $\mathrm{d}A$ 是一个无限小的面积元。如果我们将整个导体上的电流密度积分以便得到外部场，我们仅仅获得电流 $I$。如果要计算导线内部的磁场，则需要对横截面上一部分的电流密度进行积分，这不会太复杂。从式（4.14）、式（4.24）和式（4.25），我们获得磁场强度：

$$H = \frac{I}{2\pi r} \quad (4.26)$$

和磁通密度

$$B = \mu \frac{I}{2\pi r} \qquad (4.27)$$

如果磁通密度随电流变化而变化,则会在另一个导体(图4.4中的导体2)中感应出电压 $V$。

在时域,它是:

$$v(t) = M\frac{\mathrm{d}i(t)}{\mathrm{d}t} \qquad (4.28)$$

或在频域:

$$V = \mathrm{j}\omega M I \qquad (4.29)$$

频域中 $M$ 是两个导体之间的互感。根据式(4.14),感应发生在一个回路中,而不是在一小段导体中。因此,在实际应用中,要计算互感量,比电容和自感量困难得多,这两者的环路是由两条导线定义的。

如果已知电感或电容之一,我们可以使用以下的简单关系[188]:

$$\frac{L}{l} \cdot \frac{C}{l} = \mu\varepsilon \qquad (4.30)$$

根据图4.4的几何形状,自感 $L$ 为

$$L = \frac{\mu l}{2\pi}\ln\frac{d^2 - (r_2 - r_1)^2 + \sqrt{(r_1^2 + r_2^2 - d^2)^2 - 4r_1^2 r_2^2}}{d^2 - (r_2 - r_1)^2 - \sqrt{(r_1^2 + r_2^2 - d^2)^2 - 4r_1^2 r_2^2}} \qquad (4.31)$$

对于带有半径为 $r_\mathrm{i}$ 的内导体和半径为 $r_\mathrm{a}$ 的薄屏蔽层的同轴电缆:

$$L = \frac{\mu l}{2\pi} \cdot \ln\frac{r_\mathrm{a}}{r_\mathrm{i}} \qquad (4.32)$$

### 4.2.4 电磁场耦合

让我们来考虑麦克斯韦方程组中的前两个方程,即法拉第定律和安培定律。法拉第定律描述了变化的磁场如何生成变化的电场。安培定律描述了不断变化的电场生成不断变化的磁场。这两个方程共同构成了无限的链,这是波传播的前提条件。该链可以从电场或磁场开始。因此,在源附近,电场或磁场分量都很强,该场称为近场。

随着距离的增加,则进入远场;这发生在 $\lambda/2\pi$ 的距离。近场和远场之间的小的过渡区称为菲涅耳区。在远场中,电场矢量和磁场矢量相互垂直且垂直于传播方向。这称为横电磁波(TEM)。电场和磁场的比值,为特征场阻抗 $\varGamma$,在远场中是恒定的,即:

$$\varGamma = \frac{E}{H} = 120\pi\Omega \approx 377\Omega \qquad (4.33)$$

如果一个场分量已知,另一个场分量可以从这个公式中计算出来。一个常见的错误是不应在近场使用这个比例,因为它会产生错误和不实际的结果。这种高的场

阻抗对于远场屏蔽来说是一个优点，因为任何薄层金属的低场阻抗都足以使场失配从而反射波。

描述远场的一个重要值是坡印廷矢量 $S$。它定义为叉积：

$$S = E \times H \tag{4.34}$$

其绝对值为功率密度，指向传播的方向。$E$ 和 $H$ 通常以振幅值的形式给出，所以如果我们把场值看作正弦，那么每个场值都需要除以 $\sqrt{2}$ 才能得到均方根值，从而得到平均功率密度 $S_m$：

$$S_m = \frac{1}{2}\hat{E}\hat{H} \tag{4.35}$$

在远场中，功率密度随距离 $r$ 增大而迅速减小。如果认为辐射源是各向同性的，则波以球形的形式从辐射体中逸出。随着半径的增大，球体表面的一部分近似成一个平面。球的总表面积随着 $r^2$ 的增大而增大，因此穿透该表面的功率密度必然减小：

$$S_m \propto \frac{1}{r^2} \tag{4.36}$$

这个方程也适用于非各向同性辐射体的远场，因为在离辐射体很远的地方，如果到达距离 $r$ 的平面波上的有限部分是否源于各向同性辐射体，在物理上是无法区分的。

## 4.3　场到线耦合

在使用屏蔽线的情况下，冲击电磁波作用在屏蔽层。然后，屏蔽电流沿着传输阻抗（请参见 4.4.2 节）耦合到屏蔽内的导线中。因此，第一步可将场与屏蔽电缆耦合的问题视为单线问题。如果是非屏蔽线，则场直接耦合到导线中，所以通常我们必须考虑场耦合到多导体传输线（MTL）。

耦合到单根导线是 MTL 耦合的一种简化情况，因此许多涉及 MTL 的出版物，也适用于单根线。1976 年，Paul 发表了一篇论文，研究了频域中场耦合到 MTL[187]。几年后，Agrawal、Price 和 Gurbaxani 描述了时域中电磁场与 MTL 的耦合[6]。时域方法的优点是可以考虑使用非线性负载进行线路端接[59]。

## 4.4　抗耦合措施

EMI 通过导线和场传播。针对线上的 EMI 的相应对策是滤波器。可用屏蔽挡住自由空间中的场。通常在源或接收器周围建造防护屏蔽是合理的。在这种情况下，将滤波器和屏蔽结合在一起。几乎所有 ECU 或其中部分周围的屏蔽都需要被信号线或电源线穿过。在这种情况下，线上没有滤波器的屏蔽可能没有用。可选择的方法，屏蔽可以从ECU壳体中延伸出来，去包住通往壳体外部的线，但是这种解决方案增加了成本和重量，并且柔性线屏蔽的质量无法达到刚性壳体周围屏蔽罩的质量。因此即使有电缆屏蔽，也可能需要滤波器。

### 4.4.1 滤波器

滤波器的作用是使有用信号保持不变，并阻止其他信号。实际上，滤波器通常是一种折中方案。它会尽可能传递有用信号，并同时尽力阻止其他信号。如果对地的一个信号进行了滤波，则滤波器应该是一个带有四个端子的两端口电路（图4.5），如果有更多的线路进入，则应该是一个多端口电路，且取决于电路是否可以被视为多个独立的两端口。

在左侧（输入）端口上，有电压$V_1$。在右侧（输出）端口上，有电压$V_2$。大多数滤波器是线性滤波器，其中

$$V_2 = V_1 \cdot \underline{H}(j\omega) \tag{4.37}$$

两个电压之比$\underline{H}(j\omega)$是传递函数。对于线性滤波器，$\underline{H}(j\omega)$不取决于幅度（在适当的工作范围内），而仅取决于频率。下划线提醒您传递函数是复数，即除了通常对幅值的影响外，还存在相移。在不进一步考虑相移的情况下，典型的EMC滤波器通常是低通滤波器或带通滤波器，高通滤波器和带阻滤波器很少见。

在图4.5中，在左侧为输入信号的源，由其戴维南等效电路表示，它由一个电压源和一个电源内阻$R_i$（也可以是复阻抗）组成。右侧是输出，连接到负载电阻$R_a$，该电阻也可能是复阻抗。

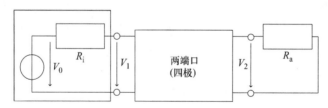

图4.5 滤波器作为两端口设备

$V_0$—源电压　$V_1$—滤波器输入电压

$V_2$—滤波器输出电压　$R_i$—电源内阻　$R_a$—负载电阻

传递函数的这种定义存在一个问题。令$R_a$非常小，使其接近零。输出的短路将$V_2$强制为零，这与开放式滤波器的传递函数无关。我们看到，传递函数不仅取决于滤波器电路的内部，而且还取决于外部电路。如果$R_a$足够高，则其对传递函数的影响可以忽略。因此，在无线电工程中，定义明确负载（通常为50Ω），除了传递函数外，还有其他定义，例如插入损耗。在EMC中，可以有任何阻抗，因此使用传递函数并应牢记负载的影响更合适。如果负载电阻远高于滤波电路中的其他阻抗，则可以忽略不计；否则，必须将其视为滤波器的一部分。

如果滤波器由无源元件（仅电阻 $R$、电感 $L$ 和电容 $C$）构成，则传递函数永远不会超过 1。对于图 4.6 中的无源 $RC$ 低通滤波器，传递函数是

$$\underline{H}(j\omega) = \frac{1}{1 + j\omega RC} \tag{4.38}$$

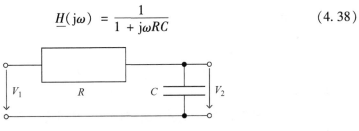

图 4.6　无源 $RC$ 低通滤波器

其绝对值

$$H(j\omega) = \frac{1}{\sqrt{1 + (\omega RC)^2}} \tag{4.39}$$

$RC$ 滤波器的缺点是电阻中的功耗。对于小信号，功率损耗不是问题，因此 $RC$ 滤波器是标准的。对于电源应用，将使用 $LC$ 滤波器代替。对于高频应用，$LC$ 滤波器实现比带电阻的滤波器更便宜，更准确。

有源滤波器（带有晶体管或运算放大器（OP））具有大于 1 的传递函数，即通带内放大。通常不使用有源滤波器用于 EMC 目的。

如果我们有两条紧密相邻的电线，例如 在非屏蔽双绞线（UTP）中，外部干扰将导致两条导线的对地电压非常相似，与两条导线之间的差模电压相比，这种电压被称为共模电压（图 4.7）。实际上，导体的平均电压被假定为对地的共模电压 $V_{CM}$。鉴于干扰具有共模特性，将信号作为两根导线之间的电压差（差分模式）进行传导是一种常见的原则。在这种情况下，共模扼流圈[188]可以抑制干扰。

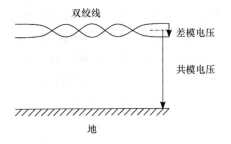

图 4.7　共模电压和差模电压

如果有用信号可以通过其频率范围与 EMI 分开，则线性滤波器是成功的。但这并不总是可行。如果干扰的幅值高于有用幅值，则非线性保护电路会有所帮助。它限制了幅值甚至使干扰短路，以保护滤波器后面的电路，但是在干扰期间不能保证滤波器后的信号完整性。非线性保护电路的典型元件是二极管和压敏电阻，用于

限制幅值或火花隙,而晶闸管则使干扰短路[218]。当几个元件安排在后续阶段中时,它们可以非常有效。6.3.1节中,我们将讨论对于汽车ECU可行的方法。

## 4.4.2 屏蔽

如果需要屏蔽电场近场、磁场近场或远场,则方法有所不同。最简单的情况是远场屏蔽,波在不同的场特征阻抗之间的边界处反射——通常是空气(377Ω)和具有低很多的特征阻抗的金属。由于关键机制是反射而不是吸收,因此屏蔽层的厚度无关紧要。例外是仅有少许原子层的材料,其行为与固体材料不同。重要的是,屏蔽层应没有可辐射的间隙。

静电场会影响电荷,只要电荷不移动,电荷通常不会受到干扰。如果电场发生变化,受影响的电荷就会移动并产生容性电流(请参阅4.2.2节)。在这种情况下,可能需要使用屏蔽。电屏蔽会将电场 $E$ 偏移到具有确定电势的任何位置(通常是接地的地方),电势不会扰动。屏蔽可能有穿透。此属性在接地环或单个接地走线具有显著影响的印制电路板(PCB)上很有用。可以将接地线以类似的方式放在电缆或线束中的带电电线之间,但是在汽车应用中,这导致的额外的重量和成本是明显的缺点。

磁屏蔽需要高磁导率材料,例如昂贵的磁性合金,可制造成相对磁导率超过50000(取决于频率)且饱和磁通密度为0.8 T。

除ECU外,电缆通常也需要屏蔽,但是由于成本和重量的原因,仅在绝对必要时才屏蔽车辆电缆。汽车屏蔽线的例子是高压线(出于安全原因而被屏蔽)或高速数据链路,通常用于视频数据(出于EMC原因而被屏蔽)。没有完美的电缆屏蔽层,屏蔽层作为频率的函数一般通过传输阻抗来量化。如图4.8所示,为了测量传输阻抗,在屏蔽层上施加一个电流,然后测量线端的最终电压。试图持续在屏蔽层周围施加电流的真实测量布置更加复杂。如果屏蔽是实心管状体,则传输阻抗会随频率降低。编织屏蔽层有孔,孔会被围绕在屏蔽层导电部分的磁场穿透。因此,使用编织屏蔽层时,传输阻抗首先会稍微下降,但随后在更高的频率时会再次增加。敷设电缆的传输阻抗不同于在短线上测得的传输阻抗(例如,依据EN 50289-1-6[29]),特别是如果电缆弯曲强烈的情况。

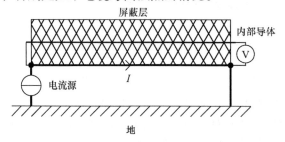

图4.8 传输阻抗的基本概念

## 4.5 源

对 EMI 源进行分类的一个通用标准是区分有意源（无线信号发射器）和无意源。尽管它们的物理效果相同，但是无意源的问题可以在源、耦合路径或接收器处解决，而有意源（以及汽车外部的无意源）通常无法修改，因此仅可以考虑解决耦合路径和接收器。必须将有意源与有意电磁干扰（IEMI）区别开来，EMI 并非有意使用的边际效应，而是出于犯罪或军事目的所期望的主要效果。在设计过程中，可以轻松识别出大多数无意源，例如大电流或 快速切换电压或被处理的高频信号。另一方面，在实践中如果出现问题，在未知环境中寻找源可能会非常费力。

第二个标准是信号的类型，连续的或瞬态的，连续的信号可以进行数字、模拟调制或不调制。

第三个标准是频率。表 4.2 列出了一些典型的来源。对于窄带信号源（经常使用的信号源），给出了频率范围，而对于宽带信号源，频谱可能达到无限大，无法给出限值。

表 4.2 干扰源

| 源 | 频率 | 多工 | 调制 |
| --- | --- | --- | --- |
| 发电机 | 6$np$ | — | — |
| 车轮磁场 | 约 10Hz/（80km/h） | — | — |
| PWM 驱动执行器 | 几千赫兹到超过 100kHz | — | 可变 |
| 共轨喷油器 | 宽频 | — | — |
| 点火系统 | 宽频 | — | — |
| 直流电机（有刷） | 宽频 | — | — |
| Car2X（WLAN） | 5.85~5.925GHz | OFDM | BPSK，QPSK，QAM |
| GSM850（美国） | 824~894MHz | FDMA/TDMA | GMSK+8PSK |
| GSM900（世界） | 876~960MHz | FDMA/TDMA | GMSK+8PSK |
| GSM1800（世界） | 1710~1880MHz | FDMA/TDMA | GMSK+8PSK |
| GSM1900（美国） | 1850~1990MHz | FDMA/TDMA | GMSK+8PSK |
| UMTS900 | 880~960MHz | WCDMA | QPSK |
| UMTS2100 | 1920~2170MHz | WCDMA | QPSK |
| LTE700 | 699~798MHz | OFDM，SC-FDM | QAM |
| LTE800/850 | 791~894MHz | OFDM，SC-FDM | QAM |
| LTE900 | 880~960MHz | OFDM，SC-FDM | QAM |
| LTE1700/1800/1900 | 1710~2155MHz | OFDM，SC-FDM | QAM |
| LTE2100 | 1920~2170MHz | OFDM，SC-FDM | QAM |
| LTE2600 | 2500~2690MHz | OFDM，SC-FDM | QAM |
| 数字警用广播 | 380~876MHz | TDMA，FDMA | DQPSK |
| ISM 应用 | 433MHz 和 2.4GHz 左右 | 不同 | 不同 |
| 广播（HF） | 1.6~30MHz | — | AM |
| 广播（VHF） | 87.5~108.0MHz | — | FM |
| 民用频段（11m） | 26.565~27.405MHz | 所有 | 所有 |

(续)

| 源 | 频率 | 多工 | 调制 |
|---|---|---|---|
| 业余无线电（2m） | 144～148MHz | 所有 | 所有 |
| 业余无线电（70cm） | 430～440MHz | 所有 | 所有 |
| 雷达（速度执行） | 8～40GHz | — | FM/脉冲 |

注：$n$ 是发电机的转速，$p$ 是极对数。在非公共 GSM 应用中，频率低于 850MHz。业余无线电使用许多具有不同调制的不同频段；在车辆操作中，最有可能是 2m 或 77cm 的频段，其他频段已被省略。对于较差的信道质量，LTE 从 QAM 降至 QPSK。

源的辐射强度可以用功率或场强的形式给出。有时会给出有效的各向同性辐射功率（EIRP）。馈入各向同性辐射器的功率 $P$ 以相同的强度分布在所有方向上。因此，在距辐射体一定距离 $r$ 处的功率密度 $S_m$ 为功率除以半径为 $r$ 的球体的表面积。

$$S_m = \frac{P}{4\pi r^2} \tag{4.40}$$

各向同性辐射体是没有区分远场和近场的模型。一些真实的辐射体在远场接近各向同性辐射体。如果真实辐射体不能各向同性地辐射，则它具有一定的方向性。对于普通天线，方向性是众所周知的，而对于 EMI 源，可能会存在任何复杂的几何形状，并且方向性要么是估计的，要么是花大量时间通过仿真获得的。在这种情况下，在馈线上馈入相同的功率，某些方向上获得更高的功率密度（必然在某些其他方向上有更低的功率密度）。如果一个真实功率为 1W 的各向异性辐射体，在感兴趣方向上的功率密度假设为 2.71 倍，则它的功率密度与运行在 2.71W 的各向同性辐射器相同。因此，尽管各向异性辐射体的真实馈入功率仅有 1W，但 EIRP 为 2.71W。EIRP 的概念有助于比较不同的定义明确的辐射体，但是在 EMC 实践中，如果我们具有未知的辐射特性，则很难使用它。

## 4.6 接收器

汽车内部或附近的任何电子设备都可能会受到汽车或其环境的电磁干扰。典型的接收器是汽车中的所有 ECU，尤其是敏感的传感器输入、收音机或防盗系统。车内的电子设备还包括不属于汽车的设备，这方面，尤其是心脏起搏器或胰岛素泵等植入物可能至关重要。对于医疗植入物，应用特殊限值。一方面，有产品标准[100]；另一方面，也有很多不同的公开标准。人本身也暴露于电磁辐射中。除了客观上的关注外，仅仅对电磁场的了解，即使远低于法律限值，也会使许多人感到不适。尽管客观的电磁影响取决于物理上可达到的值（场强，组织的比吸收率）；对于主观不适，无法推导出任何设计准则。只有没有辐射源才被认为是舒适的。可能受到干扰的车外设备可以是收音机或电视机，以及更高频率的通信系统。

区分带内和带外干扰非常有用。带内干扰的典型例子是无线电系统频率范围内的干扰。工作频谱以外（带外）的干扰也可能产生间接影响，干扰可以使接收器的输入级达到饱和。解调或互调也会产生与干扰基频不同的频率，极端情况下，可能会造成破坏。许多传感器测量的物理值可能会受到 EMI 的影响。因为对传感器信号可以进行低通滤波，可将叠加在其预期频率范围内的传感器信号上的干扰视为带内干扰。表 4.3 列出了更多示例。防盗系统也被列在 ECU 之外，因为它们的无线通信很敏感，干扰会阻碍汽车起动。

表 4.3　电磁干扰源

| 接收器 | 描　　述 |
| --- | --- |
| ECU | 对线耦合和电磁耦合特别敏感 |
| 防盗系统 | 类似于 ECU，在应答器和防盗锁止装置之间进行通信 |
| 传感器 | 对连接线耦合敏感，根据原理，也可能受电场、磁场或电磁场直接影响 |
| 无线电 | 带内干扰，带外干扰，对于音频调制或互调重要 |
| 其他通信系统 | 和无线电类似 |
| 音频系统 | 受到低频干扰或经过低频调制的高频干扰 |
| 智能手机 | 与无线电类似，由于频率较高和数字调制，因此不那么脆弱 |
| 安全气囊 | 危险且可能性高（也适用于其他爆破设备） |
| | 关注生物效应，尤其是医疗植入物 |

除扰动外，任何干扰都可能引起破坏性电压。某些元件的情况下，损坏直接取决于介电击穿引起的电压，即金属–氧化物–半导体场效应晶体管（MOSFET）的栅极氧化物中的电压。在许多其他情况下，引起热破坏的不是电压，而是功率积分（能量）。

## 4.7　静电放电

当两种不同的材料相互强烈摩擦时，电子在两种材料之间通过。分离后，一种材料带负电压，另一种带正电压，之后可能会发生放电。我们都知道，在干燥的冬季空气里鞋子在地毯上摩擦，鞋子中的电荷分布在人体上，人体充当活的电容。当带电的人触摸门把手时，会产生电火花。带电工具或人的能量足以损坏电子元件。接触前，放电可能会在空气中产生电弧，或者通过接触放电不产生电弧。

静电放电（ESD）具有三种效应，前两种都与电子设备有关：
- 直接放电造成的破坏或干扰
- 由 ESD 产生的磁场而引起的干扰（很少破坏）
- 点燃可燃气体或液体（例如汽油蒸气）。

第一个效应已得到充分研究和理解。众所周知，ESD 不仅会导致 MOS 晶体管的栅极氧化物击穿，而且其他器件也会被 ESD 破坏。对于 MOS 晶体管中的栅极氧化物破坏，峰值电压至关重要。大多数其他情况下，带入设备的能量（功率的时间积分）对于热破坏很关键。如果将整个能量在很短的时间内带入设备，过程可以认为是绝热的，否则，可以从流入设备的电能量中减去来自设备的热量。除完全破坏外，ESD 还可能导致参数改变，从而可能会超出器件规格。通常认为完全破坏是更安全的，因为可以快速诊断出来，而参数偏移（尤其像运算放大器之类的模拟电路中）可能无法快速诊断。

放电还会在周围引起电磁场。作者曾经历当使用一个示波器，向被测设备施加 ESD 脉冲时，该示波器总会复位。对 ESD 敏感只是操作中的一个问题，仅涉及几个可能的受害者。尽管在汽车电子中发生 ESD 场效应的可能性相对较低，但这种危险一定不能被忽略，并且应成为可触摸部件附近操作的电子设备的测试程序的一部分。

在三种情况下，汽车电子产品在制造、服务或操作过程中可能会暴露在 ESD 下。在某些情况，还必须考虑退役期间的 ESD，由此报废汽车中的许多设备都被回收。此外，如果在退役过程中安全气囊膨出，则对人有特别的危险。在制造过程中，触摸单个元件或完整的 ECU 非常重要。在使用中，触摸被移除的 ECU 的引脚的可能性很高，尤其是在工作人员不了解 ESD 的情况下。在运行过程中，除开关、触摸屏或电位计旋钮外，不会触摸其他电气部件。不太可能（但存在可能性）通过气流进行电荷转移，两种形成静电荷的材料不必须是固体。

大多数字 IC 和许多模拟 IC 都具有内部保护，例如接地的栅极负沟道 MOS（NMOS）晶体管，引脚和电源之间的保护二极管，$RC$ 触发晶体管或它们的组合[229]。所有这些内部保护均具有最大额定值，在多数情况下，它们需要附加的外部 ESD 保护。对于 ESD 保护，经常使用能够使短路放电的基于晶闸管器件。此外，也有低电容的聚合物器件，因其双向箝位特性，导电性增强。

除了电路级的对策外，还有可行的处理对策，例如将器件或 ECU 尽可能长时间地保持在导电包装、工具和人员接地（出于安全原因，因为高阻抗），并避免放电（不使用地毯、合适的鞋子）。

图 4.9 所示人体的典型放电，通常有两个峰值——由于手部放电产生的快速且较高的峰，而人体其余部分的放电则较慢。从电气上讲，有两个电容（手/身体）以较小的阻抗或较高的阻抗放电。

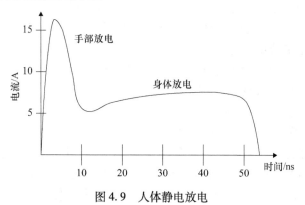

图 4.9 人体静电放电

有一些模型可以描述 ESD 并生成 ESD 测试脉冲，例如人体模型（HBM）、带电设备模型（CDM）、机器模型（MM）[165] 和较不常见的人体金属模型（HMM）。HBM 以可重复的方式在 1.5kΩ 的电阻上为 100pF 的电容器放电。CDM 假定为一个充电电子设备或具有几 pF 小电容的组件，对于固体导体进行电容性放电（例如，在组装过程中）。脉冲由寄生电抗形成，并具有减小的振荡形状。脉冲的持续时间很短，因此它的能量就不那么令人关注了，但是由于陡，来自放电的辐射特别值得关注。MM 模拟来自大量金属体的放电（假设电容为 200pF），因此电阻可忽略，模型对寄生电感（以 500nH 为模型）有很强的依赖性，且振荡逐渐减小。HMM 代表持金属工具的带电人员。使用发生器模拟这些典型的 ESD 事件。这些模型简化了真实事件；否则，ESD 发生器将变得更加复杂，而没有明显的额外好处（即使是用这些模型，ESD 发生器之间仍然存在很大差异）。相对较新且仍不常见的方法是在传输线被搁置在充电和放电的地方。

## 4.8 信号和电源完整性

信号和电源完整性（SIPI）是一门技术学科，历史上源于 EMC。现在，SIPI 常被视为一门单独学科，但与 EMC 有着紧密的联系。其研究范围是电源和信号的传输，并尽可能减少对所需的位置点的损坏。电源完整性（PI）的主要挑战是纹波和地弹。信号完整性的主要挑战是衰减、失真和色散。

### 4.8.1 频域与时域之间的关系

非正弦的周期性信号可以分解为基频（周期持续时间的倒数）及其倍频（谐波），也可能有直流偏置的正弦信号，因此，所得频谱为线状谱。这种分解称为傅里叶分析。可以使用傅里叶变换将非周期性信号变换到频域。这种情况下，频谱不是线状谱，而是连续谱。逆过程（通过正弦函数叠加构建周期性的、非正弦的时域信号）称为傅里叶合成，将连续频谱转换为非周期性的时域信号称为傅里叶逆变换，此处不再赘述。从对信号与系统理论的深入介绍开始（参见文献 [31]）；我们将总结 SIPI 和 EMC 的一些后果。

傅立叶分析产生的谐波远高于基频。读者可以尝试使用函数绘图 $\sin(\omega t)$，然后绘图 $\sin(\omega t)+(1/3)\sin(3\omega t)$，$\sin(\omega t)+(1/3)\sin(3\omega t)+(1/5)\sin(5\omega t)$ 等。此完整函数描述了一个频谱，如图 4.10 所示。从正弦开始，信号迅速呈矩形信号的形状，并带有叠加的振铃（吉布斯现象），如图 4.11 所示。为获得完美的矩形信号，将级数扩展为无穷级数 $\sin(\omega t)+(1/3)\sin(3\omega t)+\cdots+(1/n)\sin(n\omega t)$。如此多的现实世界信号具有无限的频谱。实际上，对于许多信号，谐波的幅度都按照其次数下降，就如本示例中的一样。因此，实际上，频谱可以在与基频相距一定距离的位置被近似截断。

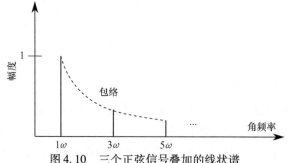

图 4.10　三个正弦信号叠加的线状谱

进一步的实际后论是，如果我们知道系统对正弦信号的响应，那么我们也将知道对任何其他周期性信号的响应（对于傅里叶变换也是非周期性的信号），我们只需要将输入频谱与线性系统的频率响应相乘，就能得到输出频谱。理论上该概念也能扩展到非线性系统。这种情况下，使用的是 Volterra 级数而不是傅里叶级数[39]，使用 $X$ 参数代替 $S$ 参数[196]，但实际上它们通常被认为太过复杂了。

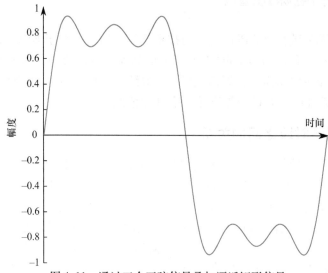

图 4.11　通过三个正弦信号叠加逼近矩形信号

如果我们使用正弦信号并使其通过非线性，则输出会失真。一个简单的例子是二极管两端的正弦电压作为输入，产生的电流作为输出。即使我们叠加足够高的直流电压以使二极管保持连续导通，所产生的电流也会失真，可能只有很小的无法在示波器上识别出的失真。因此，非线性会在产生的电流中增加额外的频谱分量。在 EMC 中，正弦供电的电源变换器存在很大的问题，这些电源变换器会引起富含谐波的失真电流。

上述例子几乎给出了傅里叶级数的公式。在这个例子中，没有频率贡献的单个相位出现。更普遍地，每个频率贡献都有幅值和相位。如果我们考虑时间相关的周

期性电压 $v(t)$，我们可以写成

$$v(t) = \frac{V_0}{2} + \sum_{i=1}^{k}(\hat{V}_i\cos(\omega_i t + \varphi_i)) \qquad (4.41)$$

式中，$V_0/2$ 是直流部分；$\hat{V}_i$ 是每个频率贡献的部分幅值；$\varphi_i$ 是相关的相位。或者，序列可以通过复杂的指数方式或正弦和余弦函数的叠加形式。

可以从周期为 $T$ 的时间信号计算出系数 $\hat{V}_i$

$$\hat{V}_i = \sqrt{\hat{a}_i^2 + \hat{b}_i^2} \qquad (4.42)$$

设基本角频率为 $\omega_0$，则

$$\hat{a}_i = \frac{2}{T}\int_0^T v(t)\cdot\cos i\omega_0 t \, dt \qquad (4.43)$$

$$\hat{b}_i = \frac{2}{T}\int_0^T v(t)\cdot\sin i\omega_0 t \, dt \qquad (4.44)$$

各个相位角为

$$\varphi_i = \arctan -\frac{\hat{b}_i}{\hat{a}_i} \qquad (4.45)$$

傅里叶级数不仅限于电压，它适用于任何信号。

如果信号不是周期性的，则可以进行傅里叶级数变换。

$$V(\omega) = \int_{-\infty}^{\infty} v(t)\mathrm{e}^{-\mathrm{j}\omega t}dt \qquad (4.46)$$

式中，$V(\omega)$ 是幅度谱（在此写作电压）。傅里叶逆变换将频谱映射回时间信号：

$$v(t) = \frac{1}{2\pi}\int_{-\infty}^{\infty} V(\mathrm{j}\omega)\mathrm{e}^{\mathrm{j}\omega t}d\omega \qquad (4.47)$$

### 4.8.2 传输线

图 4.12 显示了无限短的传输线部分等效电路。

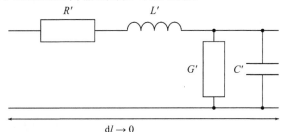

图 4.12 无限短的传输线部分等效电路（其中单位长度电感 $L'$、电阻 $R'$、电导 $G'$ 和电容 $C'$）

每条传输线都有一个特性阻抗 $Z$。此阻抗是无限短传输线的输入电压与输入电流之比，由图 4.12 中的参数给出

$$Z = \sqrt{\frac{R' + j\omega L'}{G' + j\omega C'}} \tag{4.48}$$

对于高频，该式（4.48）简化为

$$Z = \sqrt{\frac{L'}{C'}} \tag{4.49}$$

单位长度参数 $R'$、$L'$、$C'$、$G'$ 可以根据线的几何形状和材料参数 $\mu$、$\varepsilon$ 和 $\rho$ 来计算。也可以找到有关计算的公式和详细信息，例如文献［186，188］中，$G'$ 通常忽略。对于低频（无趋肤效应），$R'$ 只是电阻率 $\rho$ 除以横截面积 $A$。

任何传输线都会受到趋肤效应的影响。随着频率 $f$ 的增加，内部磁场将电流推向导体表面，因此与几何横截面相比，可用横截面变小，电阻增大。其作用大致可以描述为

$$R' \propto \sqrt{f} \tag{4.50}$$

类似的效果是两条相邻的传输线（或导电表面上的传输线）的邻近效应，此处电流集中到环路内部。

当然，实际上所有传输线都具有有限的长度。这种情况下，以等于 $Z$ 的电阻端接的有限线的表现就像无限长的线一样。如果导线的末端没有用等于该特性阻抗的电阻端接，则会发生反射。当末端短路或在实际上更相关的情况断开时，会发生最强的反射。这种情况下，反射信号向后传播并叠加到来自源头的信号上。尤其是在数字信号中，如果反射的前一位与下一个发送的位发生干扰（码间干扰 ISI）这将导致信号破坏。如果一条线相对于其波长较短，则原始线和反射线在短时间内几乎没有差异，因此在某些情况下，可以将短截线开路。

传输线理论也可以扩展到 MTL。

### 4.8.3 信号完整性

信号沿其路径受到以下因素影响：
- 衰减
- ISI（码间干扰）
- 色散
- 抖动
- 失真
- EMI

通常，这些影响无法完全避免，但一定不能出现使信号无效的程度。因此，在规范中定义允许信号变化的幅度是合理的。在设计中，应定义确保实现此目标的措施。

衰减的最明显原因是线路中的阻抗。此外，高频信号（时域内会发生快速变化）可通过反射（即沿路径的特征阻抗不匹配）在其目标处衰减。第三个原因可

能是与波长相比并不短的导体产生的电磁辐射损耗。可以将这种情况建模为线路中的额外电阻。基于这些原因，可以容易地得出对策。

阻抗应保持较低，线路长度应尽量减小，较大的横截面积会降低电阻。

应避免可能发生特征阻抗不匹配的转换，例如连接器、横截面的突然变化或高频线的直角弯曲。如已经提到的那样，传输线需要具有其特征阻抗的终端。如果导体的横截面发生变化，则不应阶梯式发生，而应逐渐发生。在高频工程中，集总 $LC$ 电路或 $\lambda/4$ 线用于阻抗转换，后者通常具有典型的波长和空间限制，汽车电子中几乎不予考虑。

可以将来自传输线的辐射最小化，从而避免了临界波长和弯曲。

ISI 是后续码之间或物理上后续位之间的干扰。在这里，反射也是导致一些线延迟后反射的"旧"信号干扰后面的位的原因。

如果传播特性取决于波长（或频率），则称为色散。该术语特别用于传输线上与频率相关的传播速度。滤波器会衰减信号，并且依据频率偏移相位。如果在传输路径上无意发生了相同的情况，这也是一种色散。除传输线外，寄生阻抗，例如寄生导线的阻抗和其他寄生电容也会引起色散，降低寄生效应是有用的。传输线上的衰减随频率而略有增加，且传播速度也趋于增加，但是在汽车电子设备中很少出现线路足够长使这一效应成为问题的情况。

抖动是可变的时移，这在数字电路中尤其是在时钟信号中特别重要。

如果产生单频谐波，信号路径中的非线性分量会使信号失真。如果包含多个频率的信号遇到非线性分量互调结果，则在许多实际情况下必须特别注意三阶互调产物。与高阶相比，它们仍然具有相关的幅值，并且它们与原始信号非常接近，因此很难进行完全滤波。

EMI 与传输线的耦合已在 4.3 节中提到。此外，MTL 的导线之间存在电感和电容耦合。在电话线上，线路之间的耦合可以被当作外来声音听到，因此，线导体之间产生的耦合效应称为串扰（crosstalk）。

### 4.8.4 电源完整性

如果我们将负载连接到电压源，我们希望该电源的电压是连续提供的。在电源和负载之间，存在电源线或电源平面，这些电源线或电源平面可能会改变电源并削弱功能。电源完整性（PI）面临的挑战是将这种影响保持在较低水平，目的是不损害所供电负载的功能。

PI 的最大威胁是阻抗耦合，它会引起地弹。适合的补救措施是低阻抗、最小公共路径长度和负载波动时的电容。在系统级上，特殊的汽车 PI 问题是起动电流引起的电压骤降。在 ECU 级，数字电路对模拟电源的影响尤为重要。

另一个问题是电源引起的纹波，可能需要大电容进行滤波。

由于功率较高，因此电源连接通常对辐射 EMI 的敏感度低于信号线。大功率 EMI 也影响电源连接。

# 第5章 法律法规体系

一般来说，汽车制造商可以自由选择提供市场需求或认为对市场有利的产品。但是，在世界上某些地区或多或少受到法律或后续管辖权的严格管制，特别是排放、防盗保护、视觉和信号、EMC和产品安全，包括功能安全。这些法律法规只是在将自有品牌与竞争对手区分开来方面做出微弱贡献，但是法律履行是必要的，尽管一些国家未能监督法律的遵守情况。如果汽车或零部件在不同的市场上出售，那么了解所有相关法律及其解释是必不可少的。与法律相反，技术标准不是直接强制性的，但是许多法律都引用了某些标准，因此，在诉讼中，有充分的理由说明为什么尚未实现由标准定义的技术状态。因此，标准成为间接强制性的。

立法滞后于标准化。因此，如果一个法律法规明确引用了标准的旧版本，则应检查最新标准，但所引用的版本是强制性的。若法规未指定标准的版本，则要求使用实际版本。在这种情况下，合理的做法是在更新后有过渡期，并为取消标准的情况提供说明。

在考虑世界不同地区的各个市场之前，应该提到一些共同的问题。尽管法律适用条件有很大不同，但是许多技术法规都引用了ISO和其他标准。技术状态文档不受国界的限制，因此那些以标准为基础的法规在某种程度上是相似的。基于标准的立法的一个实际缺点是购买许多标准并在必要时使其实现需花费高昂成本，而法律资源通常是免费的。

关于频率使用（包括EMC问题），国际电信联盟（ITU）有许多国际规则。ITU是联合国的一个机构，尤其是其无线电法规（RR[161]）已为世界上几乎所有国家所接受，并且是许多有关无线电和通信的国家法规的基础。除了RR会发生适度的变化外，几乎是静态的，ITU的一项非常动态的业务是定期且持续变更频率分配。特别是对于汽车EMC，RR 10章中第2章（频率）和第4章（干扰）与汽车EMC相关。

有关EMC的法规资料比有关产品安全的资料更多。原因不是这两个领域的相对重要性，而是产品安全法规比相对具体的EMC法规更普遍，因此在其简短性方面更具包容性。

由于在风险评估中，违反法律的优先级很高，与废气相关的故障也获得很高的优先级。在这种情况下，还需要检查废气法规，这超出了本书的范围。

也许某天，根据联合国欧洲经济委员会（UNECE）法规就可获得国际整车型式认证，本章以下所有部分都可以简化为"世界"了。

## 5.1 欧盟

除了有关欧盟内部结构的主要欧盟立法外，"实操性"的次级欧盟法律有两种类型的文件，即指令和法规。在一些重要情况下，还有强制性决定作为第三种文档类型。指令必须由欧盟国家转移到国家法律中，法规直接适用于整个欧盟。详细说来，成员国之间在指令如何以及何时确切获得国家法律方面可能会有细微的差异。在执法方面存在较大差异。在欧盟，执法是国家的责任，因此在某些欧盟国家，执法非常严格，而其他国家则容忍某些违法行为。

欧盟立法中通常有一个初始文件，以后会通过变更文件来实现。这些文档不再包含完整的更新文本，而只是以"In Annex Ⅰ和Ⅲ"的样式进行了更改，在第12.6.4点之后插入了以下几点：……"。因此，在文档的历史记录中，获取最新版本无济于事，您必须先获得该主题中的第一个文档，然后必须搜索是否有以后更新的文档，最后如果您对某个问题感兴趣，您必须跟踪它的整个更改历史记录（可以免费下载所有文档，以后可以使用欧盟所有正式语言的文档）。除了更新指令或法规，有时还会有一些小的更正。欧盟倾向于同时发布合并的文件，即完整的和更新的文件，但是这些合并的文件只是非正式的，合并文件的发布过程仍在建设中且是临时的[43]。

### 5.1.1 EMC

欧盟 EMC 指令 2014/30/EU[57]在其第 2 条中指出，如果还有其他更具体的欧盟法规，该规定将不适用。因此，该通用 EMC 指令不适用于汽车 EMC。

1970 年，与汽车 EMC 相关的欧盟指令已成为指令 70/156/EEC[53]，1972 年成为指令 72/245/EEC[52]。70/156/EEC 是协调欧盟前身组织 EEC（欧洲经济共同体）中类型认可的一个非常大的通用指令，在该组织中，EMC 只是众多主题之一，已由 2007/46/EC 取代，除 EC 批准外，还允许 UN ECE R10[224]批准。72/245/EC 是关于抑制无线电干扰的特定指令（当时尚未建立 EMC 术语）。指令 95/54/EC[46]是一个很小的实现。最新的广泛实现已成为指令 2004/104/EC[47]（第 1 条："第 72/245/EEC 号指令的附件已替换为该指令的附件。"）。与许多技术指令一样，72/245/EEC 及其前身由几篇一般性文章组成，带有大量附件，可在其中找到相关的技术内容。因此 2004/104/EC 取代了以前的指令的技术内容。尽管已被一些较小的更改所取代，但它实际上是相关的汽车 EMC 指令。较小的更改之一是指令 2005/83/EC[49]，这是一个非常短的指令，只有两页半的技术内容。其唯一目的是更新对标准更高版本的一些引用，并进行一些小的更正。在指令 2004/104/EC 的以下说明中,将考虑这些修订并以斜体标出。在 2005/49/EC[48]和 2006/28/EC[50]中引入了有关雷达的一些更改;指令 2009/19/EC[51]的唯一内容是取消以前要求的证明文件。法规 2009/661/EC 移交给了联合国欧洲经济委员会(UN ECE)法规 R10,该法规在技术上几乎与 2004/104/EC 相同(车辆已连接至电源),但正式程序有所变更。

2004/104/EC 取代了先前指令的所有技术附件,因此可以忽略较早的指令。它具有以下结构:

- 附件Ⅰ 车辆和安装在车辆上的电气/电子组件应满足的要求
- 附件ⅡA 与车辆的 EC 型式批准有关的信息文件
- 附录ⅡB 与电气/电子组件的 EC 型式批准有关的信息文件
- 附件ⅢA EC 型式认可证书(车辆)的模型
- 附件ⅢB EC 型式认可证书的模型(电气/电子组件)
- 附件ⅢC 关于附件Ⅰ3.2.9 的认证模型
- 附件Ⅳ 车辆宽带电磁辐射的测量方法
- 附件Ⅴ 车辆窄带电磁辐射的测量方法
- 附件Ⅵ 车辆抗电磁辐射能力的测试方法
- 附件Ⅶ 电气/电子组件宽带电磁辐射的测量方法

  -附录 1-图 1:开放区域测试站点:
  电气/电子组件测试区域边界
- 附件Ⅷ 测量电气/电子组件窄带电磁辐射的方法
- 附录Ⅸ 电气/电子组件抗电磁辐射能力的测试方法

  -附录 1
  ○ 图 1:800 mm 带状线测试
  ○ 图 2:800 mm 带状线尺寸
  -附录 2 典型的 TEM 单元尺寸
- 附录Ⅹ 电气/电子组件的抗扰度和瞬态发射的测试方法。

## 5.1.1.1 指令 2004/104/EC 附件Ⅰ及其与 UN ECE R10 的差异

附件一包括 8 章和 8 个附录:

- 1 范围
- 2 定义
- 3 申请 EC 型式认可
- 4 型式认可
- 5 标记
- 6 规格
- 7 生产合格
- 8 例外

- 附录1 本指令中引用的标准清单
- 附录2 车载宽带参考限值

天线–车间隔：10 m
- 附录3 车载宽带参考限值

天线–车间隔：3 m
- 附录4 车载窄带参考限值

天线–车间隔：10 m
- 附录5 车载窄带参考限值

天线–车间隔：3 m
- 附录6 电气/电子组件宽带参考限值
- 附录7 电气/电子组件窄带参考限值
- 附录8 EC 型式认可标志的型号。

R10 保留了一些基本结构，但将其从附件中吸收到正文中，用"型式认可"代替了"EC"型式认可。它包含了来自电源的充电。它概括了针对 EC/EU 的法律规则。

第1章简要定义了"EMC"一词；其他定义遵循第2章，并已通过指令 2005/49/EC（在 24GHz 和 79GHz 附近运行的短程雷达设备的定义）和 2005/83/EC（"发动机、齿轮、制动器、悬架、主动转向、限速装置的退化或变化"，例如修改为"例如，发动机、齿轮、制动器、悬架、主动转向、限速装置的退化或变化"）进行了修订。一个重要的定义是 ESA（电气/电子子组件），它通常是一个电子控制单元（ECU）。

第3章和第4章介绍了有关车辆和 ESA 的型式批准的程序，第5章是成功批准后的标志。

第6章规定了限制：
- 根据附件Ⅳ，车辆宽带辐射范围为 30~1000MHz
- 根据附件Ⅴ，车辆窄带辐射范围为 30~1000MHz
- 根据附件Ⅵ，车辆的抗扰度为 20~2000MHz
- 根据附件Ⅶ，ESA 宽带辐射范围为 30~1000MHz
- 根据附件Ⅷ的 30~1000MHz 的 ESA 窄带辐射
- ESA 根据附件Ⅸ对 20~2000MHz 的辐射干扰具有抗扰力
- 符合附件Ⅹ的 ESA 对瞬态传导干扰的抵抗力。

不会发生来自或对车辆的干扰（连接到充电站时除外），因此不涉及这种情况。

第7章规定了如何确保 70/156/EEC 指令（第10条，具体是附件Ⅹ，由指令 2001/116/EC 附件Ⅹ[45]完全更新）的生产一致性（CoP）与经过型式认证的汽车具有相同的性能。

在某些无法合理预期 EMI 的情况下,则无须进行测试,这些情况在第 8 章中列出。

附件 I 的附录 1 列出了所有参考标准,指令 2005/83/EC 的修改用斜体表示:

1) CISPR 12 "车辆、汽艇和火花点火式发动机驱动装置的无线电干扰特性 - 限值和测量方法",2001 年第 5 版(以及 2005 年 R10 修正案)。

第 5 版不是最新版,请参见文献 [70]。

2) CISPR 16 - 1 "无线电干扰和抗扰度测量设备和方法规范 - 第 1 部分:无线电干扰和抗扰度测量设备",第 2 版,2002 年(R10 中 2010 年的第 4 部分)。

第 2 版不是最新版,请参见文献 [71]。

3) CISPR 25 "用于保护车载车辆接收器的无线电干扰特性的限值和测量方法",第 2 版,2002 年(以及 2004 年 R10 中的更正)。

第 2 版不是最新版,请参见文献 [72]。

4) ISO 7637 - 1 道路车辆 - 传导和耦合引起的电气干扰 - 第 1 部分:定义和一般注意事项,第 2 版,2002 年。

第 2 版不是最新版,请参见文献 [142]。

5) ISO 7637 - 2 "道路车辆 - 传导和耦合引起的电干扰 - 第 2 部分:仅在具有 12V 或 24V 标称电源电压的车辆上沿电源线的瞬态导电",第 2 版,2004 年。

第 2 版不是最新版,请参见文献 [143]。

6) ISO - EN 17025 "测试和校准实验室能力的一般要求",1999 年第 1 版(2005 年更新为第 2 版,R10 于 2006 年进行了更正)。

第 1 版和第 2 版不是最新的,请参见文献 [95]。

7) ISO 11451 "道路车辆 - 窄带辐射的电磁能引起的电气干扰 - 车辆测试方法"。

① 第 1 部分:概述和定义(ISO 11451 - 1:2005 年第 3 版,R10 还考虑了 2008 年修正案)。

第 3 版不是最新版,请参见文献 [114]。

② 第 2 部分:车载辐射源(ISO 11451 - 2:2005 年第 3 版)。

第 3 版不是最新版,请参见文献 [115]。

③ 第 4 部分:大电流注入(BCI)(ISO 11451 - 4:1995 年第 1 版)。

第 1 版不是最新版,请参见文献 [117]。

8) ISO 11452 "道路车辆 - 窄带辐射电磁能产生的电气干扰 - 组件测试方法"。

① 第 1 部分:概述和定义(ISO 11452 - 1:2005 年第 3 版),R10 还考虑了 2008 年修正案。

第 3 版不是最新版,请参见文献 [118]。

② 第 2 部分:带衬里的吸收室(ISO 11452 - 2:2004 年第 2 版)[121]。

③ 第 3 部分:横向电磁模式(TEM)单元(ISO 11452 - 3:2001 年第 2 版)。

第 2 版不是最新版,请参见文献 [122]。

④ 第 4 部分:BCI (ISO 11452-4:2005 年第 3 版,R10 还考虑了 2009 年修正)。

第 3 版不是最新版,请参见文献 [123]。

⑤ 第 5 部分:带状线 (ISO 11452-5:2002 年第 2 版)[124]。

9) 国际电联《无线电规则》,2001 年版 (2008 年,R10)。

2001 版不是最新版,请参见文献 [161]。

10) R10 新增了有关连接到电源的车辆的标准,这些标准涉及 IEC 61000-3 的电能质量,IEC 61000-4 的抗冲击和浪涌能力以及 IEC 61000-6 的环境能力。

请注意,RR 不是典型的标准,而是规范了许多通信和频率使用细节的国际条约。

欧盟指令和 R10 的附件 I 的附录 2~5 显示了 30~1000MHz 的天线和汽车之间的 3m 和 10m 间隔不同的车辆宽带和窄带极限曲线。附录 6 和 7 分别显示了 ESA 的曲线。ECU 指令的附录 8 显示了 EC 型式认可标志的外观 ("e-mark",小写的 "e",后跟矩形的国家/地区代码),该标志由 R10 规定的 "E-mark"(大写的 "E",其后是圆形的国家代码)代替。

## 5.1.1.2　指令 2004/104/EC 附件 II 和 III 及其与 UN ECE R10 的差异

附件 II 和附件 III 显示了型式批准程序的文件模板,即

1) 根据欧盟委员会指令 2004/78/EC 最近修订的有关汽车电磁兼容性 (72/245/EEC) 的 EC 型式批准的第 70/156/EEC 号指令附件 I 的信息文件……(在 R10 中:有关电磁兼容性的车辆类型认可的信息文件)。

2) 信息文档编号……有关电气/电子子组件的 EC 型式认可的电磁兼容性 (72/245/EEC),最新由委员会指令 95/54/EC 修订 (R10:用于电气/电子部件式样认可的信息文档有关电磁兼容性的电子组件)。

3) 带有车辆和 ESA 附录的 EC 型式认可证书(在 R10 中简称为"通信")。

4) 关于附件 I 3.2.9 的证明,不需要 ESA 的抗扰性测试,可能有使用限制(欧盟希望收集这些证书以防止滥用,以避免测试,经过一段时间未发现较大范围的滥用,该文件已通过指令 2009/19/EC 取消)。

## 5.1.1.3　指令 2004/104/EC 附件 IV 及其与 UN ECE R10 的差异

附件 IV (1 页) 描述了在半消声室 (第 9 章) 或户外使用峰值或准峰值探测器的发动机运行的情况下,基于 CISPR 12 在 30~1000MHz 之间的车辆辐射宽带电磁辐射的测量方法。可以由驾驶员或乘客连续打开的所有电气设备必须处于运行状态,而不是诸如喇叭之类的短暂使用的设备。

R10 区分汽车是否连接到电源。除峰值和准峰值检测器外,还可以使用平均检测器作为第三种选择。

### 5.1.1.4 指令 2004/104/EC 附件 V 及其与 UN ECE R10 的差异

附件 V（1页）描述了在半消声室内或室外使用平均检波器在 30～1000MHz 之间基于 CISPR 12 或 CISPR 25 测量车辆辐射窄带电磁辐射的方法（在 R10 中也为峰值或准峰值。峰值检波器是可能的，但至少对于 FM 广播频率，仍建议进行平均）。发动机未运行，因此点火或燃油喷射等宽带干扰不相关。可以由驾驶员或乘客连续打开的所有电气设备必须处于运行状态，而不是诸如喇叭之类的短暂使用的设备。

### 5.1.1.5 指令 2004/104/EC 附件 VI 及其与 UN ECE R10 的差异

由 2005/83/EC 修订的附件 VI 描述了根据 ISO 11451-2 对车辆的辐射进行抗扰度测试，方法是通过 20～2000MHz 之间的天线辐射进行校准。赛车必须在适当负载的测功机上以 50 km/h 的速度行驶（如果没有测功机，则可以使用自由旋转的车轮）。对于长度大于 12m 或宽度大于 2.60m 或大于 4.00m 的汽车，也可以使用 ISO 11451-4（BCI）。建议使用 800MHz 以下的调幅（AM），1kHz 的调制和 80% 的调制深度，建议使用 800MHz 以上的相位调制（PM），周期为 4.6ms。制造商和进行认证测试的技术服务部门可以商定不同的调制方案。R10 还测试了 EMI 能否在与电源相连时使汽车行驶。

### 5.1.1.6 指令 2004/104/EC 附件 VII 及其与 UN ECE R10 的差异

本附件专用于根据 CISPR 25 来测量 ESA 的宽带辐射，在该附件中，也可以使用符合 CISPR 16 的开放区域测试站点（OATS）代替吸收剂衬里的屏蔽罩（ALSE）。使用准峰值或峰值检测器在 30～1000MHz 之间进行测量（第 9 章）。它的附录显示了使用 OATS 时所需的几何形状。指令 CISPR 25 已由指令 2005/83/EC 实施。R10 定义了固定充电设备的特殊条件。此外，它还允许使用平均分析仪进行测量。

### 5.1.1.7 指令 2004/104/EC 附件 VIII 及其与 UN ECE R10 的差异

以与附件 VII 类似的方式，给出了根据 CISPR 25 测量来自 ESA 的辐射窄带发射的要求。通过指令 2005/83/EC 已经实现了对 CISPR 25 的引用。关于环境（ALSE 或 OATS），适用与附件 VII 中相同的规定。使用平均检波器在 30～1000MHz 之间进行测量（第 9 章）。通过指令 2005/83/EC 已经实现了对 CISPR 25 的引用。尽管 R10 也建议使用平均检测器，但它列出了其他检测器的参数。

### 5.1.1.8 指令 2004/104/EC 附件 IX 及其与 UN ECE R10 的差异

附件 IX 描述了 ESA 对电磁辐射的抗扰度的测量方法。允许的方法为：

1）吸收室测试：根据 ISO 11452-2：2004 年第 2 版[121]，使用标准所述的"替代方法"模式进行垂直极化。替代模式意味着测量值是到天线的正向功率，通过在没有 DUT（被测设备）的情况下进行校准，它已与现场相关。

2）TEM 电池测试：根据 ISO 11452-3：2001 年第 2 版，选择与 ESA 或内部线束的最大场耦合方法 TEM 单元。第 2 版不是最新版，请参见文献[122]。使用带屏蔽线束的标准测试设置 5.3.3 可实现与 ESA 的最大场耦合，而使用带屏蔽线束的测试设置 5.3.2 可实现与线束的最大场耦合，另请参阅 9.3.1。

3）BCI 测试：根据 ISO 11452-4：2005 年第 3 版，在测试台上；或者根据 ISO 11451-4（第 1 版）安装在车辆中（1995 年）。ISO11452-4 的第 3 版和 ISO 11451-4 的第 1 版不是最新版本，请参见文献［123］和文献［117］。

4）带状线测试：根据 ISO 11452-5：第 2 版 2002[121]。

5）800mm 带状线：根据本附件第 4.5 节。

测试人员可以在这些方法之间进行选择。也可以在不同的频率上组合它们。频率范围和一般测试条件应基于 ISO 11452-1：2005 年第 3 版。明确规定 20～2000MHz，AM 低于 800MHz，PM 高于 800MHz。步长和驻留时间（必须施加干扰的最短时间）是根据 ISO 11452-1：第 3 版 2005 选择的。

本附件的附录 1 显示了 800mm 带状线。这是一条带状线，在上半部（接地）和下半部（线缆）之间具有几何对称性，因此从外部看起来像是带有开放侧面且没有隔片的 TEM 单元（第 9 章），并通过木制框架获得机械稳定性。从上方通过上半部（接地）引入导体。此外，规定了进给和终止。800mm 带状线一词是指几何尺寸（图 5.1）。允许的工作区域位于该空间的中心，尺寸为（800/3）mm×（800/3）mm×（800/3）mm。

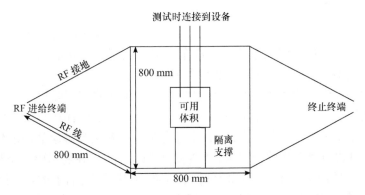

图 5.1 欧盟 800mm 带状线

附录 2 给出了具有 200MHz 上限频率的 TEM 单元的尺寸。

R10 包括两个附录仍然非常相似，主要区别在于对电动汽车的考虑。

#### 5.1.1.9 指令 2004/104/EC 附件 X

本附件描述了针对 ESA 瞬变的抗扰力和瞬态发射的测试方法。根据过时的国际标准 ISO 7637-2：2004（用文献［143］和文献［128］代替），使用测试脉冲 1、2a、2b、3a、3b 和 4 对电源线和其他电源进行了抗扰度测试。ESA 的连接，可以在操作上连接到供电线（请参阅第 9 章）。沿电源线的干扰辐射也引用了相同的标准。

### 5.1.1.10 与短距雷达有关的指令 2005/49/EC 和 2006/28/EC

关于 24GHz 和 79GHz 范围内的汽车雷达的其他修订指令是 2005/49/EC[48] 和 2006/28/EC[50]。2005/49/EC 首次将雷达明确引入 2004/104/EC 的文本中，因此也明确引入了该指令产生的一些认证文件中（令人困惑的是，这些更改在字面上被称为"对指令 72/245/EEC"和"对指令 70/156/EEC 的修订"，尽管相关部分已在 2004/104 之前被替换）。在 2006/28/EC 中，2005/49/EC 中引入的 79GHz 短程雷达设备的定义已再次删除。由于在该频率范围内几乎没有其他服务，并且可以激励将短程雷达从 24GHz 转换到 79GHz，因此与 2006/28/EC 再次删除了与 79GHz 短距离雷达相关的限制性要求。尽管与雷达没有直接关系，但应进一步考虑有关无线电设备的指令 2014/53/EU[58]。

### 5.1.2 功能安全

在法律法规方面，功能安全是产品安全的一部分。在不再有效的第一个指令 92/59/EEC 之后，主要文件是产品安全指令 2001/95/EC[54]，并由第 765/2008/EC 条[55] 和第 596/2009/EC 条修订。法规 765/2008/EC 更新了有关产品安全的欧洲程序，它与产品没有直接关系。596/2009/EC 更新了其他有关医疗产品和食品产品安全性的其他文件的详细信息，所以在这里无关紧要。2001/95/EC 此处有待进一步考虑。

2001/95/EC 在第 2 条中描述了其范围。它是指投放市场并且可以由消费者使用的任何产品或服务，因此它适用于汽车，但不适用于 ECU。当然，ECU 有助于汽车的安全或不安全，因此供应商也参与其中。

如果"在正常或合理可预见的使用条件下（包括使用期限以及在适用的情况下，投入使用、安装和维护的要求）不构成任何风险或仅存在与产品使用兼容的最小风险，则认为该产品是安全的"，并符合对人员安全和健康的高度保护。值得注意的是，并没有摆脱风险的要求，但应按照第 3 章的讨论将风险降至最低。该文章强调了产品随附的交付（例如手册），可能对其他产品的影响（例如错误的 Car2Car 通信对其他汽车的影响），标签和警告（例如，用于安全气囊），以及考虑儿童（例如可能坐在汽车上或对行人通行的辅助系统）以及可能是有身体障碍的驾驶汽车的老人。

其余文章没有深入探讨技术细节。他们还必须遵守其他法律法规（如果有），尤其是尊重技术水平和现有标准。因此，尽管未明确提及，但可以将 ISO 26262 视为强制性的。下文主要介绍法律法规程序，而不是产品属性。这些程序对行业的义务尤其包括必须随产品而无须征求或按需提供的信息，对安全问题（召回）的反应以及对产品或产品零件的追溯。

## 5.2 美国

除美国法规外，法律要求的最重要来源是联邦法规（CFR）。CFR 包含不需要国会决定的所有法规，因此在 CFR 中也可以找到技术法规。CFR 由 50 个标题组成。标题 16（商业惯例）、标题 47（电信）和标题 49（运输）是相关的。

与欧洲相比，美国的预期合规控制要少，但是美国消费者拥有通过有效的法律手段来维护自己的权利。一种非常有力的手段是集体诉讼，消费者可以共同起诉制造商。若美国法院判决损失很大，其罚款幅度要比欧洲高。在美国，惩罚性赔偿是常见的，即高于补偿水平的赔偿，而在欧洲，民事索赔和处罚是严格分开的。加拿大与澳大利亚的法律体系同美国类似。

### 5.2.1 EMC

《联邦法规》第 47 卷（电信）第 1 章和 EMC 相关的包括以下的部分和内容：

15 未经许可的广播和杂散发射

18 工业、科学和医学（ISM）无线电频段

22 公共移动服务

73 无线电广播服务

87 航空服务

90 适用于企业和非联邦政府的许可无线通信

97 业余无线电。

特别是在这里，第 15 部分与某些特殊主题（Car2X，雷达）相关，也与第 18 部分相关。第 1 章中的电信法规是联邦通信委员会（FCC）的责任，因此有时将诸如 FCC 15 之类的名称用于标题 47，使用 CFR 第 15 部分。

它由 8 个子部分组成，列出了所有符合辐射要求的发射器。

### 5.2.2 功能安全

美国政府的负责机构是美国消费品安全委员会（CPSC），类似于 FCC，该机构不是执行部门。他们的法规构成了 CFR 标题 16 关于商业惯例的第 2 章。这里的第 A 章（一般）和第 B 章（消费者产品安全法案规定）是相关的。它由将近 60 个部分组成，涵盖了日常生活的所有产品。对于车辆，某些通用零件的编号分别为 11xx 和 1420，这对于所有地面车辆都可能是相关的。

更相关的是汽车安全法规，其中包括交通运输部门的 NHTSA（国家公路交通安全管理局）的责任，包括主动安全、被动安全和功能安全。NHTSA 规则可在 CFR 标题 49 的第 5 章中找到。其第 571 部分的 B 部分包含 FMVSS（表 5.1）和联邦机动车安全标准（A 部分定义了 B 部分中使用的术语）。

表5.1 FMVSS（美国）与CMVSS（加拿大）的比较。比较仅限于可能涉及电子的法规

| FMVSS | CMVSS |
| --- | --- |
| 101：控制和显示 | 101：控制，说明，指示器和照明源 |
| 102：变速杆顺序，起动机互锁和变速器制动效果 | 102：变速器控制功能 |
| 103：风窗玻璃除霜除雾系统 | 103：风窗玻璃除霜除雾 |
| 104：风窗玻璃擦洗系统 | 104：风窗玻璃擦洗 |
| 105：液压和电动制动系统 | 105：液压和电动制动系统 |
| 108：灯，反射装置及相关设备 | 108：照明系统和反射装置 |
| 111：后视镜与侧视镜 | 111：视镜与后视系统 |
| 114：防盗保护 | 114：防盗保护与防止滚移 |
| 118：电动窗户，隔板和屋顶面板系统 | 118：电动窗户，隔板和屋顶面板系统 |
| 121：气压制动系统 | 121：气压制动系统 |
| 122：摩擦车制动系统 | 122：摩托车制动系统 |
| 123：摩擦车控制与显示 | 123：摩擦车控制与显示 |
| 124：加速控制系统 | 124：加速控制系统 |
| 126：电子稳定控制系统 | 126：轻型车电子稳定控制系统 |
| 131：校车行人安全装置 | 131：校车行人安全装置 |
| 135：轻型车制动系统 | 135：轻型车制动系统 |
| 136：重型车电子稳定控制系统 | 136：重型车电子稳定控制系统 |
| 138：胎压监测系统 | — |
| 201：内部撞击中的乘员保护 | 201：乘员保护 |
| 202：乘用车头枕 | 202：头枕 |
| 206：门锁和门固定组件 | 206：门锁和门固定组件 |
| 208：乘员碰撞保护 | 208：正面碰撞中的乘员保护 |
| 209：安全带总成 | 209：安全带总成 |
| 210：安全带固定装置 | 210：安全带固定装置 |
| 213：儿童约束系统 | 213.4：内置约束系统和内置加高座椅 |
| 214：侧面碰撞保护 | 214：侧面碰撞保护 |
| 301：燃油系统完整性 | 301：燃油系统完整性 |
| 303：压缩天然气汽车的燃料系统完整性 | 301.2：CNG燃料系统完整性 |
| 305：电动汽车：电解液溢出和电击保护 | 305：电解液溢出和电击保护 |
| 401：内部行李舱释放 | 401：内部行李舱释放 |
| 500：低速车辆 | 500：低速车辆 |
| — | 1201：雪地车 |

违反这些标准的故障是功能安全问题。根据555部分，可能有一些豁免情况。关于照明，另请参见第564部分，有关检查要求，请参见第570部分。FMVSS 208（乘员碰撞保护）在595部分中。

573 缺陷和违规责任和报告

576 记录保留

577 缺陷和不合规通知

579 报告有关潜在缺陷的信息和通信

591 遵守联邦安全，保险杠和防盗标准的车辆和设备的进口

592 不是最初制造的符合联邦机动车安全标准的汽车的注册进口商

593 认定并非最初制造符合联邦机动车安全标准的车辆符合进口标准

599 回收和保存行为计划的消费者援助的要求和程序。

## 5.3 加拿大

加拿大政府部门创新、科学和经济发展部（ISED），以前是加拿大工业部，对这个话题涉及的内容负责。在实践中，立法与美国非常相似，并且美国和加拿大之间存在相互接受协议。传统上，消费者安全在加拿大具有很高的意义。

### 5.3.1 EMC

ISED 已发布有关工业、科学和医疗（ISM）设备（ICES-001），车辆，轮船和其他由内燃发动机、电气装置或两者推动的设备（ICES-002），包括数字设备的信息技术设备的辐射的引起干扰的设备标准（ICES）（ICES-003），交流高压系统（ICES-004），照明设备（ICES-005），无意辐射器（ICES-006）和电缆分配网络（ICES-008）。大多数要求仅在几个方面涉及汽车 EMC，特别是在通信设备方面，但是 ICES-002 在这里很重要。

除了一些较小的组织问题外，ICES-002[94]基本上是辐射标准 CISPR12[70]的法律参考（不包括抗扰性）。它的标题最近从"配备有内燃机的车辆和其他设备的火花点火系统"更新为"由内燃机、电气装置或两者同时驱动的车辆、船和其他设备"，表明从火花点火发动机转移到了动力 适用于车辆、船只（最长15m）和其他带有内燃机或牵引电池的设备。它的第 2 章定义了应用程序中的几个例外。

### 5.3.2 功能安全

在加拿大，产品安全（包括功能安全）已通过 CSA（加拿大标准协会）认证。除了产品安全性外，CSA 还通过了 EMC 认证。CSA 使用 CASS（安全相关系统的合格评定）进行功能安全评定。CASS 是基于清单的评估程序，已针对汽车行业以外的 IEC 61508 认证而开发，因此需要针对 ISO 26262 进行量身定制。

特别是对于汽车安全，加拿大运输部发布的《汽车安全规程》，包含在《加拿大交通安全法》[27]中。在获得一些一般信息和术语定义之后，可以从附件（称为清单）中检索技术信息，因此其结构类似于欧盟的指令或法规。

附件 I 显示了 CMVSS（加拿大汽车安全标准）合格标签和附件 II（授权文

件)。附件Ⅲ是一张表格,显示了该法规适用于哪些车辆和系统。附件Ⅳ是核心部分,包含很多页内容。附件Ⅴ已被部分取消,其有关噪声发射的Ⅴ.1部分超出了本书的范围。附件Ⅵ是关于雪地摩托的特别附件。附件Ⅶ显示了"进口用于展览、演示、评估、测试或特殊目的的车辆的声明"。附件Ⅷ列出了25个指定的进口海关。附件之后是非强制性的相关规定和修正案(也涉及车辆动力学控制)。

取消第Ⅰ部分后,附件Ⅳ的其余部分如表5.1所示。其内容、结构(甚至编号)与美国FMVSS非常相似。

## 5.4 澳大利亚

在澳大利亚,通信和媒体管理局制定法规。1992年《无线电通信法》第162条定义了要求。它包含少量标准,包括一些欧洲标准。这些要求仅涉及排放。与欧盟法规相反,在2年内有针对最新标准发布的自动更新规则。汽车EMC的相关标准是CISPR 12[70]和ECE R10[224](关于车辆在电磁兼容性方面的认可的统一规定),更专业的标准是关于电子出租车的EN 50148[28],ISO 13766[99]。关于土方机械,适用于农林机械的ISO 14982[160],以及有关音频设备的标准,例如EN 55103-1。

通用产品安全规定是ACCC(澳大利亚竞争和消费者委员会,美国CPSC的澳大利亚对口单位)以及各州和地区的一项联邦任务。主要的法律依据是澳大利亚消费者法。它将《消费者保护声明》定义为产品类别的即时法规。实际上,其中有一些关于车辆附件的注意事项,但没有关于集成部件或车辆本身的注意事项。

汽车安全有其自己的法规,包括主动安全、被动安全和功能安全。由基础设施和地区发展部负责。

## 5.5 日本

要在日本获得产品批准,熟悉日本文化或认识或雇佣熟悉日本文化的人是有帮助的。日本人对细节的热爱也影响了认证过程,如果不能满足细节要求,将无法通过认证。作者对日本客户有经验,他们反过来也不了解某些欧洲国家的宽松审批做法。我们了解日本接受大多数ECE法规对我们是有帮助的。

日本在2015年采用了ECE R10[224]。除汽车EMC外,机载其他无线电设备还受MIC(内政和通信部)的管辖,受《无线电法》的约束。

对于电气安全,《电子产品和材料安全法》由经济、贸易和工业部(METI)负责。合格产品带有PSE标志,请参阅文献[173]。电动汽车被称为"特定的电器和材料"。小型电动机和锂离子蓄电池被列为"非特定用途的电器和材料",要求不那么严格。为了消费者安全,有《消费者产品安全法》和PSC标志。

## 5.6 俄罗斯

俄罗斯的认证非常复杂,并且还包含不成文的规则,因此强烈建议您选择当地专家。违规后果非常严重,包括高额罚款。俄罗斯是欧亚海关联盟(EAEU)的一部分,因此遵守俄罗斯法规也将在不久的将来对产品进入亚美尼亚、白俄罗斯、哈萨克斯坦、吉尔吉斯斯坦以及可能的其他国家有帮助。

自 2013 年以来,俄罗斯和 EAEU 邻国的技术法规-关税同盟(TR-CU)计划将沿用旧版 GOST-R 系统。引入 TR-CU 的关键法律是《联邦技术法规法》,在第 7 条中定义了辐射安全、生物安全、爆炸安全、机械安全、工业安全、热安全、化学安全、核电安全和核辐射安全、电磁兼容性,这是保证仪器和设备安全运行、统一测量,以及与保护个人生命或健康、自然人或法人财产以及国家或市政财产有关的其他领域的一部分,第 9 条明确列出了轮式车辆的电磁兼容性和安全操作等优先事项。实际上,并非所有区域都被覆盖。

TR-CU 020/2011[37,俄文]是适用于车辆的技术设备电磁兼容性的规定,只要没有关于汽车 EMC 的其他规定即可,它不适用于 ECU。它要求产品在预期的要求下工作(抗扰度),并且不得散发出可能干扰通信或其他技术产品的干扰。这包括低频和高频传导、辐射干扰以及 ESD,没有规定测试方法或限制。

TR-CU 018/2011 是轮式车辆(两个或更多车轮)(包括公共汽车和商用车辆)安全的规定。它不适用于时速不超过 25km/h 的车辆、跑车和越野车。它也适用于一些较旧的汽车。与其他国家一样,功能安全也被视为车辆安全的一部分,因此未单独提及。第 4 章中的技术要求基于 ECE 法规。

TR-CU 031/2012 是有关农业或林业作业车辆和拖车安全的规定。

## 5.7 中国

中国认证机构 CNCA 的中国强制性认证(CCC)系统已于 2002 年引入,适用于在中国制造的产品和用于进口产品(包括农业机械和安全相关车辆部件的车辆)。它显示了与欧洲 CE 标志的相似之处。参考文献[32]中以中文、英文和德文告知详细信息。

对于车辆认证,有三个选项:
1)汽车的完整 CCC 认证。
2)非批量生产 CCC 证书。
3)小批量 CCC 豁免。

选项 2)和 3)可能会限制进入最具市场吸引力的大城市。

选项 1)对供应商有最大影响,在这种情况下,所有组件均受 CCC 约束。如果产品要接受 CCC 认证,则必须出示中国测试实验室的报告。最后,将应用 CCC 徽标。产品一致性(CoP)通过年度检查和审核进行验证。此外,车辆和某些汽车产品(还有许多 CCC 以外的产品)需要在工业和信息化部(MIIT)中列出,并需要提供符合性证明。

汽车 EMC 标准由中国标准化体系 TC 114/SC 29(汽车电子和 EMC)制定。对于电动汽车,SC 27(电动汽车)还制定了其他标准。

有许多与安全相关的中国 GB 标准(国家标准)是从 ECE 法规衍生而来的,但并不完全相同。关于包含电子元件的 GB 4599、GB 4660、GB 11554、GB 11564、GB 5920、GB 15235、GB 17509、GB 18409、GB 18099、GB 18408(照明)、GB 14166(安全带)、GB 15742 的与安全相关的子系统(喇叭)和 GB 27887(儿童约束系统)可能是相关的。关于电气部件还有许多标准,这些标准也可以用在车辆中,特别是在电动汽车中。关于功能安全性没有特别的标准。如果不需要遵守标准,则 CCC 无关紧要。TC 114/SC 27 设定了电动汽车的特殊安全标准。

在中国的台湾地区,相关的认证由所谓的"交通运输部(MOTC)"负责。"MOTC"已将认证授权给了车辆安全认证中心。认证之前,公司必须申请注册。对于产品认证,必须出示中国台湾地区认可的测试实验室的报告。为了确保 CoP,还对制造工厂进行了检查。

ECE R10[224] 在中国的台湾地区适用,其安全要求也基于 ECE 标准。

## 5.8 印度

在印度,对相关内容负责的是消费者事务、食品和公共分配部以及通信和信息技术部,该部已于 2016 年分为通信部和电子信息技术部。相关要求的主要内容可参见印度汽车研究协会的主页[11]。

## 5.9 南美洲

南美洲最重要的汽车市场是巴西,因此要特别注意巴西的法规。在巴西,INMETRO(国家计量学院)是根据 CONMETRO(国家工业学院)制定的规则进行认证的负责机构。

ANATEL(国家电信机构)负责制定 EMC 法规,与 INMETRO 的更通用认证程序相反,其 EMC 法规与欧盟法规相似。

关于车辆安全,INMETRO 法规 55、123、152、153、171、268、299 和 301 也可适用于电气/电子系统[93,葡萄牙语]。

# 第6章 ECU级EMC设计

如第1章所述，在不同的领域中存在不同类型的电子控制单元（ECU）。许多汽车ECU在要求（环境、可靠性方面）和实施细节上与非汽车设备不同。除了有关EMC设计的一般建议，本章还将重点介绍汽车ECU的特殊问题。

## 6.1 EMC管理和设计流程

行业中对EMC管理没有统一的定义。在ECU开发中有项目经理，另外，公司中也有质量经理和越来越多的功能安全经理，但几乎没有EMC经理。在公司的组织架构中，除了用于测试和咨询的小部门（如果不是在外部执行），EMC几乎是看不见的。实际上，如第3章所述，在实践中EMC管理不能与项目管理或质量管理同等，它是项目管理、质量管理和功能安全管理的一部分。因此，任何项目经理、质量经理和功能安全专家应该至少对EMC有一些基本的了解。在实践中，EMC管理产生以下设计流程，需要在每个阶段都考虑EMC。

V模型是最初为软件开发而开发的通用过程模型。在硬件开发中应用也很普遍。如果实施依据ISO 26262的功能安全，则所需的过程将包含与模型相同的步骤。对硬件开发的适当调整的V模型展示在图6.1中。

其中，EMC从对干扰源、敏感体和可能的耦合路径的识别开始。规范必须定义ECU能够在其中工作的环境，因此，环境一方面是由已知的干扰源和敏感受体定义的，另一方面则是由法规要求（第5章）和相关标准定义的。与整车的环境相比，ECU所在环境通常是明确定义的，但后期可能发生改变，例如，考虑使用线束或在其周围使用其他的电气设备的情况。在这方面，从汽车厂家那里获取尽可能多的信息是有帮助的，甚至可以在供应商和汽车厂家之间的合同中约定有关使用环境（尽管实际上在这一过程很难就此类问题达成共识）。由于法律变更、标准变更、车内的不同位置或车内不同的要求而导致修改规范是可能的。假定没有必要对每种环境中都提供完整的功能，这种情况下，在环境和功能之间进行更详细的分配是必要的。

通常，规范不是从头开始定义的，而是来自之前的ECU项目。因为ECU常常源自已经完成许多基本工作的平台，平台就是派生汽车特定ECU的构建工具包或

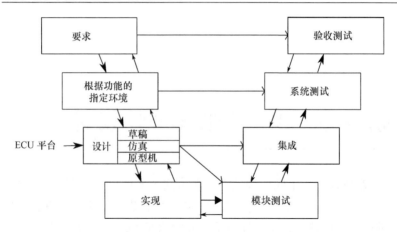

图 6.1 考虑硬件和 EMC 问题的 ECU 开发 V 模型

通用 ECU。在平台开发时，通常已经解决了一般 ECU 问题，也会有 EMC 工程师参与其中。在客户项目中硬件工程师只能进行设计调整，但是使这些仅仅是调整的工作安全可靠所需付出的努力往往被低估，客户项目中仍然存在 EMC 问题。在项目成本计划中考虑所有 EMC 相关的开发成本会很好，但在实践中，这些成本很难预计。略悲观的成本方式可能会提供一定的安全性，开发的成本压力要比交付时每单位的成本压力小。

在设计阶段，设计能够达到技术规范的措施。建立原型机并仔细评估。由于细微调整会极大地改变电磁行为，因此在投入精力和金钱测试之前，应先进行仿真了解电磁行为。当设计已达到一定稳定程度时，便应该开始进行样机制作。应该记着，样机 ECU 的价格要比量产 ECU 的 10 倍还高，所以太早使用样机也是不合适的。

测试一般计划在 V 模型的后期进行，通常没有太多时间来解决相关问题。严格的进度表迫使开发迅速实现，因此，在系列项目中通常会省略预测分析，结果就是导致严重的质量和功能安全方面的问题。如果汽车制造商需要系列中的新功能（通常这样做），情况就变得更加困难。基于 V 模型，如果考虑到此类后期要求，则该项目可能会遇到质量问题，甚至可能是安全问题。

如果，尽管有不足，我们还是不能摆脱 V 模型，我们如何在开始生产（SOP）之前或甚至 SOP 之后更合理地考虑 EMC 而不出现意外呢？那就是设计应尽快验证。尽管实际上没有多少时间，及早进行仿真是合适的。此外，对所有开发文档进行的审查，尤其是与 EMC 专业人士和经验丰富的开发人员一起有助于尽早发现可能的问题。管理层必须清楚，所有这些措施不是免费的，但它们有助于避免之后产生更昂贵甚至致命的问题。

如果使用了敏捷的流程模型（在软件开发中效果很好，但在硬件开发中非常困难），则必须确保 ISO 26262 要求的所有文档都存在。即便如此，该工作流程仍与 ISO 26262 提出的工作流程相矛盾。实际上，这意味着认为文档的连续更新周期是准备好的。

## 6.2 一般设计建议

有很多书籍讲解好的 EMC 设计，如参考文献［174］，所以本节仅简要总结一些关键问题。

**提供低的地和电源阻抗**。在印制电路板（PCB）中使用地层和电源层。分开电路的仿真和数字部分。如果空间足够，则首选星形电源分配网络（PDN），而不是总线形 PDN（请参见第 4.2 节）。优选完整平面而不是单根走线。

**保持环路面积尽量小**。每个导体与其回路一起形成环路，因此，一条走线和它对应的回路应尽可能靠近。如果返回路径是 PCB 中的导电平面，电流会寻找最低阻抗的路径。对于高频率，返回路径不一定是与直流一样的最短几何连接，而是最小电感环路的路径。因此，没有障碍时，导电平面则自动满足附近返回路径的要求。应使电线双绞（请参阅第 4.2 节）。

**电容线要短**。每毫米电容线都会产生自感（大约 1nH/mm），从而使电容变成串联谐振电路。最好的选择是贴片式（SMD）电容，并避免如图 6.2 所示的电容上的短线（相应地，应避免与电感平行的长线，因为它们之间的电容与电感会形成并联谐振电路）。

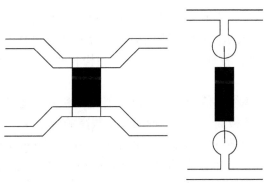

图 6.2 贴片式电容安装（左）与高寄生电感的接线式电容安装

**保持距离**。尽管在 PCB 设计上已经做了努力，但可能的干扰对象不应临近放置（请参阅第 4.2 节）。

**合理的屏蔽**。屏蔽不仅可以保持距离还可以提供更多效果，但不适当的屏蔽却增加了重量和成本却毫无效果。特别是，必须明确是否屏蔽磁场近场、电场近场或电磁场近场。在 PCB 上可以使用虚拟接地围栏[40]，但是它们具有很强的频率选择性，甚至会增加某些频率的耦合。通过屏蔽层的导线需要增加滤波（请参阅第 4.4 和 6.3.2 节）。

**避免使用电感**。除了具有闭合磁环的电感（例如昂贵的环形电感）外，电感具有漏磁场，漏磁场耦合到附近并捕获附近的磁场。除 EMC 相关的考虑因素，电感问题还包括成本、重量和体积。

**注意谐振**。避免线缆或屏蔽的结构延伸在可能的波长或半波长范围内，此规则要求对可能的频率或各个波长进行预先分析。同时，不要忘记较低的谐波或互调频率。

**集成电路**。预测集成电路（IC）的发射尤其困难。IEC 61967[75]定义了测试步骤，但是由于该测试超出了单个 ECU 开发项目的范围，因此由 IC 生产厂家完成并公布这些测量更合理。如果生产厂家无法提供这些信息，对于单个的开发项目或部门来说，该测试工作量太大。然而大公司可以同时进行许多类似的开发项目，可能有具备测试等质量鉴定能力的平台部门，对于小型公司或只使用某个 IC 的单个项目而言，这不容易。在 ECU 项目中，可以进行简单的非定量表面扫描。

**保持合理的数字信号速度**。按照必要性设计数字电路速度，任何超速都是无用的，却会带来电磁干扰（EMI）的风险。

## 6.3 特殊问题及解决方案

### 6.3.1 滤波器

第 4 章中，我们对滤波器进行了一些基本介绍，现在我们考虑汽车 ECU 流入流出处的电源或信号线的滤波器。我们必须区分非屏蔽塑料外壳 ECU 和屏蔽金属外壳 ECU。除 EMC 外，特别是在成本方面，结构和散热方面的要求也会使人们决定采用特殊的机箱设计。

我们必须区分电源线、信号输入、执行器输出和数字通信线。汽车 ECU 的典型特点是对成本敏感性极高，另一方面又要求很高的可靠性，两方面要求都希望零件数量尽量少。对于屏蔽外壳 ECU，滤波的最佳位置是外壳的穿孔处，但出于成本原因，滤波器通常位于 PCB 上靠近连接器的位置，而不是直接在穿孔处，穿孔的地方通常是带有多个连接器的插头。对于非屏蔽外壳，将滤波器尽可能放置在靠近 PCB 上的相关电路很有用。

除了一些特殊的 ECU（如收音机），几乎所有的 ECU 都在处理信号输入在直流到 kHz 之间的信号，在输出端有大约 kHz 的脉冲宽度调制（PWM）信号，近似直流作为电源。在外部总线上，在 kHz 范围内有接近矩形的梯形信号（有附加谐波，请参见第 4 章），一些高速总线则在 MHz 范围内。

信号输入通常使用低通滤波，在某些情况下，带通滤波也足够，它们提供电源和地之间的开关数字信号或该范围内的模拟信号。大多数传感器（如温度传感器）信号变化很慢，从 EMC 角度来看，它们可以被视作直流电。一些传感器内部具有电子预处理功能，这种模拟信号与由传感器元件本身内部传递的普通模拟信号不同，有时，它们会产生 PWM 信号，或者某些情况下两个物理值被报告为 PWM 和脉冲幅度调制的组合。少数传感器通过单独线路或总线发送数字信号。最简单的低通电路是 RC 低通电路，它由一个串联电阻和一个并联电容器组成（请参见第 4.4.1 节）。由于线路具有足够的电阻（以及电感），因此不需要集总电阻，电容的选择应匹配线路阻抗，当然，这种方式的截止频率不是很准确。如果难以分辨干扰信号需要精确的频率限制，则需要增加一个额外的电阻。

少数情况下，如果需要带宽小的带通滤波器，则可以通过谐振电路实现。对于其他带通，具有重叠通带的低通和高通则更合适。

一些传感器具有更动态的行为，如车轮或发动机的转速传感器和压电式爆燃传感器。对于转速，有电感式传感器和霍尔传感器。电感式传感器特点是具有集成的永磁体，磁场封闭在随发动机转速旋转的齿轮上，磁通密度通过齿和间隙的变化来调节。产生一个由齿廓形成的电压，幅值随转速的增加而增加，从几毫伏到全速转动时大约 10V。霍尔传感器可以将旋转的齿廓直接转换为与速度独立的近似矩形信号。爆震传感器发送与发动机爆震事件有关的频率不规则的脉冲，幅值约为几伏。

输出线通常没有 EMC 滤波，可能有一个低通滤波器将功率级的 PWM 转换为执行器上的模拟信号，但是这种低通滤波器是在限制条件下设计的：一方面，输出信号应尽量平滑；另一方面，随 PWM 频率的变化足够快，因此 EMC 滤波只是一个边际的副作用。在大多数情况下，由于采用了执行器的惯有设计（例如热或机械），ECU 输出未经滤波的 PWM 信号。即使没有惯性设计，最普通类型的执行器，例如由电流和 PWM 电压驱动的电磁执行器，由于电感作用也会导致平滑电流。

总线对干扰敏感，但一些总线的工作频率高于信号线，因此低通滤波并不总是有效。这种情况下，事实上大多数汽车总线都采用差分信号，但干扰在双绞线上以共模形式出现。因此，对于过滤，应阻止共模，请参见 6.3.9.2 节。

有时候，在部分 ECU 电路之间也需要滤波；有时还需要电流隔离，光耦可用于电流隔离，但应考虑到寿命通常有限。

如果干扰的幅度威胁到 ECU，则必须将正弦或其他周期性干扰与瞬态干扰区分开。如果周期性干扰的频谱与有用信号的覆盖频谱不同，前文所述的线性滤波器衰减足够大的话，也可以抑制高振幅。对于较大的 $\omega$ 如下（来自式（4.39）），

$$H(j\omega \to \infty) = \frac{1}{\sqrt{(\omega RC)^2}} = \frac{1}{\omega RC} \tag{6.1}$$

因此，当频率远高于截止频率时，该一阶低通滤波（以及其他一阶低通滤波）的传递函数的绝对值每 10 倍频降低 20dB。当频率间隔足够大，该方法可行。如果不是，可以使采用高阶滤波（具有更高的零件数量）。

如果干扰为共模，铁磁心未进入饱和状态时，共模扼流圈可抑制大幅值干扰。在其他情况下（瞬态干扰或频率间隔不够大、不可分离的共模），必须使用非

线性保护电路抑制干扰。由于对成本非常敏感，汽车 ECU 的非线性保护电路通常只是一个抑制二极管。一些情况下，也使用基于晶闸管的跨接器（Crowbar）。来自直流电动机的电压瞬变通常用跨接在电动机端子的压敏电阻来抑制，因为压敏电阻能够处理比同等大小的二极管更多的能量，并且在这种应用中它们的高寄生电容更有利。

### 6.3.2 屏蔽

在汽车电子产品中专用屏蔽罩并不流行，因为它们增加了重量和成本。如第 4 章所述，屏蔽电场近场、磁场近场或远场是不同的。在汽车电子产品中，不能接受采用"通用"屏蔽来防止任何可能的干扰，这就要求对预期的暴露情况有一个清晰的认识。在 ECU 级别，我们必须区分是整个 ECU 被屏蔽还是 ECU 内部的部分电路被屏蔽。

一些 ECU 拥有闭合金属外壳，金属外壳有助于传导热量并反射来自远场入射的电磁波。外壳可以直接拧到车身或与车身相连的导电支架上，因此来自外部和内部的近场电场都被良好接地。注意这需要金属螺钉而非尼龙螺钉，必须确保在整个使用寿命中，螺钉不会因为腐蚀而使对地接触电阻严重增加。外壳的开缝会起到缝隙天线的作用，因此远场屏蔽的作用受限。缝隙天线是偶极天线的补充[219]，因此波长为两倍缝隙长度的波可以轻松穿过。通常为连接器提供最大几厘米长的开口，使用一个直径约为 1cm 的薄膜，使内部气压适应大气压。此外，金属外壳由两个部分连接在一起，可能存在一个狭长的缝隙，因此建议上下两部分重叠使缝隙闭合。对于塑料外壳，薄的金属层可以帮助反射远场，但是这种做法并不常见。

对具有射频处理模块的 ECU（收音机、Car2X），局部电路屏蔽很常见，但在普通汽车 ECU 中不常见，但在这里常规的 RF 设计规则是适用的。某些情况下，在仿真电路和数字电路之间进行屏蔽可能是合理的，但是通常不这么做。有时，PCB 包含屏蔽走线，屏蔽走线将附近的电场转移到地上。

### 6.3.3 供电电源

纹波和电压骤降，这两个电源完整性的基本问题已在 4.8 节中提到过。这里将从 ECU 开发的角度重新考虑它们，典型的测试案例在 9.3.1 节中展示。

#### 6.3.3.1 纹波

如图 6.3，发电机不能提供平滑的直流，会产生一些纹波，每个交流周期有 6 个峰值。该纹波是三相 B6 整流器典型的输出。电源应对纹波进行平滑处理，交流电源内部 B4 桥电路产生正弦波，将负半波反转成正值，B6 纹波的振幅变小。电容和电池有助于平滑，但应注意电池的平滑效果随连接线长度增加而减小，如发电机在汽车前面，电池在后面的情况。在 ECU 中进一步使用电容和稳压器平滑电流不是挑战，但应牢记，汽车中没有干净的直流电源。

除自然纹波外，切换励磁电流的稳压器可能会增加发电机输出的传导干扰。

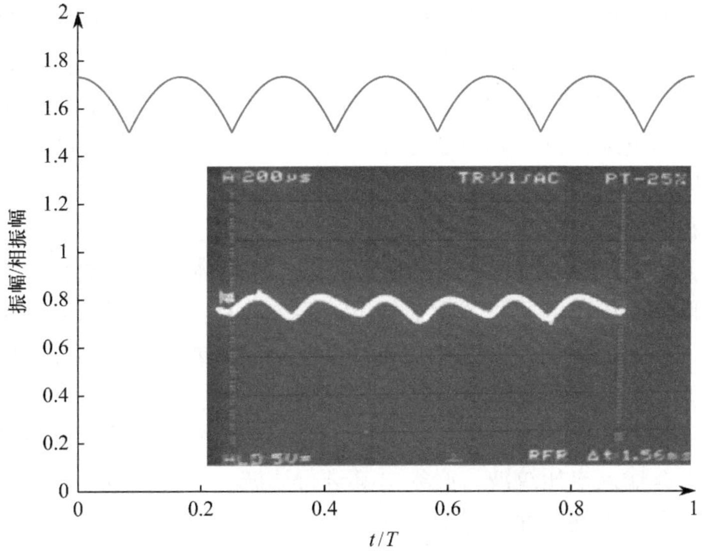

图 6.3　B6 输出的理论纹波（相对于单相幅值的总幅值）

注：不带电池时在 B + 和 B - 端子间测量

#### 6.3.3.2　电压骤降

所有 ECU 的一个常见问题是接大负载时，尤其起动机，电源电压出现骤降。在一些情况下，例如电池内阻较高且温度较低时，电源电压会下降到 6V 以下几秒钟。因此，即便使用低压降稳压器，稳压器的输入电压也会危险地接近维持内部所必需的 5V 电源电压。

一种对策是仔细选择稳压器，保证稳压器的压降尽可能小，或者，使用开关模式变换器。这种方式可以稍微增加安全裕度，但是可能会增加成本。

为了避免由于一些数字电路的部分复位导致的不确定状态，监控供电电压和触发所有数字组件的复位是不可避免的。

电压骤降可以通过电容桥接，这也解释了开关电源（SMPS）的鲁棒性。因此，安全气囊 ECU 中通常使用电容作为备用电源。带有湿电解质的电解电容器会在使用寿命中变干，其串联电阻增加，它们对温度敏感[22]。

除了 EMC 措施，让看门狗识别无法桥接的电压骤降是很重要的，这种情况下看门狗会重置 ECU。虽然复位后 ECU 的启动时间远小于 PC 的启动时间（典型为 10 ~ 100ms，在一些应用中几乎无法察觉），但还是应尽可能避免复位。

### 6.3.4　变换器

变换器除了桥接不同的电源网络并将外部电压转换为 ECU 内部电源电压之外，还有第三个重要应用，即 ECU 内部用于某些特殊执行器的本地升压变换器（参见以下两节)。许多不同的变换器架构[15]可以区分为带变压器和不带变压器两种,但不带变压器的变换器需要较大的储能电感。对于这种应用,可以区分输出电压高于输入电压的变换器(升压变换器)和输出电压低于输入电压的变换器(降压变换器)。用于改变极性的具有相同输出电压电平的变换器与汽车电子无关。包含两种车载电压的车辆通常具有耦合变换器(见第2章),该变换器可以在一个方向上用作升压变换器,在另一个方向上用作降压变换器。

与任务和架构无关,每个变换器都具有一个大电感,并且通过该电感的电流由一个频率在10~100kHz之间(有时甚至更高)的晶体管连续导通和关断。变化的电流辐射变化的磁场,因此一个重要的设计要求就是保持辐射回路尽量小。该回路上包括电感、开关晶体管,根据架构通常还包括输入或输出电容。电感必须缠绕在环形磁心上。

由于输出电容并非理想电容,因此输出电压中会残留纹波。电流环路中的非理想导体也会引起输入电压纹波,必须对其进行滤波。通常,对于较大的输出端电容的使用,寿命和可靠性方面应谨慎选择。

### 6.3.5　螺线管驱动器

从电气角度来看,螺线管是最常见的动作器件。一方面被用作纯机械动作,沿大约1cm或更小的距离进行线性运动,与之相比带蜗轮的电动机则太贵且占太多空间。另一方面,螺线管也用于驱动液压阀,典型应用在 ABS 和 VDC 制动系统的阀组、燃油喷射系统(泵的可变节流阀,燃油轨或喷油器的燃油安全阀)或未来可用于发动机阀门的电动液压执行器。

根据螺线管的应用不同、对驱动器的要求差异很大。螺线管具有不同的电感和欧姆损耗,欧姆损耗随温度而变化。大多数应用中,一个确定的电流驱动螺线管。

应始终考虑开关电感负载的干扰。除了快速变化的电流(磁场辐射),电感本身还会产生几百伏的感应电压,该电压会干扰、破坏电子器件,特别是驱动晶体管。如果低边开关关断电感,在漏极或集电极会出一个正的感应峰值。一方面,可能感性耦合到栅极,再次导通晶体管;另一方面,漏极-源极电压很容易超过晶体管的阻断电压,并可能导致晶体管的破坏性击穿。为此,必须在正常阻断方向上为电感并联续流二极管(图6.4)。容性缓冲电路也可以帮助

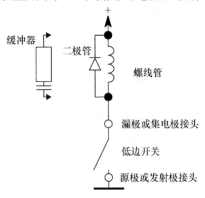

图6.4　二极管并联于螺线管(或缓冲器)的晶体管保护电路

保护晶体管,但是缺点是与电感谐振会引起额外的振铃。当然,续流二极管必须要

有针对瞬态能量的额定值，否则自身会被破坏。另一种保护晶体管免受极端瞬变影响的方法是可以有意耦合使晶体管再次导通，但这种情况下，必须确保这种重复导通不会以危险的方式干扰操作，且不会触发不稳定现象。

所有应用中，最具挑战的螺线管是柴油喷油器。驱动速度和精度对于驾驶性能和废气排放非常重要，这需要高电流变化率，例如在不到 100μs 的时间内从 0 升到 20A。

如此快的电流通过车内的电源分配网络的电感馈入非常困难，因此，ECU 中被称为"升压电容"的本地电容可以提供初始电流，而不需要较长的电感路径。在为喷油器建立提升电流之后，断开电容或电容组，再由电池提供电流。当喷油器针阀提起后，较小的稳压电流就可以保持打开状态。当喷油器电流切断时，残留的磁能可以回收对升压电容充电，但并不能保持充电状态。为此，采用一个开关电源，既可以作为独立电路使用，也可以像开关电源（SMPS）储存电感一样用作关闭喷油器的电感。

汽油喷油器的挑战性较小，因为与柴油发动机相比，其燃烧时间点取决于点火而不是喷油，但是对于喷雾引导的直接喷射汽油发动机（燃油喷雾直接导向火花塞），对时间精度的要求类似于柴油发动机。制动电磁阀的要求与之类似。

进一步来说，从干扰发射的角度来看螺线管不太重要，重要的是具有精确的电流控制电路。使用带有小分流电阻来感测电流的闭环控制电路上，从电阻到感测运算放大器（OP）的线路上的发射应更关键。

## 6.3.6 压电驱动器

柴油燃料喷油器特别需要压电驱动器。与基于螺线管的喷油器相比，压电喷油器反应更快并且可以更精确地控制，但它们更贵并且对环境条件更敏感。特别是在大型发动机中可以看到它们，一方面因为对成本敏感度较低，另一方面是因为要应对更严格的污染物排放要求。

从电气角度来看，螺线管喷油器和压电喷油器的主要区别是螺线管的电感特性和压电喷油器的电容特性。如图 6.5 所示，半桥中的两个晶体管确定喷油器是充电（开始喷射）、放电（停止喷射），还是保持在恒定电压水平半桥打开（保持喷射，也有可能无意中发生中断）。与类似的螺线管驱动策略相反，压电喷油器供应商有不同策略，因此，喷油器可以由一个长电流脉冲或脉冲序列充电。一些供应商增加了电感从而形成谐振充电器。

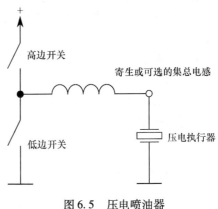

图 6.5 压电喷油器

## 6.3.7 点火

电感（点火线圈）通过板上电源的电流进行磁性充电。开关（早期点火系统中是机械断流器，如今是低边晶体管）断开电感的连接，电感感应出几百伏电压。因为对于可靠的燃料点火来说该电压太低，点火线圈具有次级绕组，次级绕组将感应电压转换到 10~35kV。图 6.6 左图所示初级电压有强烈的振铃，右图中通过火花塞的次级电压迅速（通常在约 10μs 内）增加至击穿电压。显然，这样的 d$V$/d$t$ 会导致容性耦合，但是如果将点火线圈单元置于气缸盖中，可省掉屏蔽，也几乎不需要屏蔽。火花塞中的电弧会燃烧约 100μs 到几毫秒，熄灭后会在较低的 kHz 范围内发生振荡。初级绕组上的剩余电压为电源电压，直到开关再次闭合，该电压在次级侧上引起较小的感应振荡。需要最小闭合时间才能再次积累磁能，一次火花的总放电能量约为 10mJ。

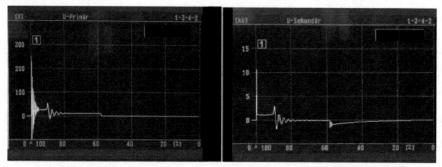

图 6.6 点火电压：初级侧（左图，100V/格）和次级侧（右图，5kV/格）

除了通过现代的线圈/火花塞单元的气缸盖安装减少容性耦合之外，还需要考虑电流。次级电流受到约为几千欧电阻（略高于次级绕组的电阻）。电阻存在于火花塞、连接器、分配器（如果有）或阻性碳电缆中（极少）中。如果火花隙附着在线圈上，则不需要此电阻。有时，初级电流（峰值约 10A）受到限制，但其目的是线圈热保护，而非 EMC。如果电流限制太多，线圈将无法积聚足够的能量点火。

现代发动机通常在气缸盖深处为每个气缸配备一个点火线圈，火花塞直接连接到其端部而不需要高压电缆。相对旧的系统具有中央点火线圈，且需要在气缸之间分配高压。有时在手持式发动机或小型摩托车中，点火基于电容放电而非电感。在没有电池的小型发动机中，还存在磁电机点火，由具有电枢绕组的小型永磁发电机提供，发电机与点火线圈同时工作。

## 6.3.8 数字电路

早期还没有电子控制装置或硬开关器件的使用，随着采用数字电路，尤其是微控制器，敏感性增加。更高的集成度和更低的工作电压是敏感性进一步增加的因素。从敏感性的角度来看，使用差分放大器的发射极耦合逻辑电路（ECL）系列优于互补金属氧化物半导体（CMOS）以及晶体管-晶体管逻辑电路（TTL），但是少数 ECL 门（现在通常是带有正电源的 PECL），并且没有更高的集成 ECL 逻辑可用，功耗比其他逻辑系列更高。控制器完全崩溃可以很容易被看门狗检测到，从而使系统复位。必须检查重启期间系统的不可用性是否可能对安全性至关重要，和需要几分钟才能重新启动的个人计算机相比，ECU 通常需要大概 1s 或更短的时间重启。还应该注意的是，控制器仍在工作，但在 EMI 期间可能产生错误，因此额外的软件监视措施将会有所帮助。

除了敏感性之外，数字电路的另一个问题是电源完整性。如今，ECU 和其他应用中的数字电路已经通过 CMOS 技术实现，因此逻辑门的每个输出均由 CMOS 晶体管组成，其中 N 沟道晶体管将输出接地，P 沟道晶体管将输出连接到电源正。最简单的门是具有两个晶体管的反相器，如图 6.7 所示。

CMOS 门通常为两种状态：如果输出为高，则上部晶体管或在更复杂的门里的上侧晶体管组导通，下侧晶体管或晶体管组截止。如果负载（例如后面的门）具有高输入阻抗，

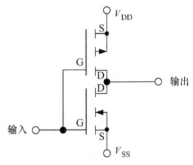

图 6.7　CMOS 变换器（p 沟道 MOSFET 接电源正极，n 沟道 MOSFET 接地）

$V_{DD}$—电源正极　$V_{SS}$—接地

则输出电流和流过上侧晶体管的电流会很低，很多情况下可以忽略。当输出为低，上侧的晶体管会截止，而下侧的晶体管会导通。

因此，通过逻辑门的电流不会从电源正流向电源负，因为总有逻辑门的一侧是截止的。当逻辑状态改变时，门状态改变。有一个短暂的中间阶段，上侧和下侧同时导通。此时，电流流过逻辑门。加之电荷被移进或移出到后面的门。当多个门被一个新的时钟信号触发时，通常会产生轻微的延迟。因此，CMOS 电路具有高周期性电源电流峰值，从而导致地弹。

为了保护 ECU 的仿真电路，供电电源应去耦，控制器和其他 CMOS 芯片的电源引脚需要滤波电容。

**时钟**

时钟会在时钟频率及谐波产生电磁干扰（第 4 章）。周期性信号时钟，频谱是离散的线频谱。与矩形谐波信号相比，真实时钟信号的梯形形状更具优势：占空比为 50% 的矩形信号，频谱包络在频率上以 20dB/10 倍频衰减；对于梯形信号，该衰减率在较高频率时变为 40dB/10 倍频（在哪个频率上衰减率变得更高取决于下降时间和上升时间）。文献 [188] 中详细讨论了矩形和梯形信号的频谱。

时钟频率的故意变化会在一定范围内模糊数字电路的发射频谱。这种扩频做法可以减轻峰值发射，但不能避免发射。在要求可预测行为的功能安全的情况下，扩

频甚至会引入不确定性。

### 6.3.9 总线

在第 1.3 节中,介绍了几种汽车通信系统,其中 CAN 总线是最重要的一种。物理层包含电缆和"节点",节点即通信需要连接的 ECU。我们先来看电缆,再看 ECU 中的终端。

#### 6.3.9.1 线缆

可能的物理介质有:
- 单线
- 双绞线,非屏蔽(UTP)
- 双绞线,屏蔽(STP)
- 同轴电缆
- 光纤。

对于 EMC,光纤是最好的解决方案,但除了 MOST 总线外很少在汽车中使用光纤。最常见的解决方案(例如用于 CAN 总线)是非屏蔽双绞线,在少数情况下对于高数据率(多媒体应用),也考虑使用屏蔽双绞线或同轴电缆。对于低可靠性要求和低数据率(低于 20 kbit/s),也使用单线(单线 CAN,LIN)。通常,它们是线束的一部分,平行与其他信号线和电源线工作,因此很可能会产生干扰。复杂的协议限制了干扰对驾驶性能、排放、安全性和其他核心要求的影响,但无法完全避免不利的影响,最坏的情况是子系统故障导致通信彻底中断。在 4.8.3 节中的信号完整性问题中,乘用车中短距离几乎不需考虑衰减,色散、抖动和非线性失真也是次要问题,主要关注的是由反射和电磁干扰引起的码间串扰(ISI)。采用合适的终端避免反射将在下一部分谈到。如果必须考虑屏蔽效果不足甚至光传输,那么针对低成本的,双绞线抗电磁干扰非常有效。

#### 6.3.9.2 终端

如 4.8.2 节所示,每条传输线都有特征阻抗。同轴电缆的典型特征阻抗为 $50\Omega$,有的为 $60\Omega$ 或 $75\Omega$。UTP 的特征阻抗在 $100\Omega$ 附近变化较大,例如对于 FlexRay,规定低于 $100\Omega$,CAN 约为 $120\Omega$。随着数据率的增加,规定特性阻抗的精度比绝对值更重要。这方面,同轴电缆(如果不弯曲太多)比 UTP 有优势。为避免码间串扰,反射码元一定不能与后面的码元相遇。因此,在非常短的线路上、运行时间比码长度要短,终端不是必要的;其他情况下,终端则是必需的。如果两个码的轻微叠加很关键,它也取决于控制器中的采样方法(定时采样以及单比特或多比特采样)。通常,各个总线系统的规范会给出决策规则。大多数情况下,ECU 内的总线终端必须使用电阻端接,电阻的额定值必须与线路的特征阻抗相近,一些总线规范允许较高的端接电阻,以防止许多节点连接到总线时产生阻性过载。

通常 UTP 总线由差分信号驱动，因此如图 6.8 所示的分开端接是适合的。终端电阻分成两部分，中间接地电容可滤除典型的共模干扰。另外，建议必要时应使用共模扼流圈。

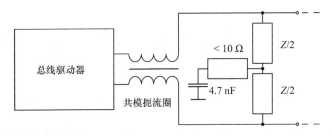

图 6.8　分开端接（例如用于特征电感为 $Z$ 的 Flex Ray）

## 6.3.10　温度/EMC 交叉效应

参考文献［22］讨论了老化和温度变化对 EMC 的影响。可能还有其他环境影响，例如振动或潮湿，相对地它们对 EMC 的影响不太明显。复合 EMI 是测试无法涵盖的进一步的条件，典型的影响可能是互调。在某些情况下，即使是误用也必须加以考虑。

## 6.3.11　ECU 开发中的校准探头

建立硬件原型并编写软件后，需要定义数据集，这个过程在汽车行业称为标定。这代表逆向地从传感器得到的大量不同数据映射到测试电压获得的物理值，这些映射决定了在给定速度和加速时应注入多少燃料。尽管许多数据可以在案头上确定，但也必须在测试台架或汽车上对某些数据根据经验进行优化。

为此，开发 ECU 过程中（非生产 ECU）需要在行驶时读取并修改 ECU 数据。一种解决办法（串行标定）是使用给定的通信线路，比如用 CAN 总线来实现。缺点是与正常行驶中一些汽车控制器具有的额外硬件相比，为给定通信提供需要的附加 CPU 负载，导致通信实时行为的改变。

另一种方法是并行标定。这种情况下，将闪存放入插槽中，通过可交换数据的标定适配器进行对比。从外部看，准备用于并行标定的开发 ECU 可以通过一些特点识别，如 ECU 外壳上的机载盒、连接到标定 PC 或中间适配器的附加电缆。机载盒包含一个与带 PC 接口的双端口 RAM 和一个备用闪存。在 ECU 内部，它通过排线连接到 ECU PCB 上的闪存插槽。

经验表明，从 EMC 角度来看，该电缆至关重要。线缆应尽可能短，但对于不带校准适配器的后续的 ECU，如果为了 EMC 将插座移至 PCB 上的另一个位置是不合理的。由于无法可靠地避免这类问题，因此供应商应将可能出现的开发阶段 ECU 问题通知 OEM。对于排线也可以使用铁氧体。

# 第 7 章　系统级及特殊子系统的 EMC 设计

从部件 EMC 推断系统 EMC 是不够的。现在，我们将每个电子控制单元（ECU）看作一个黑匣子，研究整车或几个子系统的 EMC，这些子系统通常包含多个 ECU、传感器、执行器和电源与通信连接线。

## 7.1　EMC 管理和设计流程

整车 EMC 由车辆集成商（通常是汽车制造商）在 ECU 供应商之外独立地考虑。对供应商要求的 ECU 的电磁兼容性是必须要做的，但对于整车 EMC 而言还不足够，整车 EMC 由负责整车 EMC 管理的汽车制造商保证。如果将 ECU 集成到汽车中 EMC 失败了，那么供应商也会在某种程度上参与整车的 EMC。

第一步，需要定义汽车的 EMC 要求。如果不能从先前的开发项目中获得要求，则可以参考相应市场的法律要求，例如欧盟指令（请参阅第 5 章和参考标准）。有一些定义电磁环境的标准，这些标准有助于定义法律之外的现实场景，还有更多需要通过的测试标准。如果定义了需通过的测试标准，则测试标准间接定义了产品要求。测试标准定义了测试的内容和方式，但通常提供几个严重等级（如能够承受的场强），难点是需要从这些等级中进行适当的选择。如果考虑到功能安全，仅使用较大的安全系数是不够的，必须考虑所有可能的情况，即使可能性很小也应考虑。

完整定义整车的 EMC 要求之后，需要定义所有 ECU 的要求并与供应商讨论。在交付最终的 ECU 后，直到车辆开始生产（SOP）前并没有多少时间用来搭建实体模型。有一些情况使用初步测试模型，但应记住在早期开发阶段产品的 EMC 性能仍然非常不稳定。因此，在 ECU 级别和系统级别，必须要进行仔细的设计审查和仿真。通常，汽车环境定义要比 ECU 环境的定义少，正因为如此，有必要尽早考虑许多与 EMC 相关的设计准则，如线束布置在车内的位置和方式。全波仿真（第 8 章）能够帮助认识车身、车外和车辆内部的电磁耦合，但必须特别注意谐振也可以通过仿真发现，但是通过计算机仿真量化谐振是很困难的。传输线理论可以帮助线束设计。

最后接近 SOP 时测试完成。尽管测试的目的通常是为了发现错误，这时设计应足够成熟，测试是为了能够确定成熟度。实际上，即使接近 SOP，设计通常也没有达到预期的成熟度。

## 7.2 通用提示

许多对 ECU 设计有效的提示也同样适用于系统设计。

**提供低的地和电源阻抗**。如果可能，最好使用星形接地。避免谐振长度以及电长度大的地线和电源线。

**将子系统分开**。根据功能安全标准要求，为避免干扰需要将具有不同安全级别的子系统分开，即便不考虑功能安全要求，也建议分开各子系统。可以通过距离、屏蔽和滤波器来实现。

**频率意识**。注意系统中会出现哪些期望和不期望的频率。制定频率规划，尽可能避免频率重叠。

**首选光通信**。光通信总线对电磁干扰（EMI）的抵抗性更高，但实际上并不经常使用。反对光通信的可能论点在于大多数汽车总线系统的光学物理层缺乏标准化，还有成本和安装问题（若弯曲得太厉害会产生压痕）。即便在光通信的情况下，发射器和接收器的 EMC 也是需要考虑的。

**电磁多样化**。冗余通信通道的物理参数和消息的位表示形式应尽可能不同。

## 7.3 特殊问题和解决方案

### 7.3.1 雷击

20 世纪 70 年代，作者坐在父母的汽车后座经过海边的路上，突然遭遇震耳欲聋的爆鸣，分不清雷击到汽车上还是附近。由于轮胎和漆面没有损坏，雷击可能在附近处。这辆车没有电子系统（不确定是否已经有收音机），并且继续使用没有问题的。对于现代汽车来说，情况可能有所不同。在 2002 年，阿沙芬堡的一个居民区遭遇了严重的雷击。雷击后，周围的一些家用电器停止工作，一些汽车也无法起动。

因为在汽车附近或汽车上发生雷击是罕见的事情，所以标准化方面存在差距。私家车大部分时间都在停车场上，因此在道路上被雷击的可能性更低。对于商用车或共享车辆，可能性会高一些。

雷击带来的典型后果是 ECU 损坏，因为这通常涉及不止一个 ECU，雷击会妨碍汽车起动且导致高昂的维修成本。在道路上，车辆动力系统故障或触发安全气囊可能危及人身安全，因此雷击也是功能安全问题。

因为具有金属车身的汽车是法拉第笼，雷电无法侵入车身。在塑料或碳纤维车身或敞篷车车身中，可能会造成侵入，但即使这样，周围的金属结构或潮湿的车顶也能够提供相对低的保护。雷电进入笼子的唯一可能途径是凸出的导体，例如天线或充电电缆。雷击发生在汽车附近或法拉第笼上时，会辐射出强电磁场，该电磁场会侵入汽车并在电缆等导电结构上产生破坏性的高压。

在雷电直接击中汽车的情况下，沿着车身的电流（20kA，降低的可能性高达十倍）进一步转移电势，因此抗逆性还取决于接地。

在地面的雷击点附近，从该点的外有很强的径向电流。由于地面的导电性能不理想，因此沿地面也存在电势差。在这种情况下，接触地面的不同点会产生电压。因此，靠近雷击点的大型动物脚之间的电压可能是致命的。危险取决于轮胎的绝缘性，如果在汽车上也出现这样的电压，将导致电流浪涌。

### 7.3.2 便携式电子设备

首先，为了在存在便携式电子设备（PED）（例如蜂窝电话）的环境下安全可靠地运行车辆，必须定义由 PED 引起的环境。其次，必须定义适当的对策。航空业已经考虑到 PED 问题，因为产生了欧洲标准 ED-130[44]和美国标准 DO-307[198]。对于安全性至关重要的系统，这些标准假定最坏的情况：PED 在每个座椅中以最大功率传输。除最坏情况的环境外，最新版本的 DO-307[217]中还有统计方面的考虑。与航空电子设备的起飞和着陆相反，地面车辆在超车等紧急情况下，不能期望 PED 被关闭。

表 4.2 列出了典型的 PED 频率和调制方式。波长足够小可以在车身内部产生谐振。当线束的一部分在车内部时，它们可以间接耦合到汽车的其他部分。发动机 ECU 和乘客舱内部线束的各个部分以及放置在附近的移动电话在自己的试验中未显示出故障，但是这些驾驶实验并没有代表性，因此不能一概而论。

考虑到 PED 的测试标准是 EN 55025，该标准测试了可能影响 PED 的汽车发射，而 ISO 11452-9 考虑了汽车部件对 PED 发射的抗扰能力。在第 9 章中将进一步讨论这两个标准。

### 7.3.3 线缆线束

汽车电子系统的重要部分是线束（理论上是分支的多导体传输线），线束在 ECU、传感器、执行器和其他电子组件之间提供电源和信号传输。第 4 章中，我们了解到特别是会发生在线束中的容性和感性耦合。电缆线束通常由两个或多个局部线束（如图 7.1 中的发动机线束和车辆线束）组成，线束分支分布在整个汽车上。它们通过连接器连接或压接，焊接已经失去了以前的意义。如有必要，线对要双绞，因此对于总线系统和差分传感器信号（例如发动机转速）也需双绞。因其成本和重量，较少使用屏蔽。

第 7 章　系统级及特殊子系统的 EMC 设计

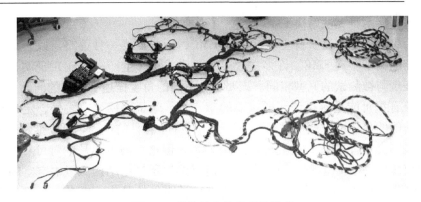

图 7.1　带熔丝盒的发动机线束

出于屏蔽目的，许多电缆沿着提供的管道布置，如布在车顶两侧。其他情况下，尤其在发动机附近，有时会松散地布置线束。这时，整个线束的位置甚至导体相对的位置都不是确定的，是随机的。在评估和仿真典型情况和最坏情况（需要定义）或使用随机配置运行大量仿真（更少测量）时，也应考虑这些因素以进行测试和仿真。除了蒙特卡罗方法[190]，混沌多项式（polynomial chaos expansion）是一种有前途的相对较新的方法[171]。如果需要明确定义的布局，则必须在车身计算机辅助设计（CAD）的早期就考虑必要的管道和固定装置。线束也应包含在 CAD 中；这还可以防止 EMC 之外的一些意外情况，例如，连接器放在难以够到的地方。

### 7.3.4　车身和地

在 ECU 外的系统级别，用于电源或信号的电缆，最好使用专用的导线作为车身接地和地回路。

标准车身材料是高抗拉强度钢制成的板材，厚度可达 1mm，一些情况下会更厚。除钢板外，还使用异型材元件。有时也使用铝合金或在少数情况下使用其他轻金属合金（如镁基）。当然，塑料零件不能用作接地导体。金属车身元件通过点焊或缝焊在一起，少数情况下，也使用黏合剂的非导电连接。在使用寿命过程中，腐蚀会改变电性能。除了车身之外，发动机还作为中心地并连接到车身。

### 7.3.5　变型

一种汽车通常具有多种变型。大多数变型是依据客户的选择，其中一些也是由于生产过程中的变化。如果对操作不是很关键或对车身或电子系统的有意改装，例如将有缺陷的部件移除而不是修理，就还必须考虑用户的变化。仅仅生产的变化就允许许多可能的功能组合，这导致在一个大系列中普通汽车的组合变化数量多达几千甚至几百万。

如今，至少所有重要的机械或电气功能都收集在大型数据库中，这其中包含 CAD 数据、电路图和软件代码（产品生命周期管理，PLM）。数据库有助于获得概览，但数据库本身无法解决 EMC 问题。

因为对不可能测试所有生产变型的 EMC，因此需要一种策略，以合理的成本和足够高的概率实现 EMC。许多法规要求提供 CoP（生产一致性）证明，即量产汽车的表现与被测试的原型相同。该要求从不同的角度描述了相同的问题，因此合法的 CoP 证据可能是解决该问题重要的第一步。除了法律要求之外，定义具有最多组合功能的最坏情况变型很有帮助，这不是一个容易的过程。可以推断减少功能很有可能不会损害 EMC，通常可以提高 EMC，但这个假设不是绝对可靠的。如果我们以仅减少一个 ECU 的变型为例，可能仍然保留导电结构，但中空空间在没有 ECU 的情况下会产生谐振。因此，即使进行了明显的简化，也必须仔细检查，它们也可能削弱 EMC。

### 7.3.6　变化的环境

EMC 要求定义起源于汽车使用环境的定义。有一个很好的例子说明了 EMC 要求的必要性和困难点：某一型号的汽车经常遇到起动问题，后来发现只在某品牌的意大利冰淇淋店附近才会发生这种现象，如果汽车驶离一定距离，就不会再有起动问题了。人们花了大量的精力才确定意大利冰淇淋店和车子起动问题之间的联系。这些店使用的电子收银机的电磁干扰影响了防盗系统，因而妨碍了汽车起动。汽车在很多不同的环境中使用，例如在住宅区、工业区、机场、无线电发射机或意大利冰淇淋店附近。

除了内部干扰源外，还应特别考虑无线电、雷达和工业干扰，包括低频电力线如铁路电气化的应用。在住宅区，所有家用电器都能发射干扰，如果汽车停在工作间，在它附近使用电动工具也会产生电磁干扰（此时发动机屏蔽罩常常打开）。

车载发射器可能会散射回车内甚至在环境中产生谐振，因此环境的不同反射特性也必须考虑，比如金属车库。

同样，必须保护汽车的使用环境，这必须考虑家用电器、工业、实验室和车间设备、雷达和医疗设备等。

一辆汽车经过几年开发、生产，在欧洲一般使用时间有 10 年（差异很大）。这说明应了解 20 年或更长时间的电磁环境。这是不可能的，但是可猜测到环境中的电磁频率是不断增加的。

### 7.3.7　雷达

依据应用，可以将雷达分为两类：用于大约 100m 及以上的距离的远距离雷达（LRR），用于大约 10m 或更短的距离的近距离雷达（SRR）。LRR 的典型应用为自适应巡航控制和紧急制动，SRR 的典型应用为变道辅助或侧向来车警示。根据工作频率，雷达也可以分两种，即工作频率在 24GHz 或 77GHz 附近。过去，SRR 雷达的工作频率约为 24GHz，LRR 的工作频率约为 77GHz。渐渐地，SRR 也更多在

77GHz附近工作。因此，从长远来看，LRR工作在76~77GHz之间（称为77GHz雷达），而SRR工作在77~81GHz之间（称为79GHz雷达或77GHz雷达）。

未来车内将引入更多雷达系统应用，比如乘客检测。除自身雷达外，汽车还要承受外部雷达系统。工作雷达的工作频率可能在12.4~40GHz之间（有时在较低的频率）；虽然可能性较小，但汽车暴露在一些功率密度较高的非交通雷达中也很关键，例如机场雷达、航海雷达或军用雷达。

一方面，来自车外的雷达源（包括自身雷达的微弱的反向散射）被车身反射。波长在厘米范围内的电磁波很容易穿透缝隙并几乎以光学方式传播，因此在车身设计上应更加小心，可以很好地做到屏蔽。

### 7.3.8 军用车辆

军用车辆与普通汽车的主要区别在于不同的环境条件（机械的、气候的）、更高的可靠性以及要求在战争条件下的工作能力。从EMC的角度看，这包括几种核电磁脉冲（NEMP），另一个威胁是蓄意的电磁干扰（IEMI），尤其旨在干扰或破坏电子系统的高功率微波（HPM），HPM可被视为IEMI的一种特殊情况。军用车辆要经受更恶劣的环境条件，因此，EMC相关规范也必须考虑这些条件。在安全性分析中也将IEMI作为与部件故障类似的失效方式，例如将FMEA修改为威胁情景、影响和严重性分析。

NEMP可能是核爆炸附近的附带影响，也可能是大约在100~500km之间的高空电磁脉冲（HEMP）爆炸引起的。后一种情况下，地面上没有直接的破坏，但是在很大表面上的电子系统被扰乱并被部分破坏。一方面，NEMP电场强度可以超过50kV/m；另一方面，上升时间约为几ns（典型的测试脉冲在5ns内从峰值50kV/m的10%上升到90%），因此更易于发生类似突发脉冲的电容耦合。由于幅值较大，NEMP具有很高的破坏性。有一些非NEMP炸弹可以部署在更接近目标的位置，虽不会造成进一步的重大破坏，但对电子设备的影响却是相似的。关于测试和仿真，IEC 61000-4系列中有几个部分（23、24、25、32、33、35和36）。全世界只有很少的辐射NEMP测试公司，典型的如Marx发生器将能量释放到波导中，不过传导NEMP的脉冲发生器则更多。

HPM是像发射器一样的纳秒脉冲雷达，其峰值功率高达太瓦（TW）范围。

乍看之下，在许多法规中军用车辆不是消费品，似乎对功能安全性有所放松，但如果技术缺陷导致损害，那在事实上和法律后果上都是相似的。因此，不考虑车辆的功能安全技术水平将是严重失职。

真正的放松是军用车辆舒适度要求低得多，在某些方面大大简化了设计（但车上经常有其他系统，例如军用雷达系统又使它复杂化）。

设计军用车辆时，有一套自己的标准要考虑。最著名的标准是美国军事标准（MIL-STD），大多数北约军队海军和空军均采用它。除军事标准外，美国国防部还提供其他与 EMC 有关的文档，例如技术规范和手册。许多北约标准（STANAG）受到 MIL – STD 的影响。关于 EMC，最相关的是 STANAG 4370[181]，它是其他参考文献的集合，其中包括了 AECTP – 500[180]。除了 MIL – STD 或 STANAG，一些国家还有其他标准，例如德国的"Verteidigungsgerätenormen"（VG）或英国的"国防标准"，这些其他标准失去了重要性，因此，尽管形式上不是，美国 MIL – STD 实际上是事实上的北约标准。另一趋势是针对国家标准，欧盟努力建立国防设备的自由市场。

军事解决方案需要高效节能，因为战争条件下的燃料供应比民用道路交通燃料供应更具挑战性，效能低下会导致热量损失，从而造成车辆的热特征。

# 第8章 建模和仿真

在产品开发过程中,诸如半电波暗室之类的资源有限,测量非常昂贵。通过计算机仿真测试设置甚至道路实际情况却很简单,但不应忘记,模型的建立需要付出一些精力,才能完成值得信赖的仿真。最后,模型需要验证,一般通过测量完成验证。因此,对于单一用途建模可能会比直接测量更为昂贵,但模型建好后可以在之后的项目阶段或其他项目中重复使用,同时还可以帮助加深了解。即使是好的模型,也会与实际情况有所不同,因此,仿真完全替代测量和测试(尤其对于合规性)是不现实的。在一些情况下,认为仿真可以避免设备成本的想法可能会跟软件的许可费用相悖。虽然也有很多免费软件,它们使用和商业软件相同的算法,但是商业产品使用起来更舒适而且学习速度更快。目前,一些软件包隐藏了它的算法,所以很难详细了解结果如何计算的。一些免费软件的源代码是开放的,特别是对于学术而言修改的可能性也会很有趣。

## 8.1 建模基础

尽管计算电磁学(CEM)和计算机硬件取得了惊人的进步,但是复杂问题的计算时间仍需数分钟、数小时或数天。适合的硬件是减少计算时间的一种方法。许多处理器具有并行内核,进一步的并行化是使用多个处理器或多台计算机。许多显卡具有功能强大的图形处理单元(GPU)、非常适合加速数值问题,甚至有些专门用于在 GPU 上进行快速计算的"显卡"都没有图形接口。无论采取什么硬件措施来加速,硬件都必须得到软件的支持。通过并行能够实现多少加速通常取决于算法。举个例子,一组独立的微分方程组在并行硬件上求解比相同大小的耦合微分方程组更好。量身定制、经过深思熟虑的仿真通常比更快的硬件加速仿真更经济。

决定进行仿真之后,需要从众多不同的电磁仿真算法中进行合理选择。乍看之下它们都一样,都是直接或间接地求解麦克斯韦方程组。有许多方法可以用数值方法求解麦克斯韦方程组,错误的选择将影响仿真结果的质量和仿真所需的时间。EMC 仿真的标准方法是时域有限差分法(FDTD)(第 8.4.1 节)、有限元法(FEM)(第 8.4.3 节)、矩量法(MoM)(第 8.4.4 节)和有限积分法(FIT)(第 8.4.7 节),一些特殊情况下也可以考虑其他方法。实际上,有时使用熟悉的工具即使不是最适合某个特殊问题，也会更有效率。除经验外，资源的可用性（免费或商业软件、是否具有足够功能的计算机）是另一个要求。

对于复杂情况，通常没有一种最佳算法，因此如果软件具有适当的接口可以在不同求解器之间交换结果，则应考虑使用混合算法。一些软件包已经实现了两个或多个适合在一起的求解器，这种情况下，可以应用混合方法而无须担心两个求解器的接口和同步问题。一定程度上，在两个求解器间进行手动迭代也是可行的。对于较高工作量，可以使用适当的脚本语言（如 Python）自动执行任务。

选择算法之后，下一步是离散平面中的二维问题或空间中的三维问题。必须找到适当的空间分辨率，特别是对于时域方法，还要找到适当的时间步长。

对于粗糙结构，粗糙离散化就足够了，但精细结构需要精细离散化。最困难的是仿真具有精细结构的大尺寸物体，考虑该问题应对精细结构进行详细仿真，或者是否可以通过忽略细节将大尺寸对象进行平滑处理而不丢失关键特性信息。大多数算法允许对一个模型进行不同的离散化。这类场景也是典型的混合算法情况，可以将两种（或理论上甚至更多）仿真方法合理地组合。简化模型的另一种方法是检查是否可以使用任何对称性对模型进行分割。

通过对时间和空间的离散化，精度得以提高。但不幸的是，舍入误差在许多空间/时间步进累加中也增加了。那么存在一个最佳精度的转折点（通常不确切地离散化，但随着经验的增加，可以粗略地猜测出来）。低于最佳值，降低时间分辨率和结构分辨率会降低精度，而超过该值，舍入误差的累积也会降低精度。为了节省计算时间，通常合理的做法是保持低于最佳值。另一个问题是空间和时间离散化不能独立选择。例如波在较小的空间网格单元之间传播，则时间分辨率不能太大以免部分传播被忽略。如果 $c$ 是传播速度，$t$ 是时间步长，$x$ 是空间分辨率，那么库朗数（Courant number）

$$C = c \frac{\Delta t}{\Delta x} \tag{8.1}$$

不能超过 1。

一个特殊的建模问题是谐振。很难正确表示谐振的品质 $Q$，不同的算法也会产生最大的结果差异。特别是，如果频率步进太大，频域方法可能会跳过高品质谐振。在时域方法中，留出足够的仿真时间直到达到稳定状态非常重要。

在计算机模型中，几何特征通常彼此平行或垂直或与电磁波的极化平面平行或垂直，甚至一些测试原型也接近这些理想的假设。实际上，由于误差存在并没有纯粹的垂直或水平极化，所以真实的表现通常与仿真的有所不同。

如果仿真远场情况，问题不受限制（如金属盒）具有无限大的几何延伸。在这种情况下，沿着离散化网格的边界必须定义合适的边界条件。例如对时域有限差分（FDTD）使用吸收边界条件[177]，吸收波的形式类似于在边界后面有无限大的空间。边界太远计算时长会受到影响，但另一方面，如果边界太接近仿真对象，准确性可能会受到影响。

仿真的优势在于如果测量成本太高或无法完成，仍可以对这种极端情况进行建模。需要例如对极强场的仿真结果无法线性缩放，例如涉及非线性电路元件或在时域中仿真非常陡峭的脉冲。还有一些特殊情况，例如当车身已经变形或发生强烈机械振动（某些电容的话筒效应）时考虑气囊系统 EMC。这种特殊仿真的计算量很容易超出了普通 PC 的能力；这种情况下，常常需要进行多物理场仿真，如高度非线性的力学有限元分析和电磁有限元分析。

## 8.2 解析法

一些简单的情况下，通过解析法求解场问题是可能的。
静电场中，一种特殊的椭圆微分方程称为泊松方程

$$\mathrm{div}(\mathrm{grad}\phi) = \frac{\rho}{\varepsilon} \tag{8.2}$$

是有效的，其中 $\phi$ 是电势，$\rho$ 是电荷密度，$\varepsilon$ 是电场常数。当 $\rho = 0$ 时，可简化为拉普拉斯方程

$$\mathrm{div}(\mathrm{grad}\phi) = \frac{\partial^2 \phi}{\partial x^2} + \frac{\partial^2 \phi}{\partial y^2} + \frac{\partial^2 \phi}{\partial z^2} = 0 \tag{8.3}$$

第 4 章中，我们已经看到一些简单的磁性问题，如导体周围的磁场可以用解析法求解。

对于一般电磁场，只有极少数情况下能够通过适当努力进行解析。如自由空间中的波动方程

$$\frac{\partial^2 \boldsymbol{E}}{\partial x^2} + \frac{\partial^2 \boldsymbol{E}}{\partial y^2} + \frac{\partial^2 \boldsymbol{E}}{\partial z^2} - \mu\varepsilon \frac{\partial^2 \boldsymbol{E}}{\partial t^2} = 0 \tag{8.4}$$

$$\frac{\partial^2 \boldsymbol{B}}{\partial x^2} + \frac{\partial^2 \boldsymbol{B}}{\partial y^2} + \frac{\partial^2 \boldsymbol{B}}{\partial z^2} - \mu\varepsilon \frac{\partial^2 \boldsymbol{B}}{\partial t^2} = 0 \tag{8.5}$$

给出了电场强度 $E$ 和磁通密度 $B$ 的正弦解，但在 EMC 中，我们感兴趣的是更复杂的问题。

有时，格林函数可以用于解析解，也可用于数值方法，如 MoM（矩量法），依赖于格林函数。想象一下，如果需要计算导线在空间中 $P$ 点上的场，那么将导线分段，并将每个小线段的电流在 $P$ 点所贡献的场进行相加。在相加（积分）贡献场时，需要考虑每个线段与点 $P$ 的几何关系。我们得到电流贡献的积分，这就是格林函数。毕奥—萨伐尔定律就是一个例子。

## 8.3 半解析法

模式匹配，也称为本征模式扩展，是一种从光学中获取的方法，对波导结构很

有用。结构被切成具有恒定横截面的切片,场被认为是模式的叠加,这些模式可以局部求解麦克斯韦方程。在不连续处,散射矩阵描述了结构一部分的谐振的模式如何耦合到相邻部分。

术语"半解析"是可以阐释的,因此后文中的某些高频方法也可以归类为"半解析"。

## 8.4 数值方法

解析方法或半解析法仅在少数情况下,才能成功应用。本节中将简要介绍数值方法,它们是解决任何场问题的有力工具。

有许多可用的数值方法算法(表8.1)。整体来看,第一个问题是分类的标准,那么有三个标准是合理的。一个标准是时域和频域之间的区别,也有算法在时域和频域都能使用。第二个标准是区分在某些情况下显而易见的微分或积分方程法;对于某些与麦克斯韦方程式相去甚远的算法,这个方法不太明显。第三个可行的标准是几何尺寸和波长之间的关系。电磁学中许多经典的问题和算法的波长都在厘米或米范围内,几何尺寸则相似或更小。光学中,波长在大约100nm(可见光)范围内,几何尺寸通常在毫米和米之间,有时还会小一些。光学提供了许多可用的算法,这些算法也适用于大于 μm 或 mm 的波长,特别是在相应的几何尺寸情况下。

根据第三个标准排序对方法,首先是"小尺寸"方法,再是"大尺寸"方法(也称作高频技术)。有些算法能与其他算法很好地结合在一起,特别是小尺寸和大尺寸算法结合,能对具有小细节的大型几何模型进行建模。

表8.1 数值法

| 方法 | 低频(l)/高频(h) | 积分方程(i)/微分方程(d) | 时域(t)/频域(f) |
| --- | --- | --- | --- |
| 8.4.1 FDTD | l | d | t |
| 8.4.1 FDFD | l | d | f |
| 8.4.2 MCM | l | d | (t) |
| 8.4.3 FEM | l | i | f/t |
| 8.4.4 MoM | l | i | f |
| 8.4.5 FMM/MLFMA | l | i | f |
| 8.4.6 CIM | l | i | f |
| 8.4.7 FIT | l | i | t/f |
| 8.4.8 TLM | l | d | f/t |
| 8.4.9 PEEC | l | i | t/f |
| 8.4.10–12 GO/GTD/UTD | h | – | f |
| 8.4.13–14 PO/PTD | h | – | f |
| 8.4.15 射线追踪法 | h | – | f |
| 8.4.16 SBR | h | – | f |

## 8.4.1 时域有限差分法

微分形式的麦克斯韦方程式（4.1）和式（4.2）的方程具有一个时间微分，可以将其离散为时间差；另外，旋度算子可以在空间上离散。Yee 在他介绍该方法的论文中所述，空间被离散为规则的二次方或三次方网格[235]。电场和磁场值的网格交错排列，因此电场的每个离散点都位于磁场的相邻点之间，反之亦然。时域有限差分法（FDTD）在理论和实践上都很简单，因此已成为 CEM 标准方法之一。当需要离散精细的几何特征或倾斜的导电结构时，该方法就有了局限。扩展内容发表在文献[221]中。

对于局部离散，可以使用麦克斯韦方程的频域表示形式描述，但是这种有限差分频域法（FDFD）并不常见。

使用有限差分方法可以解决简单的静电场问题。这种情况下，使用单个网格离散拉普拉斯或泊松方程。

## 8.4.2 蒙特卡罗法

蒙特卡罗法（MCM）已成功应用于静电场问题，对于其他问题，该方法仍然处于实验阶段。如果不是需要计算整个场，只在某些点上计算该方法（MCM）是有效的。思路是从一个点随机开始直到达到定义的电势，重复该过程几次，近的电势比远处的电势更容易达到。如果实验数量足够大，则平均值近似于该点的真实电势。对于可能的方向的固定集合和固定步长或更多自由度有多种变化[202]。

必须要注意的是，MCM 是随机方法，但是要解决的问题是确定性的。因此，它不能与模式搅拌室的测量结果（第 9 章）进行比较，后者也是随机描述的。

## 8.4.3 有限元法

有限元法（FEM）的基本原理可以追溯到 19 世纪，文献[30]介绍了 FEM 在电磁问题中的数值应用。FEM 采用任意网格离散化空间，这种网格不一定需要立方体结构，并且可以局部细化更好地表示某些特征。通常（但非必须）在二维采用三角形，在三维使用四面体。以静电场作为最简单的应用为例，对于每个单元，都寻找在顶点处的电势以及可能的其他边缘点以最小化场能。这种方法可以扩展到电力学领域，也可以扩展到非电气应用，特别是力学上的张力和应变。该优化问题需要求解线性方程组以获得所需点的值，可以根据该点的值来计算完整的场。有关更多信息，请参见文献[10, 19, 203]。

## 8.4.4 矩量法

边界元方法（BEM）将偏微分方程转换为积分问题，并在离散边界处拟合条件以求解方程。特别是在电磁学中，积分公式称为 EFIE（电场积分方程），求解方法通常称为矩量法（MoM），它与 BEM 同义。

有多种理论可以从问题中得出 EFIE 公式，最常见的是以 Pocklington[66]命名的方法，该方法根据初始未知的电流密度来导出向量势（理论概念，其中磁通密度是向量势的旋度），然后从向量势导出场。如果 $n$ 是具有未知电流的线段或接线片的数量，则可以设置具有 $n$ 个方程式的线性系统来传递未知电流。该算法的效率在很大程度上取决于 EFIE 中矩阵系数的结构，那么所得线性方程组的求解很简单。

没有必要离散所有边界，只离散要考虑的表面，实际在大多数情况下离散线。

最简单的离散化是对一条无限细的线进行分割，但也可以对整个平面或弯曲表面离散，包括线表面。与 FEM 或 FDTD 相比，矩量法效率优势在于无须考虑整个体积，而只需考虑线或表面。离散化可以很好地适应精度要求，如有必要可以将通常分段的导线作为直径大于零对象划分曲面。

面上的电流模式可以由一些称为特征模式的正交基本模式组成。模式特征分析可以作为副产品从 MoM 建立的矩阵中得到。

### 8.4.5 快速多极子法和多层快速多极子法

对于远离观测点的场源，在一个表达式中考虑而非分开考虑，是合理的。这种快速多极子法（FMM）减少了复杂 MoM 问题的阶数，并能够实现显著的加速。对于有许多 MoM 基函数组合的大型结构，MLFMA（多级快速多极点法）可以显著减少内存需求和计算时间。因此，只需要完全计算局部交互，而远程交互可以在一组基函数之间计算，而不是在单个基函数之间计算。

### 8.4.6 围线积分法

围线积分法（CIM）[182]适用于夹在两个导电平面之间的平面问题（即三个维度中的一个与波长相比较小）。顾名思义，问题被映射到解决平面周围的一个围线积分。围线被离散为有限数量的端口。线性方程组的解产生端口的电压。

### 8.4.7 有限积分技术

有限积分技术（FIT）[232]将空间离散为电立方元和偏移磁立方单元，类似于 FDTD。与 FDTD 不同的是，麦克斯韦方程组不是转化为差分方程，而是以积分形式精确地对每个元进行求解。对于立方体元，它们表面上的积分是每个壁上积分的场的总和。对于复杂的几何图形，不需要正交元的扩展（非正交 FIT，non – orthagonal FIT NFIT）是有帮助的。FIT 在时域和频域都适用。

### 8.4.8 传输线矩阵法

波在自由空间中传播时，传播可以近似成空间中假想的波导阵列。这就是传输线矩阵法（TLM[162]）的基本思想。每个点在三维空间中有 6 个相邻的方向，由散射矩阵来描述。又由于需要考虑两个极化平面,每个点有 12 个而非 6 个流出波导,特征为 12×12 散射矩阵。除了最常见的表示法(其中的点称为压缩顶点)之外,还有其他较少使用的表示形式,例如,低阶节点交错网络接近问题的 FDTD 表示法。虽然散射矩阵是一个频域概念,但 TLM 也成功地应用于许多时域问题。

### 8.4.9 部分元等效电路法

部分元等效电路(Partial Element Equivalent Circuit,PEEC)法从 EFIE 中推导出传播路径上一个空间单元的集总无源元件的电等效电路[199]。由于这些等效电路与传输线等效电路相似,所以 PEEC 也适用于 SIPI 问题。等效电路建立后,利用 SPICE 等电路模拟器进行网络分析,可以得到时域或频域解。利用等效电路可以方便地将电路仿真与场仿真相结合。文献[200]很好地描述了实际应用。

### 8.4.10 几何光学

光学中,波长与几何特征相比通常很小。光的传播可以描述成直线(射线)。光线相互交叉,互不影响。这些是几何光学(GO)(也称为射线光学)的核心思想。

除了直线传播外,当光线进入具有不同折射率的两种材料(在光学中,如空气与玻璃之间;在电磁学中,如空气与塑料之间)的边界时,重要的现象是反射和折射。反射或折射的过程取决于边界上的入射角和折射率;其中有一个临界角,在这个角度上,来自密度更大的材料的光线沿表面传播(更准确地说,有一个 GO 没有考虑到的消逝波)。如果反射光线没有穿透材料,它会从与入射波相反的光滑表面以相同的角度反射回来。在穿透的情况下,会发生折射,即光线与边界面成不同角度传播经过边界。光学或电磁透镜的原理均基于折射。材料的折射率为

$$n = \sqrt{\varepsilon_r \mu_r} \quad (8.6)$$

更多细节可以从任何光学教科书中了解,Luneburg[170] 将 GO 与麦克斯韦方程组结合使用。

### 8.4.11 几何绕射理论

根据几何光学,阴影必然是完全黑暗的,这与我们在可见光下的体验相矛盾。惠更斯原理将光波前(与传播射线正交的直或弯曲的线或矩形平面)视为充满点状光源的线或面,这些点状光源也向射线轴横向辐射。所以光可以在一个角弯曲,这种现象被称为绕射,而几何光学(GO)不考虑这一点。虽然直接应用惠更斯原理有助于图形化地解决绕射问题,根据 Keller[163] 的,提出的几何绕射理论(GTD)以可计算的方式扩展了 GO。

## 8.4.12　一致性绕射理论

由于 GTD 分别考虑了通过的入射波、反射波和绕射到阴影中的波,所以 GTD 在靠近入射波和反射波之间的边界以及靠近阴影边界处无法提供准确的结果。一致性绕射理论（UTD）推导出一个考虑了这三个分区之间边界上的场连续性的表达式。因此,它归纳了 GTD 以在这些区域也提供更准确的结果[167]。

## 8.4.13　物理光学

与 GO 相比,物理光学（PO）考虑表面电流及其对电磁波的影响,因此可以更实际地对电磁波的散射进行建模,以消除直线上方的场分量。在 EMC 中应用较少,典型的应用领域是雷达和其他散射问题。

## 8.4.14　物理绕射理论

乌菲姆采夫（Ufimtsev）在 1957 年发现,PO 不能精确地表示边缘绕射场,原因是除了均匀的 PO 表面电流外,还有一个非均匀的表面电流分量。有了这些额外的电流,物理绕射理论（PTD）可以对楔形衍射进行更精确的建模。隐形飞机的发展推动了对 PTD 的研究[223]。PTD 几乎不用于 EMC 目的。

## 8.4.15　射线追踪法

射线追踪基于 GO,众所周知是一种用于逼真的计算机图形绘制的技术。在图形学中,视场由入射光线组成。这些射线直接从光源发出,或者已被多次反射。因此,每一束光线都直接或间接地从观众的眼睛追踪到它的源头,呈现出包括表面反射在内的物体的真实视图。同样的技术并不局限于可见光范围内的电磁波。每个位置的电磁场都被认为是来自各个方向的电磁射线的叠加,这些射线要么直接来自源,要么被反射一次或多次,因此射线追踪在仿真多径传播问题上特别强大。

## 8.4.16　弹跳射线法

文献［169］中,已经提出了弹跳射线法（SBR）来解决要求很高的散射问题,即开放腔的雷达横截面。按照 GO 的规则,物体被一束光线照亮,射线将散射到多个方向。PO 用于计算来自复杂反向散射的场。这项技术对不容易确定谐振模式的怪异几何形状尤其有用。

## 8.5　随机方法

一种随机测量方法是使用模式搅拌室。对于确定性问题,有一些内部使用随机方法的仿真方法（参见 8.4.2 节）,但是仍没有建立类似于模式搅拌室的方法,可以仿真处理随机场问题。实际上，仿真随机场唯一的方法是使用经典的方法，如带有随机参数分布的 FEM 或 MoM。这种尝试往往会花费不可接受的计算时间，所以在这方面仍有大量的研究显示一些进展，如文献［24］。

## 8.6 验证

只要底层算法收敛，仿真程序几乎总能提供彩色的场分布图。如果没有证据表明仿真结果就是真实的，那么仿真结果就是无用的，这种检查就称为验证。验证的程度取决于应用，对于某些仿真实验，只要知道结果是合理的就足够了，而在其他应用中，则需要确认结果是准确的。

验证需要在不同的级别进行。问题是否已适当地建模？算法是否产生正确的结果？如果一个算法刚刚被编码，也需要仔细地测试代码（软件工程中，这不是验证，而是模块或单元测试）。

为了进行验证，将结果与其他方法（至少是一种其他方法）的结果进行比较。而使用另一个带有相同算法的软件不算验证，除非是为了验证代码。合理的对比方法是测量、解析解或不同算法。测量与仿真区别最大，所以它有最好的机会发现有关问题的不合理假设，这些假设在应用解析解或其他仿真算法时可能仍无法被发现。

测量的缺点是成本高，设备的可用性有限，在某些情况下精度也较低。仅对少数原始问题，可以与解析结果进行比较，在这些情况下，准确性是很高的。通过简化假设，可解析解决的问题数量增加了，但会损失准确性。当模型需要被验证时，用仿真的方法来简化解析参考问题是不可接受的。使用另一种算法进行验证通常是最快的，但也是最容易出错的方法，因为在不同算法之间发生系统错误的风险很高。对于模型验证，这种方式通常是不够的，但是对于算法验证是有用的，特别是在参考方法有很大差异的情况下。

验证可能会显示出微小的差异，或甚至完全不同的结果。如果结果完全不同，可能是模型错误或者使用了不合适的求解器。如果只是数值上的差异，但特性相似，这两种方法都会有误差，我们最初不知道误差是如何在仿真和参考方法之间分布的。特别地，认为参考方法是完美的也是一种误解。

如果没有第二甚至第三参考可用，则在某种程度上可以对方法进行自参考。为此，以理论上可以理解的方式修改参数，并观察仿真，以查看其特性是否符合预期。为避免个人偏见的影响，应在验证实验开始之前写下预期的行为。

验证问题的重要性促使 IEEE 发布了标准 1597[86]，并补充了一个推荐实践[87]，其中有许多参考示例。该标准还支持的一种特殊方法是特征选择验证（Feature Selective Validation，FSV）[172]。

**特征选择验证**

　　FSV 是在 20 世纪 90 年代发明的[172]，后得以进一步发展[36,183]。最近两篇论文的一些作者也在设计 IEEE 1597 的小组中工作，所以在标准中也可以找到许多论文中的想法。FSV 的范围不是仅凭强大的、但难以再现的人类直觉来判断，而是采用一种正式的、定量的方法来报告仿真结果的正确性。长期以来，有一些众所周知的方法来比较数据集，如相关性，或不同的逐点误差度量（如平方逐点误差）。这些方法没有考虑到对人类理性来说显而易见的事情，例如，如果谐振看起来不同，它们就不能很好地区分。FSV 结合了几个标准以得到一个定量的评价。

# 第9章 测试和测量

测试的目的是发现产品的缺陷。有时人们会说相反的话，希望证实一切都是好的。作为一名汽车行业的年轻工程师，我曾在一次测试中热情地发现了一个关键问题。项目经理很不开心，要求重复测试。稍微改变测试条件，终于成功地不再重现故障了。大家都很高兴能按原计划进行，但问题仍然没有解决。只有暴露尽可能多故障的测试才值得付出成本。为了避免在交付前出现意外，在产品设计期间和之后进行测试是合理的。

在开发过程中的早期测试通常是依靠测试人员的经验以一种不太系统的方式进行的。随后的测试通过标准和法律（预先合规）来满足需求。在最后一步中，完成合规测试。合规测试与之前的测试相反，制造商真正的目标是证明对标准和法律的遵守（以及参考标准的社会和法规目标，以使不成熟甚至不安全的产品远离客户）。本章将说明早期研发的设备和方法，以及对通用标准的预合规和合规情况，如：

- EN 55012/CISPR 12（远场发射）[70]
- EN 55025/CISPR 25（近场发射）[72]
- ISO 7637（传导干扰的敏感性）1[142], 2[143], 3[144], 4（已撤销，由文献[151]代替), 5[154]
- ISO 10605（静电放电）[113]
- ISO 11451（车辆对辐射干扰的敏感性）1[114], 2[115], 3[116], 4[117]
- ISO 11452（部件对辐射干扰的敏感性）部分 1[118], 2[121], 3[122], 4[123], 5[124], 6（撤回），7[125], 8[126], 9[127], 10[119], 11[120]
- ISO 16750-2（供电线条件）[128]。

在非汽车领域，有大量关于测试的标准（尤其是 IEC 61000-4-x）和相关主题标准，例如环境（IEC61000-2）。某些汽车 EMC 测试标准在 IEC 61000 中具有非汽车同类标准（请参见表 9.1）。另一方面，除 IEC 61000 系列之外，几乎没有其他 EMC 标准相关的汽车标准。令人惊讶的是，与仿真相比，有这么多关于测量的标准，但是合规最终必须通过测量来说明而不是通过仿真。标准发布了好的做法，但通常不会发布导致这些做法的经验。因此，了解标准并且理解其背后的意图是有用的。

表 9.1　在汽车领域、通用领域和非汽车领域覆盖相似主题的标准

|  | 汽车标准 | 通用标准 |
|---|---|---|
| 抗扰性，突发脉冲 | ISO 7637-2，-3 | IEC 61000-4-4 |
| 抗扰性，低频 | ISO 11452-10 | IEC 61000-4-8 |
| 抗扰性，模式调谐腔 | ISO 11452-11 | IEC 61000-4-21 |
| 几种抗扰问题 | ISO 11452 | IEC 61000-4-3，-20，-22 |
| 供电线条件 | ISO 16750-2 | IEC 61000-4-14，-29 |

本书中，我们将通过以下方式区分测试和测量：测试发现故障或假设没有故障；测量得到物理值，也可以作为测试的一部分。这种情况下，将测量值与一个预定义的阈值进行比较，以决定一个 DUT（被测试设备）是否成功通过测试。例如，如果要测量 DUT 的辐射发射，则可以在不干扰测量的实际环境中操作这个 DUT，使用天线接收辐射，并从连接到天线的设备（例如接收器或频谱分析仪）读取值。如果要对其进行测试，可以将该读数与最大允许值进行比较。因此，测试最终不会产生物理值，而是一个简单的通过或不通过声明。也许我们把"通过"范围的一部分定义为"临界"，在某些工作条件下我们则接近于"不通过"。

测试条件下，DUT 操作可以通过功能性能状态分类（FPSC）进一步区分，例如：

- 工作正常
- 工作，与技术参数略有差异
- 不工作，但会自动恢复到正常性能，需要进行少量干预（如重置）即可恢复正常
- 需要更大的干预
- 损坏。

几种标准以相似但不完全相同的方式使用 FPSC。

敏感性或抗扰性测试会尝试 DUT 是否对传入的电磁干扰（EMI）做出预期的反应。这种情况下，成功或失败的测试定义是不同的。我们观察到 DUT 何时能否正常工作以及何时可能被破坏。"何时"通常指的是哪个振幅和哪个频率，可能还指哪个调制。因此，测量物理值是冲击 EMI 的幅度随频率的变化，因此也可以合理地称这种活动为测量，尽管现在感兴趣的物理值不是来自 DUT 的输出，而是输入到 DUT 的物理值。

必须指出，大多数法规规定的这些条件，其频率范围有限，不足以保证在较高频率干扰情况下的功能安全，例如雷达。也建议在人工老化和极端气候条件下测试 DUT。即使来自不同供应商的明显相同的零件，修改后也应重复测试。

## 9.1 EMC 测量

讨论测量时，我们必须定义测量环境、设备以及如何使用设备。

### 9.1.1 环境

我们注意到 EMC 测量的两个重要要求。第一个是真实的工作条件，DUT 部件必须像在汽车里一样工作，一辆完整汽车作为 DUT 必须像参与交通一样工作。典型的 EMC 测试的第二个要求，除了被测电磁波外，环境里应没有其他电磁波。为了功能安全，使用联合干扰进行测试是合理的，但即使在这种情况下，测量也必须是可重复的，来自测试环境的入射波必须被阻挡在外。如果我们测量发射，则必须确保这些发射直接来自 DUT，而不是 DUT 的反射或实验装置和外部的反射。为了测量电磁干扰，我们还必须避免其他因素对 DUT 的影响，电磁干扰源必须直接辐射。这些条件不可能完美的满足。此外，我们将了解一些技术，这些技术，不是避免反射而是有意使用反射（这种情况下，必须能够从统计学上描述反射）。如果我们在电磁封闭的环境中进行测量（例如在 TEM（横向电磁波）室中），则无须关心外部环境。在这种情况下，设置会决定内部环境。

对于车辆测试，很重要的一点是车辆可以在暗室内运行，因此它需要使用转台和排气装置。大多数情况下，被动试验台就足够了（甚至可以用自由转动的轮子安全地吊起汽车）。对于实际的驾驶条件，例如车辆动力系统的测试，测功机很有用。在汽车测试中，测功机指地板下的电动机驱动的滚轮，用以仿真斜坡、风和其他条件引起的行驶阻力，或拖动汽车仿真下坡行驶。在这种情况下，必须考虑来自测功机（以及排气鼓风机）的可能的干扰。汽车的安全固定装置应为电磁中性的，因此在 EMC 测试中，普通钢丝绳不是一个好的选择。

除了电磁环境，气候条件也必须考虑。一方面，一些测试标准要求一定的气候条件（通常是正常的室内条件）。另一方面，关于功能安全性，在极地或热带户外条件下的 EMC 测试提供了额外的见解。由于许多标准中的"正常"测试条件，因此几乎没有 EMC 设备可应对恶劣的气候条件。此类测试通常在可以测量气候条件但不会以可重复方式影响的户外进行。

#### 9.1.1.1 开阔场测试

一种可能的环境是开阔试验场（OATS）。测量在露天环境下进行。周围没有反射墙面，但地面上的反射是可能的。即使在偏远地区，OATS 也会受到环境干扰。高功率敏感性测试也像无线电台一样辐射到环境中，这可能会引发技术和法律问题。此外，OATS 受天气条件的影响，因此需要保护设备。某些天气条件（雨、雾）甚至可能影响测量。在某种程度上，OATS 可以使用电磁中性材料来防风雨。木头或塑料与电磁波的相互作用很弱，但即使是这些材料对电磁波也不是完全中性的,如果雨水或污物聚集在这些结构上,它们就不是中性的。汽车行业的另一个问题是原型车的外观保护。

### 9.1.1.2 电波暗室和半电波暗室

在屏蔽室内 OATS 的外部影响可以被强烈减弱,但是屏蔽室内反射了内部的电磁波,甚至可以产生谐振。由于这些原因,屏蔽层的所有内表面都可以覆盖吸收体(Absorber Lined Shielded Enclosure, ALSE)。解决方案就是一个暗室,因为吸收体会抑制回声(反射)。有两种类型的吸收体:指向室内的金字塔形电阻锥体(带有碳颗粒的泡沫塑料)和铁氧体砖。混合吸收体结合了两种类型。根据大多数汽车测试标准,铁氧体吸收体的频率范围限制在 GHz 以内,对于超出标准要求的频率的场景则需要用锥体。锥形吸收体反过来定义了一个最小频率,因为它们的大小是由波长决定的。吸收体的长度不一定是确切的波长,但是更短的吸收体衰减更小,因此实际上吸收体的长度是长度和吸收率之间的折中,一般在一个完整的波长以下。那么在 30MHz 以下,锥体变得过大。在地板上覆盖着锥体的室内很难工作,所以通常的解决方案是只覆盖墙壁和天花板,让地板保持平坦。这样的室称为半电波暗室(图 9.1),且被标准所接受(文献 [115,116,121])。实际上,它比完全电波暗室使用得更频繁。有时地板会被吸收体部分覆盖。DUT 必须暴露在来自不同方向的波中,因此转盘是有用的。

图 9.1 半电波暗室

常见做法是通过两个相对的天线的参照测量(NSA,归一化的场址衰减)来检查腔室的性能,在不同的高度扫描接收天线,以捕获地面反射波的不同干扰。

电波暗室和半电波暗室几乎可以建成任何大小。对于部件测试,在正常房间高度有几平方米就足够了。有较大的暗室,可容纳乘用车、商用车甚至通道式公共汽车。除了 DUT 尺寸之外,最大波长对于腔室尺寸也很关键。几乎所有锥体都由易燃材料制成,因此需要采取足够的防火措施。

### 9.1.1.3 电波混响室

电波混响室（也称为模式搅拌室或模式调谐室）的概念与电波暗室完全相反。适用于反射电磁波。将 DUT 暴露于反射波或测量来自 DUT 的反射波很难重现，为此，在腔中引入了涡流或振荡壁等搅拌机制，使腔的反射模式发生随机变化。这样，在腔室的某一区域，DUT 从各个方向被照射，虽然单波路径不能再被重建，但统计分布是可重现的[23]。除了常见的机械旋流，还有更多的实验电子方法可以达到旋流效果，例如使用多根天线、频率搅拌或切换刚性导电板（图 9.2）。

定义可用体积和可用频率的标准不像定义 TEM 波那样明确（有关 TEM 波的定义，请参见第 4.2.1 节）。一种方法是通过在可用体积中的任意方向和位置上的场强的时间平均性来定义，另一种方法是通过随机参数的持久性来定义。众所周知，空腔的均匀场强也涉及传输功率。

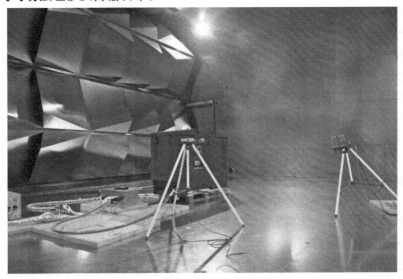

图 9.2 带振荡壁搅拌的电波混响室

在混响室中绘制随时间变化的场值与 OATS 或 ALSE 中绘制相同的场值非常不同。虽然在自由场条件下可以测量正弦场值，但在混响室内这种结果类似于白噪声。在腔室的可用区域内的不同点处，我们也会得到不同的信号。如果我们从这些明显混乱的图中提取一些统计数据，则会注意到，尽管存在各种差异，但平均值、最大值、最小值和标准差等统计参数几乎是相同的，在一定的空间内独立于时间和位置，这叫作统计一致性。文献［215］中给出了一个很有启发性的例子。

可以将电波暗室、半电波暗室或电波混响室与相对应的声学室进行比较。电波混响室和声学混响室的类比有直接的限制：电波室中几何尺寸与波长的比率通常较高。声学混响室使用锥形壁减少共振，使用可再现的声音分布进行校准，不依赖于旋涡的随机特性。电波混响室是为高品质谐振而设计的，因此最小功率输入可产生高场强,总是使用搅拌技术来达到随机分布。

实际上,唯一涉及电波混响室的汽车标准是部件抗扰度标准 ISO 11452-11。

## 9.1.2 设备

### 9.1.2.1 信号发生器和功率放大器

信号发生器必须提供所需要的频率范围,一般来说,传导发射的频率范围到 30MHz,辐射发射的频率范围到 2GHz 以上(许多商业设备可达 3GHz),并且必须提供所需要的功率。在发生器功率不足的情况下,需要增加放大器。信号发生器提供正弦信号,以及幅度调制(AM)和相位调制(PM)应该能够符合许多标准并仿真现实的干扰信号。

如果发生器或放大器的输出不匹配,则部分信号将被反射。特别是某些射频(RF)功率平台可能会受到干扰或损坏。

### 9.1.2.2 示波器

示波器是各电子实验室的标配,在 EMC 中被用来记录瞬态信号。现在大多数示波器都是采用时域数字采样,经过模拟/数字转换后,用内部的微型计算机对采样进行处理,并在显示器上显示信号(或相对于另一信号)随时间变化的过程。

一些模拟/数字变换器的分辨率取决于采样率(动态分辨率)。周期信号每周期至少采样 10 次,采样率低于 2 次,就会出现混叠现象(原信号中不存在的频率)。

采样瞬态信号时,时间分辨率必须足够精细,以确保不会跳过瞬态事件或其相关部分。为了充分利用后处理选项,尤其是对于显示出感兴趣的细节的信号,对触发事件的时移需要存储大量数据,之后可以滚动浏览这些数据。

许多数字示波器都有内部的快速傅里叶变换软件,可以将时域信号转换为频域信号并显示频谱。对于一个真正的周期信号,FFT 是不太合适的,因为转换的时间窗必须将信号截断导致频域的卷积。许多示波器提供了不同的窗口形状的选项,以减少影响,最差的窗口是一个简单的矩形窗口,它会在频域中引起带 si 函数(正弦除以其自变量)的卷积。与真正的频域测量相比,另一个缺点是采样,这导致频域的循环卷积,如果信号没有正确采样,卷积频谱可能会重叠(混叠)。此外,FFT 增加了温和的数值误差。使用 FFT 进行时域测量的优点是可以很容易地捕获瞬态事件。

示波器配件是电压探头或电流探头。普通的便宜电流探头在电流额定值方面一般是足够的,但在所需带宽方面就不够了,因此对于 EMC 测量而言,特殊的、更昂贵的探头或 Rogowski(洛氏)线圈是必要的。电流探头要么是类似于 Rogowski 线圈的线圈(但带有铁磁心),要么是使用霍尔元件,因此也可以测量信号的直流分量。Rogowski 线圈缺少铁芯可避免过电流情况下由于饱和和退磁损坏引起的非线性;没有几何形状的缺点是精度较低。示波器制造商提供的电流探头有时会带有附加的编码触点，这些触点相配于示波器插孔上的触点。通过这种方式，示波器识别探头并直接显示测得的电流，而无须手动转换示波器的输入电压。

对于瞬态测量，除了示波器的高输入电阻（通常为 1MΩ 或更高）外，还需要考虑输入电容（通常为 10~20pF）。如果使用电压探头，则需要仔细校准。某些示波器可以使用频谱分析仪将输入阻抗切换为 50Ω，在这种情况下，附加电容通常可以忽略不计。

### 9.1.2.3 线路阻抗稳定网络

如果 DUT 暴露于电磁场、ESD（请参阅 4.7 节）或在实际工作条件下产生干扰，则具有可复现的电源连接（类似于汽车中的电源网络）非常重要。这就是电源和 DUT 之间的线路阻抗稳定网络（LISN）（也称为人工网络）的目的。尽管对于交流市电的测量也需要保护市电免受注入的干扰，但对于汽车测试来说，这不是一个问题，因为通常 DUT 是由汽车电池供电，有时也由连接市电的直流电源供电。

图 9.3 展示了 LISN，它适用于最常见的汽车标准，例如 CISPR 25、ISO 7637、ISO 11452 和航空航天标准 DO 160。$L$ 和 $C_1$ 构成的低通滤波防止干扰流入电源。$R_1$ 提供了实际的电源阻抗。未测量时，$R_2$ 被 50Ω 替代。可以断开 $C_1$ 和 $R_1$ 的分支进行瞬态测量。对于

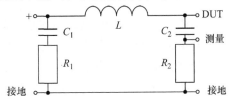

图 9.3 汽车和航天用 LISN（$L=5\mu H$，$C_1=1\mu F$，$R_1=1\Omega$，$C_2=100nF$，$R_2=1k\Omega/50\Omega$）

高压 LISN，$C_1=100nF$，有一个与 $C_1$ 并联的 1MΩ 电阻代替 $R_1$。

### 9.1.2.4 频谱分析仪和 EMI 接收机

测量可以使用示波器在时域中进行，也可以使用频谱分析仪在频域中进行；进一步的方式是通过 FFT 将时域测量转换为频域。频谱分析仪显示给定频率范围内的频谱，就好像窄带滤波器从起始频率到终止频率连续移动，而垂直波束偏差显示振幅。要建立具有所需属性的可调窄带通滤波是很困难的。因此，实际应用中、并没有移位窄带滤波器，但分析仪包含一个本地振荡器，它将输入信号与一个变频混合（超外差原理[201]）。所以信号在滤波器上移动，而不是反过来。滤波器的带宽通常是可变的，较小的带宽可提供良好的信号分辨率和较低的本底噪声，而较大的带宽可加快扫描速度（图 9.4）。

此外，当今几乎所有的频谱分析仪都有数字显示，其中一些甚至以三维图或彩色形式显示谱的时间演变。

类似的设备是 EMI 接收机，除了传统的信号平均外，它还具有另外两个检波器（即峰值检波器、准峰值检波器）和标准滤波器，它们可以选择性接收（解调）信号。EMI 接收机在将信号混频至中频（IF）之前具有高度选择性的滤波器，但也有具有这种预选功能的频谱分析仪。由于现代频谱分析仪功能不断增强，因此频

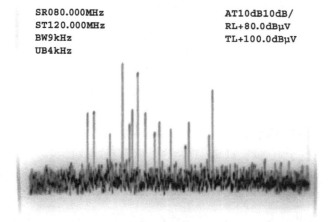

图 9.4 80~120MHz 收音机在频谱分析仪上显示的频谱（基线 -80dBμV，顶端 0dBμV）

谱分析仪与 EMI 接收器之间的传统区别已逐渐消失。

简单的峰值检波器是一个跨二极管充电的电容器。没有任何放电的话，电容器电压将永远保持其最大值。由于无线电干扰的主观感受不仅取决于峰值，而很大程度上取决于干扰事件的持续时间和频率，因此引入了准峰值检波器。它具有一个缓慢放电的电容器，并为高重复率的干扰提供较高的值。这些检波方案适用于模拟无线电，虽然数字通信方案的误码率仅与准峰值或峰值测量弱相关，但这仍是发射测量的通用方式。实际上，常通过运算放大器（OP）对峰值或准峰值检波器馈电，并且还有一个额外的复位电路。在峰值检波器中，电容电压通常在具有高输入电阻的另一个 OP 上读取，从而避免了高输入阻抗下的加速放电。一般的接收机都有符合 CISPR 16-1-1[71] 规范的检波器，在检波器输入之前，接收机的中频也指定为 200Hz、9kHz、120kHz 和 1MHz。

### 9.1.3 产生和测量传导干扰

有很多可能性将 EMI 耦合到线上进入 DUT 或测量来自 DUT 的 EMI。第一个问题是我们使用的是哪条线，我们可以检查每条线或一捆线对地（共模）或线间彼此（差模）。我们也可以把所有的线捆在一起，并把共模干扰加到线束中，还可以合理定义线路分组以注入干扰。对于传导发射测量存在相同的选择。

注入干扰或进行测量的方法也有很多。一种方法是将信号发生器或测量设备直接或通过电容器连接到线路上。其他方式有几种类型的耦合器，可以是一个像 LISN 的耦合网络。非常常见的是使用电流探头，探头不仅用于测量电流，而且还用于反向操作注入电流（大电流注入，BCI，图 9.5）。

实际上另一个仅有一家成熟制造商相对较新的选择是使用管状波耦合器（TWC）。TWC 是管状波导，从一侧馈电，另一侧端接。其中目标导线在管中同轴

图 9.5　BCI 线圈

居中,在目标线和管之间有固体电介质,介质不涉及铁磁性或铁磁性材料。

还有一些耦合设备可以模拟线束中的电容耦合,电容耦合夹具(CCC)就是其中之一。CCC 基本上是一个导体隧道,可以打开以将受扰线铺到其中。主要缺点是长度一般为 1m。尽管有长度,但总电容太小,无法将慢脉冲有效地耦合到一条线上。集总电容耦合设备可以制造得更小,并且具有更高的电容,但与在线束中延伸长度的耦合相比,把电容注入线路的单个点并不真实。

可以用示波器在时域中进行测量,也可以使用频谱分析仪在频域中进行测量(请参见第 9.1.2.4 节)。时域测量特别适用于瞬态事件,而对于谐波信号,在频域中测量可以得到更多信息。

## 9.1.4　产生和测量电磁场

为了进行敏感性测试,将 DUT 放入测量室中。信号发生器连接到 RF 功率放大器,RF 功率放大器给天线或波导足够大的馈电以覆盖 DUT。天线将电磁波辐射到室内,在电波暗室或半电波暗室中,天线在不同的位置指向 DUT。在电波混响室中,天线并没有在不同的、明确的位置上指向 DUT,但由于旋涡的缘故,DUT 以不同的方式随机被照射。

实际测量中,需要考虑更多细节。如果我们布置信号发生器、功率放大器和天线,我们不能准确知道 DUT 上的场,因此对入射场进行控制测量很有必要。通常,这种控制测量是通过杆状天线完成。这种测量方法可以用于无 DUT 的校准,甚至可用于磁场强度的闭环控制。这对测量质量很有帮助,有时还可以测量由于天线失配引起的反向功率以保护放大器。

对于发射测量,信号路径相反,来自 DUT 的场被天线捕获,然后由接收机或频谱分析仪测量(请参阅第 9.1.2.4 节)。

### 9.1.4.1 天线

天线将传导电信号转换为电磁场,反之亦然。由于这种互易性,我们将不单独探讨发射和接收天线。天线内部的附加电路会限制这种互易性。虽然天线看起来很简单,但有一门关于这个复杂任务的完整的科学叫作天线理论[12,219]。

对于 EMC 应用,重要标准是频率范围、方向性、阻抗匹配和极化。对于户外使用,非电气标准(例如尺寸和重量)很重要,但是汽车 EMC 测量通常在固定实验室中进行。在考虑损耗(由效率 $\eta$ 表示)和方向性 $D$(相对于各向同性辐射天线,见第 4.5 节)后,我们获得了在一定方向上的天线增益 $G$ 作为进一步的标准。

$$G = \eta \cdot D \tag{9.1}$$

在使用方向上,宽频率范围和高方向性/增益通常相互矛盾。对于信号传输,通常选择有限的频率范围内,在期望的方向范围内提供最大增益的天线。EMC 测试的标准不同,它需要扫描一个宽频率范围,所以宽带可用性通常要高于高天线增益。

许多 EMC 天线设计是直接与信号发生器和功率放大器的 $50\Omega$ 同轴输出端或频谱分析仪和接收机的相应输入端一起使用。否则,阻抗需要外部匹配。许多天线对称地馈电,它们需要通过平衡转换器[168]进行调整,以适应通常的非对称、同轴输入/输出。通常测量天线都有一个小盒,在盒子中阻抗匹配和对称匹配都是由相同平衡转换器完成的。关于极化,我们必须在更常见的线性极化或椭圆形(通常是圆形)极化之间进行选择。在线性极化或异常非圆形椭圆极化的情况下,极化平面的方向取决于天线的安装。

最简单的天线是杆状天线和环形天线。杆状天线产生/接收电场近场,在一定距离内,相对于电分量磁分量增加。因此,杆状天线是典型的电近场天线。有两种基本版本——对于 EMC 应用,四分之一波长($\lambda/4$)非对称单极子(图 9.6,左)和其他无线电应用的对称偶极子(总几何长度为半波长($\lambda/2$),如图 9.6 的右侧所示。实际上,并没有确切的一半或四分之一波长,因为即使在窄带应用中,频率和波长也可能会略有变化,并且杆的直径也会影响有效长度。也可以通过插入集总元件来改变长度,特别是电感器。理想情况下,单极子应安装在导电接地平面上,平面镜像使单极子像偶极子一样工作。在实践中,通常在单极子脚部周围布置一些接地的短线(径向),并将其指向下方 45°。这样,不需要其他电路即可将阻抗匹配至 $50\Omega$(接地平面天线,图 9.7)。

由于杆状天线是旋转对称的,因此在其整个轴周围具有相同的增益,但是在平行面周围具有较高的方向性。它们不向尖端方向发射,而是垂直方向上具有最高增

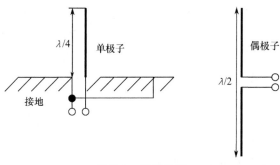

图 9.6  杆状天线

图 9.7  接地平面天线

益。在这个平面上,方向性强烈依赖于波长,因此它们对 EMC 的适用性是有限的。有源单极子的一种应用是在 kHz 范围频率上进行测量。暴露在敏感度测试的闭环控制中,杆状天线还常用作场传感器。一种特殊的杆状天线是套管天线,杆伸出接地的同轴套管。

折叠的偶极子看起来像是一个扁平的环,但像其他偶极子一样用作电天线。

与电场杆状天线相对应的是环形天线,周围有磁场近场。基本上,它是比波长小的圆形导体,因此沿其圆周的电流可以认为是近似恒定的,回路可以被认为是一个简单的电感。如果环路是一个精确的圆，则理论上在其回路平面周围没有方向性（实际由于馈电点存在，存在一些方向性）。与环路平面正交的强方向性使其适合检测干扰源。环形天线不一定要有一个环，它可以是带有多个回路的线圈，在专业天线中通常被屏蔽以抵抗电场，并在一个普通的橡胶或塑料环中受到机械保护。还有一些小的球形版本，内部有三个正交环。

图 9.8 所示一个小环形天线的原理。实际上，它有几种变化。一个变化具有两个对称端口和一个单独的屏蔽接地端口，屏蔽和环路之间没有内部连接。另一个非常常见的变化是在端子附近有屏蔽间隙，环路在此处焊接进行屏蔽。可能还会有其他变化。

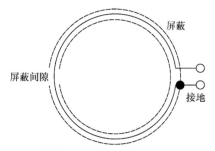

图 9.8 小环形天线原理图

除了小环路外，还有一些谐振环路，其周长约为波长。它们不一定是圆形的，无线电爱好者使用的是每边 λ/4 的二次环路（四边形），它们的属性与小环路有很大的不同，并且几乎不用于 EMC。

典型的 EMC 宽带测量天线是如图 9.9 所示的双锥天线。顾名思义，理论上讲，它们由两个圆锥形组成，两个圆锥形的尖端在馈电点相连。在实践中，锥体不是大块而是由杆组成，为了力学稳定性，杆也连接在锥体的开口端。还有扁平的双锥形天线（称为蝴蝶结天线或蝶形天线），可以在印制电路板（PCB）甚至单片微波集成电路（MMIC）中实现，但很少用于 EMC 目的。双锥天线的频率范围从 10MHz 到 GHz，一个天线通常可以覆盖多达两个频率段，它们的方向性类似于半波偶极子。

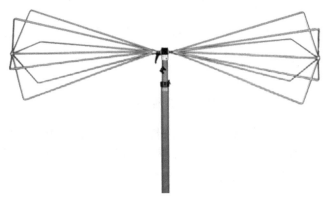

图 9.9 双锥天线

另一种宽带天线是对数周期天线（在实验室记录中），它是带宽和方向性的折中方案（图 9.10）。它们带有互相连接的偶极子，其中相邻的两个偶极子之间的极性改变。偶极子之间的距离向尖端方向呈对数减小,偶极子长度也随之减小,从而呈现三角形轮廓。

图 9.10 对数周期天线

对于 GHz 频段,喇叭天线很常见。它们基本上是开放的波导,通常由一个较小的内部杆状天线馈电,并最终进入扩大的漏斗,从而避免在辐射到自由空间之前反射。为了达到 EMC 目的,由于带宽原因,使用了如图 9.11 所示的带有脊的喇叭天线。

图 9.11 喇叭天线

对于圆极化,使用如图 9.12 所示的锥形对数螺旋天线。增益降低后,它们也可以接收线极化的信号,并不需要旋转。

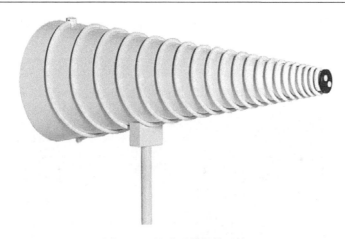

图 9.12　锥形对数螺旋天线

除了这些标准天线类型，许多制造商都有特殊的设计，大多数情况下以增加带宽为目标。

### 9.1.4.2　线馈测量波导

天线的一种替代方法是使用足够大的线馈波导，将 DUT 放入其中。这些波导中，TEM 室[33]和 GTEM 室是完全封闭的，因此不需要电波暗室这样的特殊环境。其他如带状线之类的未完全封闭。自建的 TEM 室有时不带侧壁即可实现（文献[213] 显示了一个示例，如何轻松地从 PCB 上构建小型 TEM 室）。图 5.1 显示了不一般的 TEM 室设计。在这些波导内部，有特征阻抗为 377Ω 的 TEM 波。

TEM 室是具有矩形横截面的波导，矩形壳体接地，中心金属板（隔板）连接到馈线。

为避免出现特性阻抗突变，从馈电电缆到可用横截面的过渡应是锥形的，TEM 室之后，另一条锥形线连接到带端接电阻的末端连接器。图 9.13 中的场分布非常理想，尤其在拐角处，真实场会扭曲，DUT 及其连接线也会改变该场。虽然室内部的远场的特征阻抗为 377Ω，但由隔板和壁组成的整个传输线的特征阻抗都具有较低的特征阻抗，通常约为 52Ω（空）或内部有 DUT 时接近 50Ω。

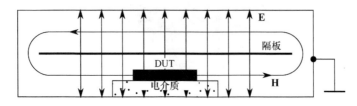

图 9.13　TEM 室中理想的电场（E）和磁场（H）横截面

简化的 TEM 室是带状线，其中横截面仅使用 TEM 室的上半部分，侧面是开放的。特别是对于预合规，GHz 横电磁波（GTEM）室很常见。它们的横截面类似于 TEM 室，但隔板紧靠在上壁下方，为下面的 DUT 留出了更多空间，且几何尺寸在主体上不是不变的，从宽端到馈端连接器呈线性变窄，终端壁衬有吸收体。除了这些广泛使用的解决方案外，一些制造商还提供任何标准都未涵盖的特殊几何形状。

对于抗扰度测量，将信号发生器连接到馈电线，并将 DUT 放置在室内部。对于没有内部端接的小室，输出端口需要用特性阻抗端接。对于发射测量，将小室反向使用，频谱分析仪连接到馈电线上。

## 9.2 整车测试

### 9.2.1 受扰

有些法规不需要进行抗扰性测试，但即便如此，质量和功能安全性也可能需要。根据 ISO11451 进行的整车抗扰度测试与其他抗扰度测试没有太大区别。

ISO 11451-1[114] 定义了术语和一般测量条件。ISO 11451-2[115] 描述了车外发射机的抗扰度测量，ISO 11451-3[116] 则是车内发射机的抗扰度测量。ISO 11451-4[117] 描述了 BCI 测试。SAE J551 的第 11、12 和 13 部分内容几乎相同，以支持 ISO 标准中已被撤销的内容。一个制造商标准是 GM9112P[62]。

ISO 11451-2 的典型布置是在半波暗室内用辐射天线面向转台上的汽车。或者，由传输线产生场，例如，具有相应尺寸的带状线，可将汽车放置其中。传输线也在半波暗室中工作。校准在将汽车放入装置之前进行，并将场强参考到前馈功率，测量时还应记录反射功率。标准中定义了汽车中的参考点，天线到参考点的最小距离为 2m，到车身任何部位的最小距离为 0.5m。如果场是由传输线而非天线产生的，则到参考点的最小距离为 1m。适用频率范围从 10kHz 到 18GHz，这远远超出了大多数法规。

为了仿真 ISO 11451-3 的内部发射机（如移动电话、专业移动无线电、CB（市民波段）和业余无线电）的影响，将汽车置于电波暗室中，或者允许的话放在 OATS 中。该标准将发射机与车内天线和外部天线区分开。标准中未提及车窗集成天线，但是将车窗天线作为车身的外部原始天线一样对待是合理的。测量、可以使用原天线或测试天线。与 ISO 11451-2 相反，没有指定测试信号。另外，具有真实发射机或模拟集成发射机的真实行为很重要。有些发射机（如手机）在屏蔽室内的工作异常，对这些设备进行软件修改可以解决这个问题，但并非总是可行的。或者，可以将模拟通信对象（例如模拟移动电话基站）放入室内。适用频率范围为 1.8MHz～18GHz。

ISO 11451-4 模拟了 BCI 向汽车辐射干扰的影响。到靠近 DUT 的线束中注入的电流表示干扰辐射下的电流。

一个实际问题是找出这些真实的注入电流,将功率增加到最大可能功率是合理的。标准建议了在 25~100mA 之间的几种电流级别。适用频率范围从 1 到 400MHz,因此仅使用 BCI 覆盖大多数法规要求的整个频率范围是不可能的。具有功率放大器的信号发生器将射频功率通过 BCI 线圈注入线束,注入的功率要被监控。在注入线圈和 DUT 之间有第二个线圈来测量注入电流。注入线圈必须先在包含 50Ω 线缆且具有规定电流的屏蔽、同轴夹具中校准。

## 9.2.2 发射

根据 EN 55012/CISPR 12[70] 的发射测试可以被认为是相似设置的 ISO 11451-2 的受扰测试的相反情况,此时天线被用来接收电磁波。测试可以在 OATS 或 NSA 认证的电波暗室中进行。在 150kHz~30MHz,使用垂直单极子天线;30~200MHz,使用双锥天线;对于 200~1000MHz,则使用对数周期天线。另一种方法是使用调谐偶极子天线。测试距离通常为 10m 或 3m。对于宽带噪声,使用准峰值或峰值检波器。如果 DUT 没有通过一种检波器的测试,那么更换检波器可能是通过测试的一个快速方法,但是可能会留下未解决的问题。对于窄带发射,使用平均值检波。对于宽带和窄带发射,所接受场强均随频率增大而增大。

特殊发射测试是 EN 55025/CISPR 25[72],该测试应确保车上的接收机不受干扰。它与 ISO 11452-3 受扰测试相对应。对于电波暗室中的整车,使用与 CISPR 12 中相同的天线。为了测量某个部件的发射,可用到 TEM 室。对于来自部件的传导发射,可以使用电压法或电流探头法测量。由于反射强烈影响发射测量,因此对标准中指定的腔室有要求。测量过程先使用峰值检波进行窄带测量。如果符合主要与干扰接收机有关的窄带限值,则测试通过。否则,如果峰值检波与平均检波结果有 6dB 以上的差异,则假设发射为宽带,那么必须将宽带限值作为通过目标。

CISPR 25 还包括 150kHz 到 108MHz 的典型的收音机频段的传导发射。使用图 9.3 中的 LISN 给 DUT 供电,如果需要的话,在正线和地线使用两个并排的 LISN。电压信号取自其中一个 LISN,另一个加 50Ω 终端。此外,标准还描述了线束上的电流探头测量方式。

尽管 ISO 7637-2 主要是关于受扰的标准,但也需要测量电源线上的传导瞬态发射。因此,根据图 9.3,在断开 $C_1/R_1$ 支路的情况下,通过 LISN 为 DUT 供电。为了仿真车内的其他电子控制单元(ECU),在 DUT 的电源端子之间连接了具有实际阻值(未指定则为 40Ω)的分路。用带电压探头的示波器测量瞬态。测量设置距离地面 50mm。聚苯乙烯与其他塑料材料相比,介电常数低,可以手动加工,是一种适合的定距材料。如果 DUT 在车内接地，也应该在测量中进行接地。

## 9.3 子系统和 ECU 测试

### 9.3.1 辐射受扰

ISO 11452-1 定义了术语、对以下各部分进行了概述，并描述了后面各部分的测试条件。所有测试必须在 23.5℃ 左右、13.5V 电源电压情况下进行。调制方式为 10kHz 到 18GHz 的连续波（CW），10kHz 到 800MHz 的 AM（模拟广播服务）和 800MHz 到 18GHz 的 PM（特别是模拟移动通信）。DUT 端应按实际加负载。在测量之前没有 DUT 的情况下测量场（替代方法），或者在测量过程中使用场传感器做闭环控制（闭环校平）。

ISO 11452-2 中提出的方法是在电波暗室进行测量，类似于整车的 ISO 11451-1 测量。此方法适用于 80MHz~18GHz，将 DUT 和线束以及连线测试装置放在接地平面上方 50mm 处，一方面，使用传感器和执行器的实际环境是合理的，但另一方面，应将传感器和执行器的电磁影响降至最低。

对于电源，使用 LISN。DUT 由 RF 发生器（必要时使用放大器（在暗室外部））和室内的双锥天线、对数周期天线或喇叭天线辐射。天线距离线束 1m，建议场强为 100V/m，但实际上常使用更高的场强，典型如 200V/m。

ISO 11452-3 建议将 DUT 放入 TEM 小室中。频率范围为 10kHz~200MHz。DUT 位于支撑介电上，以便将其放置在地板和隔板之间的中央三分之一处。

所有连接 DUT 的必要的电源和信号从侧面通过小室，并进行低通滤波。在小室内部，这些连接线应放置在小室地板上的屏蔽线束中（并在电介质支架上垂直爬升），以达到与 DUT 的最大耦合。该标准描述了一种替代方法，可最大限度地将场与线束耦合。在这种情况下，从小室连接器到 DUT 连接器使用倾斜、非屏蔽线缆或 PCB，建议场强为 200V/m。

ISO 11452-4 提出了两种在不使用天线的情况下激励线束到 DUT 的方法。一种 1~400MHz 的方法是 BCI（请参阅第 9.1.3 节）。在该标准的后续中，增了从 400MHz 到 3GHz 的 TWC（也请参阅第 9.1.3 节）。两种测试设置都搭建在接地平面上，并通过 LISN 供电。对于 BCI，在注入钳和 DUT 之间靠近 DUT 端子处放置一个额外的测量探头。

ISO 11452-5 提出了 10kHz~400MHz 之间的带状线法。将电缆线束纵向放置在带状线的中心，并位于导电平板上方 5cm 的高度，最小长度为 1m。DUT 及其外围设备（包括 LISN）放置在带状线外侧的绝缘支架上。

使用平行板天线的 ISO 11452-6 已撤销。

ISO 11452-7 建议在 0.25~500MHz 直接注入射频。在所需的频率范围内电源线和外围线通过宽带人工网络（BAN）连接，宽带人工网络不同于一般的 LISN，在附录标准中进一步说明 BAN。整个设置再次放在没有典型线束的接地平面上。在 BAN 处将通常 2.5W 的射频功率（在衰减器之后）通过电容注入 DUT 线路中。BAN 和 DUT 之间的连接不得超过 150mm。

ISO 11452-8 描述了 15Hz~150kHz 磁场的抗扰性测试。使用符合 MIL-STD 461F 的环天线[227]或赫尔姆兹线圈对产生磁场。DUT 置入均匀场中，尽量减少对线束的影响。测试设备必须与场保持安全距离。监视产生的电流，并将控制回路引入磁场。最大测试电平为 1kHz 以下的 1000A/m，降低至 10kHz 以上的 10A/m。

ISO 11452-9 描述了针对便携式发射机（如移动电话）的抗扰度测试。ECU 布置在 ALSE 中，电源和 LISN 在导电平面以上，受到来自便携式设备（模拟）的窄带发射的影响，便携式设备由靠近设备的天线表示，套筒天线非常适合该目的。信号发生器/放大器应位于暗室外。

ISO 11452-10 是关于传导受扰的标准，但在 ISO 11452 的其他部分中也被考虑。关注主题是抗低频干扰的能力。15Hz 到 250kHz 的频率范围在标准中称为"扩展音频范围"。隔离变压器被放置在 ECU 及其电源或传感器/执行器之间的线路中，用来驱动来自音频发生器和放大器的低频电流。注入功率最高为 50W。测量通过线路的电流和对地电压。

在 ISO 11452-11 中，使用了电波混响室。标准仅允许使用尽可能大的机械搅拌装置，不能进行电子调谐。照例，所有射频发生设备都位于室外。由于统计场参数不随工作空间变化，因此接收天线可以放置在其中的任何位置，且不应指向发射天线。在测量之前，必须检查 DUT 对场的影响。

如果 DUT 在车辆中接地，则应将其接地；否则 DUT 在接地平面上方或没有任何接地平面的情况下保持绝缘。DUT 由 1.5m 长的线束供电，线束的另一端有 LISN。根据标准测量可以在腔室的最低可用频率和 18GHz 之间进行。对于 CW 和 AM 测试，建议最高为 100V/m，脉冲调制最高为 150V/m。

### 9.3.2 传导受扰

近年来，已经重排了有关电源线的环境条件的 ISO 16750-2[128]和有关传导受扰的 ISO 7637[142-144,154]的标准结构。ISO 7637-1 是接下来各部分标准的术语表，关于高压线路的 ISO 7637-4 已被撤销，但正在使用新版本（通常不撤销 ISO 标准的旧版本，直到下一个版本发布时该版本仍然有效）。ISO 7637-5 比其他部分更新得更多。这种重排表明，将传导的受扰与供电环境条件分开非常困难。此外，还有厂家标准，例如 GM9105P[61]。ISO 7637 源于已撤销的德国标准 DIN 40839。

ISO 7637-2 是关于电源线上瞬态的标准。它建议进行如下测试：
- 传导发射（请参阅第 9.2.2 节）
- 测试 1：带并联电感的电源中断
- 测试 2a：并联负载的断开
- 测试 2b：电池附近并联运行的直流电动机的电源中断
- 测试 3a：负快脉冲
- 测试 3b：正快脉冲。

如果其中一些测试用例不可能发生，则可以省略相应的测试。此外，应检查是否会发生标准未涵盖的特定瞬态。测试通常在 18~28℃ 之间进行，这并不代表可以使用车辆的宽温度范围。电源电压也被控制在一个很窄的范围内，因此在对 DUT 出现强烈非线性甚至非稳态输入的情况下，必须考虑瞬态灵敏度变化的影响。测试假设 DUT 电源端子之间的阻抗低至 100Ω，针对阻抗较高的 DUT 标准还提出了建议。对于所有这些测试，脉冲发生器和 DUT 都布置在接地板上，使用电压探头和示波器测量脉冲。

用于标准化测试的脉冲发生器可在市场上购买。测量之前，应在有负载和无负载情况下验证脉冲。过去，脉冲发生器是通过 RLC 网络实现的。越来越多的脉冲通过数字合成并放大。因此，制造商或用户也可以实现标准外的其他脉冲，也可以通过这种方式重放测量的脉冲。

所有测试脉冲定义都包括 DUT 的电源电压 $V_A$（在脉冲的有效阶段被中断或在脉冲 2a、3a 和 3b 中被叠加）。$V_A$ 由脉冲发生器产生，或者由电池或直流电源产生。对于标称值为 12V 的情况，$V_A$ 在 13~14V 之间。对于标称 24V，它在 26~28V 之间。与标称电压相比，增加的电压表示实际电池充电电压，该电压也存在于车辆中，而车辆电压甚至可能略高。

如果电源中断，则与 DUT 并联的电感会产生危险的过电压。在测试 1 中，脉冲发生器将如图 9.14 所示的高压脉冲加在 DUT 的电源端上。

在标称电压为 12V 的电源系统中，参数为 $V_S \geq -150V$，$t_d = 2ms$，$t_r \leq 1\mu s$，内阻 $R_i = 10\Omega$。在标称电压为 24V 的电源系统中，参数为 $V_S \geq -600V$，$t_d = 1ms$，$t_r \leq 3\mu s$，内阻 $R_i = 50\Omega$。200ms 后，电源电压恢复其初始值，0.5s 后可以施加下一个脉冲，建议施加 500 次测试脉冲。

如果与 DUT 并联的负载被切断，则公共线缆中会感应出电压。在测试 2a 中，将这种感应过电压施加到 DUT 的电源端。它与测试 1 的主要区别在于极性及持续时间较短（图 9.15）。

在 12V 和 24V 电源系统之间没有区分参数：$V_S \leq +112V$，$t_d = 0.05ms$，$t_r \leq$

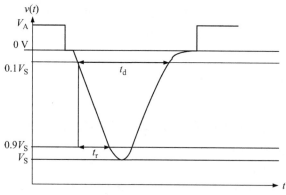

图 9.14 ISO 7637-2 测试脉冲 1

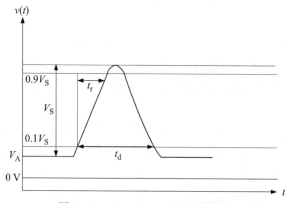

图 9.15 ISO 7637-2 测试脉冲 2a

$1\mu s$，内阻 $R_i = 10\Omega$。重复时间可以减少到 0.2s。建议施加 500 次测试脉冲。

测试 2b 考虑了正在运行的直流电动机的供电线中断的情况。这种情况下的测试脉冲（图 9.16）代表与电动机并联的 ECU 所承受的电压。除了感应之外，也考虑了电动机由于其惯性而缓慢降低速度，并且在没有外部电源时可以作为发电机。

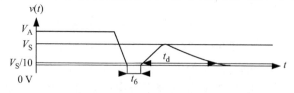

图 9.16 ISO 7637-2 测试脉冲 2b

参数：$V_S = 0.8$ 标称电压，$t_d = 0.2 \sim 2s$，$t_6 = 1ms$，下降时间（$0.9 - 0.1V_A$）0.1ms，上升时间（$0.1 - 0.9V_S$）1ms，内阻 $R_i = 50m\Omega$。

测试 3 仿真电快速瞬变（EFT），也称为突发。它们会在线路切换时发生，电压或电流会快速变化，特别是当开关弹跳时。在许多移动和静止应用中都会出现此问题。因此，IEC-61000-4-4 中定义了类似的非汽车测试。与相邻线的电容耦合（较少电感耦合）会导致难以重现的脉冲序列。测试脉冲代表一个坏情况，因为线束敷设引入了随机分布，很难定义最坏的情况。

测试脉冲序列 3a 的参数是 $V_S \geqslant -220V/-300V$（12V/24V 标称电压），$t_1 = 100\mu s$，$t_4 = 10ms$，$t_5 = 90ms$。一个脉冲的持续时间 $t_d$ 为 150ns（从 $0.1V_S$ 再到 $0.1V_S$），上升时间（从 0.1 到 $0.9V_S$）为 5ns。脉冲发生器的内阻为 50Ω。对于测试脉冲序列 3b，除 $V_S \leqslant 150V/300V$，都适用相同的参数。建议对每个极性测试 1h。

旧版本的其他测试脉冲 4（起动时的电压跌落）和 5（抛负载）现在已成为 ISO 16750-2 的一部分。

ISO 7637-3 是有关信号线上瞬变的标准（或在标准标题中使用"除电源线以外的"，来说明除模拟信号线外，数字通信线也是一个关注点）。该标准建议测试快正负瞬变以及慢正负瞬变。与 ISO 7627-2 的重要区别在于耦合方式，各测试脉冲直接供电给电源端子，汽车的电源线直接受到瞬态事件的影响。

信号输入经常受到线束中其他线（通常是电源线）的串扰的影响，因此 ISO 7637-3 提供了三种耦合方法可仿真线束中的容性或感性耦合：容性电流钳（CCC）、100pF 耦合电容用于快瞬变和 100nF 电容用于慢瞬变、感性电流钳。由测试者选择标准，但是至少采用两种方法，因为 CCC 仅适用于快瞬变，而感性电流钳只适用于慢瞬变。附录 A 展示了用于感性电流钳校准的夹具。

快瞬变测试类似于 ISO 7637 第 2 部分的测试脉冲 3。幅值较小，在 -60V/40V（对于标称电压 12V）和 -80V/80V（对于标称电压 24V）。与第 2 部分定义相同，$t_d = 100ns$（比第 2 部分更快）。以下时间与第 2 部分中的脉冲 3 具有相同的值：$t_1 = 0.1ms$，$t_4 = 10ms$，$t_5 = 90ms$。在信号线上，没有额外的电源电压 $V_A$，因此与第 2 部分相比，第 3 部分中的参考电平为 0（图 9.17）。

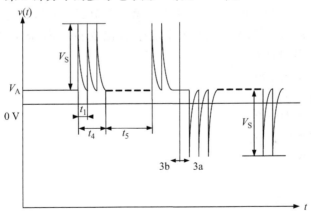

图 9.17　ISO 7637-2 测试脉冲 3

慢瞬变测试使用类似于 ISO 7637 第 2 部分的测试脉冲 2a 的脉冲，但具有两个极性。该测试取决于电容/电感耦合，标称电源电压（尽管测试在信号线上进行）

和四个测试电平之一，提供不同的峰值电压。

在最高测试严格度（称为Ⅳ级），标称电源12V，建议使用±30V。上升时间和持续时间与第2部分的脉冲2a相同，但允许较短的上升时间。重复率在0.5~5s之间。发生器的内阻也是2Ω，因此，与ISO 7637-2相同的脉冲发生器，如果两个极性都可用，不加电源电压的脉冲2a是可用的。

ISO/DTS 7637-4[151]沿屏蔽高压电源线（60~1500V）的瞬变仍有效，先前的标准已被撤销。在该电压范围内的主要EMC问题是电源变换器的使用。对EFT和浪涌的抗扰度被认为是不相关的。特殊的屏蔽LISN已被采用，这些是相对于地面的正负线的双LISN，整个测量设置也使用带接地屏蔽的电缆。测试用例：

- 测试A：方波纹波
- 测试B：正弦振荡
- 测试C：低频正弦波。

方波纹波由梯形测试信号表示，其上升和下降时间低于1μs，1~300kHz峰-峰值电压为50V，通常由变换器引起。

脉冲正弦振荡是对1~10MHz方波的反应性响应，模拟开/关键控正弦信号，持续时间最高达0.2ms，峰-峰值电压为100V。

此外，300kHz以下的低频正弦干扰通过相对小的25V峰-峰值电压（脉冲C）模拟。

第5部分[154]是关于上述脉冲的产生和验证的ISO技术报告，而ISO 7637的第2、3和4部分以规范的形式定义了包括测试脉冲在内的几种测试方案。

有关供电条件的另一个标准是ISO 16750-2，该主题与传导发射密切相关。与ISO 7637系列类似，ISO 16750-2定义了多个测试脉冲。其中一些曾经是ISO 7637-1第1版（最初测试12V电源）和ISO 7637-2第1版（最初测试24V电源）的一部分。ISO 7637测试脉冲发生器也支持一些ISO 16750-2测试。ISO 16750-2中的测试有：

- 4.2：电源电压范围
- 4.3：过电压
- 4.4：叠加交流电压
- 4.5：慢速电源电压变化
- 4.6：电源电压中断
  - 4.6.1：瞬时电压跌落
  - 4.6.2：电压下降时的复位
  - 4.6.3：起动期间的电压骤降
  - 4.6.4：抛负载
- 4.7：反向电压
- 4.8：接地和电源偏移

- 4.9：开路测试
- 4.10：短路测试
- 4.11：耐压
- 4.12：绝缘电阻。

第 4.1 节不是测试，而是一般性说明。

**电源电压范围**测试检查保持 DUT 正常工作的直流电压的上限和下限。常指定的最宽电压范围是：对于 12V 的标称电压，范围 A 为 6~16V；对于 24V 的标称电压，范围 E 为 10~32V。

**过电压**测试模拟的在炉内最高温度以下 20℃ 的发电机控制故障和室温下的跳线跨接起动。一个典型的跳线跨接起动例子是用一个 24V 的电池起动一个 12V 的车辆。

**叠加交流电压**测试通过 50Hz~25kHz 之间的正弦波扫描来调制增加的电路板电源电压。该测试模拟了耦合到电源网络中的信号，尽管不是正弦波，但也可以通过这种方式来模拟发电机的纹波。

**慢速电源电压变化**使电源以 0.5V/min 的速度缓慢变化，因此，如果 DUT 上有多个电源引脚，则它们都将由一个测试电压一起提供。电压从 0 开始缓慢增加。低于 DUT 的最低供电电压时，不能期望达到全部功能，但在达到正常供电范围后必须能恢复全部功能。

**瞬时电压跌落**持续 100ms，只有轻微的暂时偏离正确操作的偏差是可以接受的。

如果一个 ECU 内部没有集中协调复位的数字部件（例如看门狗），则不协调的部分复位可能会导致故障。因此，需要观察到**电压下降时的复位行为**。电压从最低电源电压下降保持 5s，重复此过程直到降至 0。

**起动期间的电压骤降**是一项测试，该测试已从 ISO 7637 – 1,2（脉冲4）的第 1 版移至 ISO 16750 – 2。在起动过程中，起动机将产生几百安培的电流，从而导致长时间的电源电压下降。由于起动机的短路电流，首先会出现骤降 15 或 50ms（12V 标称电源至少为 3V，24V 标称电源至少为 6V），然后是更长的时间（最长 10s），但在起动过程中跌落深度较小（图 9.18）。$t_7 = 50$ms，所有其他值均取决于测试等级，而测试等级又取决于额定电源电压、所需的反应（DUT 完全运行或干扰运行且可靠恢复）和电源电压范围。该标准定义了 7 个不同的值集，并给出了相应选择的表格。

由于转动活塞发动机所需的转矩会因气缸的压缩阶段而产生振荡，所以电流也会产生强烈的波动（顺便说一下，一些发动机测试人员会检查纹波的均匀性，以检测气缸是否存在压缩问题）。该纹波在以前的标准中被忽略，现在已成为测试的一部分，其中假设 $f = 2$Hz 和 $V_{AC} = 2$V。

当重负载被断开（**抛负载**）时，发电机内部的电压控制需要一些时间才能在

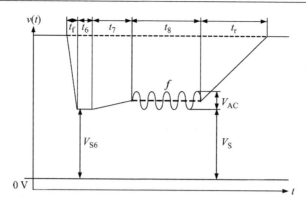

图 9.18　ISO 16750 起动期间的电压降

这些变化的负载条件下提供稳定的电源电压。在此期间,可能会发生浪涌。该脉冲来自 ISO 7637-1,2 第 1 版(脉冲 5)。考虑了两种情况,一种是无限制脉冲(测试 A),另一种是钳位脉冲(测试 B),钳位由中央电压限制器作用,例如发电机连接的整流二极管。在没有钳位的情况下,浪涌可以在标称 12V 时达到 101V,在标称 24V 时达到 202V。浪涌持续时间在 40~400ms/100~350ms 之间,上升时间约为 10ms。

**反向电压测试**将 DUT 在典型的汽车环境中互换电源连接端子,将其与典型车电压(14/28V)连接 1min。更换保险后,DUT 应重新工作。某些条件可能需要调整测试。

如果 ECU 具有多个电源/接地端子,它们不一定总是连接到相同的电位。在**接地和电源偏移测试**中,每个电源/接地端子与理论上具有相同电位的所有其他端子的偏移分别为 1V 和 -1V。DUT 应保持全功能。

**开路测试**将一个或多个端子与电源断开 10s。在此期间,DUT 必不能工作,但必须在恢复电源后立即恢复工作。

**短路测试**与标准中的其他测试不同,因为信号输入、信号输出和负载输出均短路。操作可能会受到干扰,但是在恢复正常状态后,DUT 必须重新恢复工作。对于有熔断的负载输出,可以接受更换熔丝以恢复工作。

通常开关感性负载引起的感应可能导致几百伏的过电压。在过电压 500V 情况下 1min 后,绝缘电阻不得低于 10MΩ。

ISO 11452 在其第 10 部分中描述了音频传导干扰。在 9.3.1 节中与标准的其他部分进行了讨论。

### 9.3.3　静电放电

除了 ISO 10605 外,还有厂商标准,例如 GM9109P[63] 和 GM9119P[63]。ISO 10605 提出了使用供电 DUT 在实际条件下(如车辆中)工作进行 ECU 测试、使用未连接的 ECU 模拟触摸操作的测试以及对在使用过程中接触到的有代表性的点进行静电放电（ESD）试验。所有测试中，均使用图 9.19 所示的 ESD 发生器，通常其电阻和电容都可调整。在放电电压较高的非标准预测试中，有时会使用电棒代替。

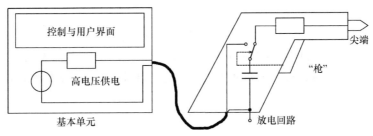

图 9.19　ESD 发生器和枪形手持设备

在第一种情况下，将 DUT 放置在水平耦合平面（HCP）上方，水平耦合平面是桌子上的导电平板，该平板需超出测试布置的尺寸。HCP 连接到 ESD 发生器的本地高压回路和电池负极。出于安全考虑，HCP 可通过电阻接地。如果 ECU 连接到车身，则在测试中也将其连接到 HCP，反之不连。ECU 通过线束连接至负载（如有必要）和供电电池。

通常将带布置的桌子放在地平面上。通过对外壳的接触放电、对外壳的空气放电以及与 DUT 附近的 HCP 接触的间接放电进行测试，以展现 ESD 场的影响。尽管没考虑在标准之中，但是厂商可能需要向线束放电，但是绝缘材料很难穿透，如果这样做的话，测量结果将很难复现。线束附近的 ESD，可能场会产生一定影响，尤其是在制造和维修过程中这是典型的情况。ESD 发生器使用 150pF 的电容和 330Ω 的电阻工作。

对于触摸测试，HCP 上只有 DUT，可能放在用于操作和包装的 ESD 耗散保护垫上。该测试适用于所有连接器以及两极性的外壳。ESD 发生器中使用的电容为 150pF。

整车测试是在驾驶员或其他使用者接触放电和空气接触发生的点上进行的。对于外部点，使用 ESD 发生器，电容为 330pF，电阻为 330Ω 或 2000Ω。标准建议测试电压最高为 25kV，厂商的要求还不止。

## 9.4　永久差距

不幸的是，测量方法，特别是标准化方法，往往落后于实际的技术问题。如果采用具有新的电磁干扰风险的新技术，或使用新的频段或新的调制方案提供新的无线电服务，那么采用这些创新的法规要求或标准还需要一些时间。为了开发高质量的产品，在法规和标准采用这些创新之前，留意并关注它们是一个很好的策略。有时管辖权会先于立法，因此缺乏相应法律并不意味着允许故意疏忽大意。当然，这种情况下，有时几乎没有经验可依靠。在少数情况下，可能会出现进一步的问题，先于标准的测试有时需要一些无法购买的设备，这种情况下，费时的自行修补工作仍是唯一的选择。另一方面，第一个采用者的经验为公司提供了制定新标准机会的优势。

例如在 2020 年左右推出 5G 电信标准。在不久的将来，大多数挑战可能将来自汽车和基础设施之间的无线网络（可能包括 5G）以及动力总成电气化。挑战也可能来自非汽车领域，如带入汽车中的设备或汽车附近的家庭/车库设备。

# 参 考 文 献

[1] Abbreviated Injury Scale, https://www.aaam.org/abbreviated-injury-scale-ais, 2015.

[2] AEC. AEC-Q100, Failure mechanism based stress test qualification for integrated circuits, 2014.

[3] AEC. AEC-Q101, Failure mechanism based stress test qualification for discrete semiconductors in automotive applications, 2013.

[4] AEC. AEC-Q102, Failure mechanism based stress test qualification for discrete optoelectronic semiconductors in automotive applications, 2017.

[5] AEC. AEC-Q200, Stress test qualification for passive components, 2010.

[6] Ashok K. Agrawal, Harold J. Price, and Shyam H. Gurbaxani. Transient response of multiconductor transmission lines excited by a nonuniform electromagnetic field. *IEEE Transactions on EMC*, 22(2):119–129, 1980.

[7] Automotive Industry Action Group (AIAG). *Design Review based on failure modes: DRBFM reference guide*. Southfield, MI, 1st edition, 2014.

[8] Verband der Automobilindustrie e. V. (VDA), Automotive Industry Action Group (AIAG). *AIAG-VDA FMEA handbook*. Berlin, 2017.

[9] Davide Andrea. *Battery management systems for large lithium-ion battery packs*. Artech House, Boston, 2010.

[10] Bruce Archambeault, Colin Brench, and Omar M. Ramahi. *EMI/EMC computational modeling handbook*, volume SECS 630 of *The Kluwer international series in engineering and computer science*. Kluwer Academic Publishers, Boston, MA, 2nd edition, 2001.

[11] Automotive Research Association of India. Vehicle certification overview, https://www.araiindia.com/services_certification_vehicles.aspx, 2018.

[12] Constantine A. Balanis. *Antenna theory: Analysis and design*. Wiley, Hoboken, NJ, 4th edition, 2016.

[13] B. J. Baliga. *Fundamentals of power semiconductor devices*. Springer, Boston, MA, 2008.

[14] B. J. Baliga. *The IGBT device: Physics, design and applications of the insulated gate bipolar transistor*. William Andrew, Amsterdam, Boston and Heidelberg, 2015.

[15] Issa Batarseh. *Power electronic circuits*. Wiley, New York, 1st edition, 2006.

[16] Keith H. Billings and Taylor Morey. *Switchmode power supply handbook*. McGraw-Hill Professional, New York, 3rd edition, 2011.

[17] Alessandro Birolini. *Reliability engineering: Theory and practice*. Springer, Heidelberg and New York, 6th edition, 2010.

[18] Barry W. Boehm. A spiral model of software development and enhancement. *Computer*, 1988.

[19] Anders Bondeson, Thomas Rylander, and Pär Ingelström. *Computational Electromagnetics*, volume 51 of *Texts in Applied Mathematics*. Springer, New York, 1st edition, 2010.

[20] Kai Borgeest. Car2x, a platform for wireless communication based assistance systems. In Hermann Rohling, editor, *Proceedings of the 4th International Workshop on Intelligent Transportation (WIT 2007)*, TUHH, Hamburg, pages 125–130, 2007.

[21] Kai Borgeest. *Elektronik in der Fahrzeugtechnik: Hardware, Software, Systeme und Projektmanagement*. ATZ/MTZ-Fachbuch. Springer Vieweg, Wiesbaden, 3rd edition, 2014.

[22] Kai Borgeest. Tested once, forever right? Influence of aging and temperature on susceptibility and emissions. In *2015 IEEE International Symposium on Electromagnetic Compatibility*, pages 271–276, 2015.

[23] Stephen J. Boyes and Yi Huang. *Reverberation chambers: Theory and applications to EMC and antenna measurements*. John Wiley & Sons, Chichester, United Kingdom, 2016.

[24] Heinz D. Brüns, Alexander Vogt, Christian Findeklee, et al. Modeling challenging EMC problems. *IEEE Electromagnetic Compatibility Magazine*, 6(3):45–54, 2017.

[25] CAN in automation. CiA 601, parts 1, 2 and 4 (part 3 coming soon), CAN FD Node and system design, 2015, 2017.

[26] CAN in automation. CiA 602, parts 1 and 2, CAN FD for commercial vehicles, 2015, 2017.

[27] Canada, Minister of Justice. Motor vehicle safety regulations: C.R.C., c. 1038, Consolidation November 2017.

[28] CENELEC. CSN EN 50148, Electronic taximeters, 15 September 1995.

[29] CENELEC. EN 50289-1-6, Communication cables – Specifications for test methods – Part 1-6: Electrical test methods – Electromagnetic performance, 22 March 2002.

[30] M. V. K. Chari and Peter P. Silvester. Analysis of turboalternator magnetic fields by finite elements. *IEEE Transactions on Power Apparatus and Systems*, PAS-90(2):454–464, 1971.

[31] Chi-Tsong Chen. *Signals and systems: A fresh look*. CreateSpace Independent Publishing Platform, Seattle, WA, 1st edition, 2011.

[32] CNCA. CCC-Homepage, http://www.ccc-certificate.org, 2018.

[33] Myron L. Crawford. Generation of standard EM fields using TEM transmission cells. *IEEE Transactions on Electromagnetic Compatibility*, EMC-16(4):189–195, 1974.

[34] Li Dailin and Li Xiang. Study of degradation in switching mode power supply based on the theory of PoF. In *2012 International Conference on Computer Science and Service System*, 2912:1976–1980, 2012.

[35] Daniel da Silva. Propriedates geraes. *Journal de l'Ecole Polytechnique*, 1854.

[36] Alistair P. Duffy, Anthony J. M. Martin, Antonio Orlandi, Giulio Antonini, Trevor M. Benson, and Malcolm S. Woolfson. Feature selective validation

(FSV) for validation of computational electromagnetics (CEM). Part I—The FSV method. *IEEE Transactions on Electromagnetic Compatibility*, 48(3):449–459, 2006.

[37] EACU. On electromagnetic compatibility of technical devices, http://www.eurasiancommission.org/ru/act/texnreg/deptexreg/tr/Documents/TehReg TS EMS.pdf: TR CU 020/2011, 2011.

[38] Wilson Eberle and Fariborz Musavi. Overview of wireless power transfer technologies for electric vehicle battery charging. *IET Power Electronics*, 7(1):60–66, 2014.

[39] Edouard Ngoya and Sébastien Mons. Progress for behavioral challenges: A summary of time-domain behavioral modeling of RF and microwave subsystems. *IEEE Microwave Magazine*, 15(6):91–105, 2014.

[40] A. E. Engin and Jesse Bowman. Virtual ground fence options for shielding power plane noise. In *2014 IEEE International Symposium on Electromagnetic Compatibility (EMC)*, pages 460–464. IEEE, 2014.

[41] Ali Emadi, editor. *Handbook of automotive power electronics and motor drives*, volume 125 of *Electrical and computer engineering*. Taylor & Francis, Boca Raton, 2005.

[42] ETSI. ETSI EN 302 663 Intelligent Transport Systems (ITS); Access layer specification for Intelligent Transport Systems operating in the 5 GHz frequency band, 5 July 2013.

[43] EU. EUR-Lex server, http://eur-lex.europa.eu/collection/eu-law/consleg.html, 2018.

[44] EUROCAE. ED-130, Guidance for the use of portable electronic devices (PEDs) onboard aircraft, 1 December 2006.

[45] European Community. Commission Directive 2001/116/EC of 20 December 2001 adapting to technical progress Council Directive 70/156/EEC on the approximation of the laws of the Member States relating to the type-approval of motor vehicles and their trailers: 2001/95/EC, 20 December 2001.

[46] European Community. Commission Directive 95/54/EC of 31 October 1995 adapting to technical progress Council Directive 72/245/EEC on the approximation of the laws of the Member States relating to the suppression of radio interference produced by spark-ignition engines fitted to motor vehicles and amending Directive 70/156/EEC on the approximation of the laws of the Member States relating to the type-approval of motor vehicles and their trailers: 95/54/EC, 31 October 1995.

[47] European Community. Commission Directive 2004/104/EC of 14 October 2004 adapting to technical progress Council Directive 72/245/EEC relating to the radio interference (electromagnetic compatibility) of vehicles and amending Directive 70/156/EEC on the approximation of the laws of the Member States relating to the type-approval of motor vehicles and their trailers: 2004/104/EC, 14 October 2004.

[48] European Community. Commission Directive 2005/49/EC of 25 July 2005 amending, for the purposes of their adaptation to technical progress, Council Directive 2/245/EEC relating to the radio interference (electromagnetic

compatibility) of vehicles and Council Directive 70/156/EEC on the approximation of the laws of the Member States relating to the type-approval of motor vehicles and their trailers: 2005/49/EC, 25 July 2005.

[49] European Community. Commission Directive 2005/83/EC of 23 November 2005 amending, for the purposes of their adaptation to technical progress, Annexes I, VI, VII, VIII, IX and X to Council Directive 72/245/EEC relating to the radio interference (electromagnetic compatibility) of vehicles: 2005/83/EC, 23 November 2005.

[50] European Community. Commission Directive 2006/28/EC of 6 March 2006 amending, for the purposes of their adaptation to technical progress, Council Directive 72/245/EEC of 20 June 1972 relating to the radio interference (electromagnetic compatibility) of vehicles and Council Directive 70/156/EEC on the approximation of the laws of the Member States relating to the type-approval of motor vehicles and their trailers: 2006/28/EC, 6 March 2006.

[51] European Community. Commission Directive 2009/19/EC of 12 March 2009 amending, for the purposes of its adaptation to technical progress, Council Directive 72/245/EEC relating to the radio interference (electromagnetic compatibility) of vehicles: 2009/19/EC, 12 March 2009.

[52] European Community. Council Directive of 20 June 1972 on the approximation of the laws of the Member States relating to the suppression of radio interference produced by spark-ignition engines fitted to motor vehicles: 72/245/EEC, 20 June 1972.

[53] European Community. Council Directive of 6 February 1970 on the approximation of the laws of the Member States relating to the type-approval of motor vehicles and their trailers: 70/156/EEC, 6 February 1970.

[54] European Community. Directive 2001/95/EC of the European Parliament and of the Council of 3 December 2001 on general product safety: 2001/95/EC, 3 December 2001.

[55] European Community. Regulation (EC) No 765/2008 of the European Parliament and of the Council of 9 July 2008 setting out the requirements for accreditation and market surveillance relating to the marketing of products and repealing Regulation (EEC) No 339/93: 2008/765/EC, 9 July 2008.

[56] European Parliament, Committee of Inquiry into Emission Measurements in the Automotive Sector. Report on the inquiry into emission measurements in the automotive sector: A8-0049/2017, 2 March 2017.

[57] European Union. Directive 2014/30/EU of the European Parliament and of the Council of 26 February 2014 on the harmonisation of the laws of the Member States relating to electromagnetic compatibility: 2014/30/EU, 26 February 2014.

[58] European Union. Directive 2014/53/EU of the European Parliament and of the Council of 16 April 2014 on the harmonisation of the laws of the Member States relating to the making available on the market of radio equipment and repealing Directive 1999/5/EC: 2014/53/EU, 16 April 2014.

[59] Mauro Feliziani, Salvatore Celozzi, and Kai Borgeest. SPICE Model of excited transmission lines with nonlinear loads. In D.J. Serafin, J. Ch.

Bolomey, D. Doupouy, editors, *1994 – Proceedings of the EUROEM94 International*, volume 2, 1994.

[60] FlexRay Consortium. FlexRay communications system electrical physical layer specification, October 2010.

[61] General Motors North America. GM9105P, Immunity to conducted transients EMC – component test procedure, 1 May 2008.

[62] General Motors North America. GM9112P, Immunity to Radiated Electromagnetic Fields (BCI Method) EMC – Component Test Procedure, 1 May 2008.

[63] General Motors North America. GM9119P, Electrostatic discharge sensitivity classification for packaging and handling EMC – component test procedure, 1999.

[64] David J. Griffiths. *Introduction to electrodynamics*. Cambridge University Press, Cambridge, 4th edition, 2017.

[65] Lino Guzzella and Christopher H. Onder. *Introduction to modeling and control of internal combustion engine systems*. Springer, Berlin, Heidelberg, 2010.

[66] Henry C. Pocklington. Electrical oscillations in wires. *Proceedings of Cambridge Philosophical Society*, 9:324–333, 1897.

[67] Klaus Hoermann. *Automotive SPICE in practice: Surviving interpretation and assessment*. Safari Books Online. Rocky Nook, Santa Barbara, CA, 1st English edition, 2008.

[68] Hong Kong Transport Department. Homepage, http://www.td.gov.hk/en/public_services/vehicle_typeapp_examination/vehicle_examination/index.html#3, 2018.

[69] IATF. IATF16949, 2016.

[70] IEC, CISPR. CISPR 12:2007+AMD1:2009 CSV, Vehicles, boats and internal combustion engines – Radio disturbance characteristics – Limits and methods of measurement for the protection of off-board receivers, 10 March 2009.

[71] IEC, CISPR. CISPR 16-1-1, Specification for radio disturbance and immunity measuring apparatus and methods – Part 1-1: Radio disturbance and immunity measuring apparatus – Measuring apparatus, 22 September 2015.

[72] IEC, CISPR. CISPR 25, Vehicles, boats and internal combustion engines – Radio disturbance characteristics – Limits and methods of measurement for the protection of on-board receivers, 27 October 2016, corrected 11 October 2017.

[73] IEC, TC 22/SC 22G. IEC 61800-3, Adjustable speed electrical power drive systems – Part 3: EMC requirements and specific test methods, 2017.

[74] IEC, TC 23/SC 23H. IEC 62196, Plugs, socket-outlets, vehicle connectors and vehicle inlets – Conductive charging of electric vehicles, 2014, 2016.

[75] IEC, TC 47/SC47A. IEC 61967, Integrated circuits – Measurement of electromagnetic emissions, 150 kHz to 1 GHz, parts 1 to 6, 2002 to 2017.

[76] IEC, TC 56. IEC 60812, Analysis techniques for system reliability – Procedure for failure mode and effects analysis (FMEA), 2006/pre-release 2018.

[77] IEC, TC 56. IEC 61025, Fault tree analysis (FTA), 2006.

[78] IEC, TC 56. IEC 61078, Reliability block diagrams, 2016.
[79] IEC, TC 65/SC 65A. IEC 61508, Functional safety of electrical/electronic/programmable electronic safety-related systems, 2010 to 2016.
[80] IEC, TC 69. IEC 61851-1, Electric vehicle conductive charging system – Part 1: General requirements, 2017.
[81] IEC, TC 69. IEC 61851-21-1, Electric vehicle conductive charging system – Part 21-1 Electric vehicle on-board charger EMC requirements for conductive connection to AC/DC supply, 2017.
[82] IEC, TC 69. IEC 61851-24/COR1, Electric vehicle conductive charging system – Part 24: Digital communication between a d.c. EV charging station and an electric vehicle for control of d.c. charging, 2014, corrected 2015.
[83] IEC, TC 69. IEC 61980-1/COR1, Electric vehicle wireless power transfer (WPT) systems – Part 1: General requirements, 2015, corrected 2017.
[84] IEC, TC 77. IEC 61000-1-2, Electromagnetic compatibility (EMC) – Part 1-2: General – Methodology for the achievement of functional safety of electrical and electronic systems including equipment with regard to electromagnetic phenomena, 2016.
[85] IEEE. 1394b IEEE Standard for a High-Performance Serial Bus – Amendment 2, 2002.
[86] IEEE. 1597.1 IEEE Standard for Validation of Computational Electromagnetics Computer Modeling and Simulations, 2009.
[87] IEEE. 1597.2 IEEE Recommended Practice for Validation of Computational Electromagnetics Computer Modeling and Simulations, 2011.
[88] IEEE. 1722, IEEE Standard for a Transport Protocol for Time-Sensitive Applications in Bridged Local Area Networks, 2016.
[89] IEEE. 802.11p IEEE Standard for Information technology – Local and metropolitan area networks – Specific requirements – Part 11: Wireless LAN Medium Access Control (MAC) and Physical Layer (PHY) Specifications Amendment 6: Wireless Access in Vehicular Environments, 2010.
[90] IEEE. 802.1as, IEEE Standard for Local and Metropolitan Area Networks – Timing and Synchronization for Time-Sensitive Applications in Bridged Local Area Networks, 2011, corrected in 2013 and 2016.
[91] IEEE. P1848 Standard Practice for Techniques and Measures to Manage Risks with Regard to Electromagnetic Disturbances, to be published.
[92] IET. Code of Practice for Electromagnetic Resilience, 2017.
[93] INMETRO. List of compulsory regulations, http://www.inmetro.gov.br, 2018.
[94] Innovation, Science and Economic Development Canada. ICES-002, Vehicles, Boats and Other Devices Propelled by an Internal Combustion Engine, Electrical Means or Both, updated February 2017.
[95] ISO/CASCO. ISO/IEC 17025 General requirements for the competence of testing and calibration laboratories, 2017.
[96] ISO/IEC JTC 1/SC 7. ISO/IEC 15504, Information technology – Process assessment – Parts 3 to 10, 2004 to 2013.
[97] ISO/IEC JTC 1/SC 7. ISO/IEC 33001, Information technology – Process assessment – Concepts and terminology, 2015.

[98]　ISO/IEC JTC 1/SC 7. ISO/IEC 33002, Information technology – Process assessment – Requirements for performing process assessment, 2015.

[99]　ISO/TC 127/SC 2. ISO 13766, Earth-moving machinery – Electromagnetic compatibility, 2018.

[100]　ISO/TC 150/SC 6. ISO 14117, Active implantable medical devices – Electromagnetic compatibility – EMC test protocols for implantable cardiac pacemakers, implantable cardioverter defibrillators and cardiac resynchronization devices, 2012.

[101]　ISO/TC 22/SC 31. ISO 10681, Road vehicles – Communication on FlexRay – Parts 1 to 2, 2010.

[102]　ISO/TC 22/SC 31. ISO 11898-1, Road vehicles – Controller area network (CAN) – Part 1: Data link layer and physical signalling, 2015.

[103]　ISO/TC 22/SC 31. ISO 11898-2, Road vehicles – Controller area network (CAN) – Part 2: High-speed medium access unit, 2016.

[104]　ISO/TC 22/SC 31. ISO 11898-3, Road vehicles – Controller area network (CAN) – Part 3: Low-speed, fault-tolerant, medium-dependent interface, 2006.

[105]　ISO/TC 22/SC 31. ISO 11992-1, Road vehicles – Interchange of digital information on electrical connections between towing and towed vehicles – Part 1: Physical and data-link layers, 2003.

[106]　ISO/TC 22/SC 31. ISO 11992-2, Road vehicles – Interchange of digital information on electrical connections between towing and towed vehicles – Part 2: Application layer for brakes and running gear, 2014.

[107]　ISO/TC 22/SC 31. ISO 15118, Road vehicles – Vehicle to grid communication interface – Parts 1 to 8, 2013 to 2018.

[108]　ISO/TC 22/SC 31. ISO 16845-1, Road vehicles – Controller area network (CAN) conformance test plan – Part 1: Data link layer and physical signalling, 2016.

[109]　ISO/TC 22/SC 31. ISO 16845-2, Road vehicles – Controller area network (CAN) conformance test plan – Part 2: High-speed medium access unit with selective wake-up functionality, 2014.

[110]　ISO/TC 22/SC 31. ISO 17458, Road vehicles – FlexRay communications system – Parts 1 to 5, 2013.

[111]　ISO/TC 22/SC 31. ISO 17987, Road vehicles – Local Interconnect Network (LIN) – Parts 1 to 7, 2016.

[112]　ISO/TC 22/SC 31. ISO 22896, Road vehicles – Deployment and sensor bus for occupant safety systems, 2006.

[113]　ISO/TC 22/SC 32. ISO 10605, Road vehicles – Test methods for electrical disturbances from electrostatic discharge, 2008, corrected 2010, amended 2014.

[114]　ISO/TC 22/SC 32. ISO 11451-1, Road vehicles – Vehicle test methods for electrical disturbances from narrowband radiated electromagnetic energy – Part 1: General principles and terminology, 2015.

[115]　ISO/TC 22/SC 32. ISO 11451-2, Road vehicles – Vehicle test methods for electrical disturbances from narrowband radiated electromagnetic energy – Part 2: Off-vehicle radiation sources, 2015.

[116] ISO/TC 22/SC 32. ISO 11451-3, Road vehicles – Vehicle test methods for electrical disturbances from narrowband radiated electromagnetic energy – Part 3: On-board transmitter simulation, 2015.

[117] ISO/TC 22/SC 32. ISO 11451-4, Road vehicles – Vehicle test methods for electrical disturbances from narrowband radiated electromagnetic energy – Part 4: Bulk current injection (BCI), 2013.

[118] ISO/TC 22/SC 32. ISO 11452-1, Road vehicles – Component test methods for electrical disturbances from narrowband radiated electromagnetic energy – Part 1: General principles and terminology, 2015.

[119] ISO/TC 22/SC 32. ISO 11452-10, Road vehicles – Component test methods for electrical disturbances from narrowband radiated electromagnetic energy – Part 10: Immunity to conducted disturbances in the extended audio frequency range, 2009.

[120] ISO/TC 22/SC 32. ISO 11452-11, Road vehicles – Component test methods for electrical disturbances from narrowband radiated electromagnetic energy – Part 11: Reverberation chamber frequency range, 2010.

[121] ISO/TC 22/SC 32. ISO 11452-2, Road vehicles – Component test methods for electrical disturbances from narrowband radiated electromagnetic energy – Part 2: Absorber-lined shielded enclosure, 2004.

[122] ISO/TC 22/SC 32. ISO 11452-3, Road vehicles – Component test methods for electrical disturbances from narrowband radiated electromagnetic energy – Part 3: Transverse electromagnetic (TEM) cell, 2016.

[123] ISO/TC 22/SC 32. ISO 11452-4, Road vehicles – Component test methods for electrical disturbances from narrowband radiated electromagnetic energy – Part 4: Harness excitation methods, 2011.

[124] ISO/TC 22/SC 32. ISO 11452-5, Road vehicles – Component test methods for electrical disturbances from narrowband radiated electromagnetic energy – Part 5: Stripline, 2002.

[125] ISO/TC 22/SC 32. ISO 11452-7, Road vehicles – Component test methods for electrical disturbances from narrowband radiated electromagnetic energy – Part 7: Direct radio frequency (RF) power injection, 2003, amended 2013.

[126] ISO/TC 22/SC 32. ISO 11452-8, Road vehicles – Component test methods for electrical disturbances from narrowband radiated electromagnetic energy – Part 8: Immunity to magnetic fields, 2015.

[127] ISO/TC 22/SC 32. ISO 11452-9, Road vehicles – Component test methods for electrical disturbances from narrowband radiated electromagnetic energy – Part 9: Portable transmitters, 2012.

[128] ISO/TC 22/SC 32. ISO 16750-2, Road vehicles – Environmental conditions and testing for electrical and electronic equipment – Part 2: Electrical loads, 2012.

[129] ISO/TC 22/SC 32. ISO 16750-3, Road vehicles – Environmental conditions and testing for electrical and electronic equipment – Part 3: Mechanical loads, 2012.

[130] ISO/TC 22/SC 32. ISO 16750-4, Road vehicles – Environmental conditions and testing for electrical and electronic equipment – Part 4: Climatic loads, 2010.

[131] ISO/TC 22/SC 32. ISO 16750-5, Road vehicles – Environmental conditions and testing for electrical and electronic equipment – Part 5: Chemical loads, 2010.

[132] ISO/TC 22/SC 32. ISO 26262-1, Road vehicles – Functional safety – Part 1: Vocabulary, 2011.

[133] ISO/TC 22/SC 32. ISO 26262-10, Road vehicles – Functional safety – Part 10: Guideline on ISO 26262, 2012.

[134] ISO/TC 22/SC 32. ISO 26262-2, Road vehicles – Functional safety – Part 2: Management of functional safety, 2011.

[135] ISO/TC 22/SC 32. ISO 26262-3, Road vehicles – Functional safety – Part 3: Concept phase, 2011.

[136] ISO/TC 22/SC 32. ISO 26262-4, Road vehicles – Functional safety – Part 4: Product development at the system level, 2011.

[137] ISO/TC 22/SC 32. ISO 26262-5, Road vehicles – Functional safety – Part 5: Product development at the hardware level, 2011.

[138] ISO/TC 22/SC 32. ISO 26262-6, Road vehicles – Functional safety – Part 6: Product development at the software level, 2011.

[139] ISO/TC 22/SC 32. ISO 26262-7, Road vehicles – Functional safety – Part 7: Production and operation, 2011.

[140] ISO/TC 22/SC 32. ISO 26262-8, Road vehicles – Functional safety – Part 8: Supporting processes, 2011.

[141] ISO/TC 22/SC 32. ISO 26262-9, Road vehicles – Functional safety – Part 9: Automotive Safety Integrity Level (ASIL)-oriented and safety-oriented analyses, 2011.

[142] ISO/TC 22/SC 32. ISO 7637-1, Road vehicles – Electrical disturbances from conduction and coupling – Part 1: Definitions and general considerations, 2015.

[143] ISO/TC 22/SC 32. ISO 7637-2, Road vehicles – Electrical disturbances from conduction and coupling – Part 2: Electrical transient conduction along supply lines only, 2011.

[144] ISO/TC 22/SC 32. ISO 7637-3, Road vehicles – Electrical disturbances from conduction and coupling – Part 3: Electrical transient transmission by capacitive and inductive coupling via lines other than supply lines, 2016.

[145] ISO/TC 22/SC 32. ISO 8820-1, Road vehicles – Fuse-links – Part 1: Definitions and general test requirements, 2014.

[146] ISO/TC 22/SC 32. ISO 8820-3, Road vehicles – Fuse-links – Part 3: Fuse-links with tabs (blade type) Type C (medium), Type E (high current) and Type F (miniature), 2015.

[147] ISO/TC 22/SC 32. ISO 8820-5, Road vehicles – Fuse-links – Part 5: Fuse-links with axial terminals (Strip fuse-links) Types SF 30 and SF 51 and test fixtures, 2015.

[148] ISO/TC 22/SC 32. ISO 8820-7, Road vehicles – Fuse-links – Part 7: Fuse-links with tabs (Type G) with rated voltage of 450 V (withdrawn), 2007.

[149] ISO/TC 22/SC 32. ISO/FDIS 26262-11, Road vehicles – Functional safety – Part 11: Guidelines on application of ISO 26262 to semiconductors, 2016.

[150] ISO/TC 22/SC 32. ISO/FDIS 26262-12, Road vehicles – Functional safety – Part 12: Adaptation for motorcycles, 2016.

[151] ISO/TC 22/SC 32. ISO/DTS 7637-4, Road Vehicles – Electrical disturbance by conduction and coupling – Part 4: Electrical transient conduction along shielded high voltage supply lines only, under development.

[152] ISO/TC 22/SC 32. ISO/PAS 19451-1, Application of ISO 26262:2011-2012 to semiconductors – Part 1: Application of concepts, 2016, corrected 2017.

[153] ISO/TC 22/SC 32. ISO/PAS 19451-2, Application of ISO 26262:2011-2012 to semiconductors – Part 2: Application of hardware qualification, 2016.

[154] ISO/TC 22/SC 32. ISO/TR 7637-5, Road vehicles – Electrical disturbances from conduction and coupling – Part 5: Enhanced definitions and verification methods for harmonization of pulse generators according to ISO 7637, 2016.

[155] ISO/TC 22/SC 38. ISO/PAS 19695, Motorcycles – Functional safety, December 2015.

[156] ISO/TC 23/SC 19. ISO 25119-1, Tractors and machinery for agriculture and forestry – Safety-related parts of control systems – Part 1: General principles for design and development, 2010.

[157] ISO/TC 23/SC 19. ISO 25119-2, Tractors and machinery for agriculture and forestry – Safety-related parts of control systems – Part 2: Concept phase, 2010.

[158] ISO/TC 23/SC 19. ISO 25119-3, Tractors and machinery for agriculture and forestry – Safety-related parts of control systems – Part 3: Series development, hardware and software, 2010.

[159] ISO/TC 23/SC 19. ISO 25119-4, Tractors and machinery for agriculture and forestry – Safety-related parts of control systems – Part 4: Production, operation, modification and supporting processes, 2010.

[160] ISO/TC 23/SC 2. ISO 14982, Agricultural and forestry machinery – Electromagnetic compatibility – Test methods and acceptance criteria, 1998.

[161] ITU. Radio regulations, 2016.

[162] P. B. Johns and R. L. Beurle. Numerical solution of 2-dimensional scattering problems using a transmission-line matrix. *Proceedings of the Institution of Electrical Engineers*, 118(9):1203–1208, 1971.

[163] Joseph B. Keller. Geometrical theory of diffraction. *Journal of the Optical Society of America*, 52(2):116–130, 1962.

[164] JSAE. D015, http://www.jsae.or.jp, 2015.

[165] M. Kelly, G. Servais, T. Diep, D. Lin, S. Twerefour, and G. Shah. A comparison of electrostatic discharge models and failure signatures for CMOS integrated circuit devices. In *Electrical Overstress/Electrostatic Discharge Symposium Proceedings*, pages 175–185, 1995.

[166] Vinod K. Khanna. *Insulated Gate Bipolar Transistor IGBT Theory and Design*. John Wiley & Sons, New York, 1st edition, 2004.

[167] Robert G. Kouyoumjian and Prabhakar H. Pathak. A uniform geometrical theory of diffraction for an edge in a perfectly conducting surface. *Proceedings of the IEEE*, 62(11):1448–1461, 1974.

[168]  Alois Krischke and Karl Rothammel. *Rothammels Antennenbuch (in German language)*. DARC-Buchreihe Antennentechnik. DARC-Verl., Baunatal, 13th edition, 2013.

[169]  Hao Ling, Ri-Chee Chou, and Shung-Wu Lee. Shooting and bouncing rays: Calculating the RCS of an arbitrarily shaped cavity. *IEEE Transactions on Antennas and Propagation*, 37(2):194–205, 1989.

[170]  Rudolf K. Luneburg. *Mathematical theory of optics*. PhD thesis, Brown University, Providence, RI, 1944.

[171]  Paolo Manfredi, Dries V. Ginste, Igor S. Stievano, Daniel De Zutter, and Flavio G. Canavero. Stochastic transmission line analysis via polynomial chaos methods: An overview. *IEEE Electromagnetic Compatibility Magazine*, 6(3):77–84, 2017.

[172]  Anthony J. M. Martin. *Feature selective validation*. PhD Thesis, De Montfort University, Leicester, 1999.

[173]  METI. Electrical appliances and materials safety act statutory operations implementation guide, http://www.meti.go.jp/policy/consumer/seian/denan/tetsuduki_annai/guide/denan_guide_en_ver2.pdf, 2014.

[174]  Mark I. Montrose. *EMC made simple: Printed circuit board and system design*. Montrose Compliance Services, Santa Clara, CA, 2014.

[175]  MOST Cooperation. MOST150 Electrical Physical Layer Sub-Specification, 2011.

[176]  Motorola. SPI Block User Guide, 2002.

[177]  Gerrit Mur. Absorbing boundary conditions for the finite-difference approximation of the time-domain electromagnetic-field equations. *IEEE Transactions on Electromagnetic Compatibility*, EMC-23(4):377–382, 1981.

[178]  Harald Naunheimer. *Automotive transmissions: Fundamentals, selection, design and application*. Springer, Heidelberg, 2nd edition, 2011.

[179]  NHTSA. Child safety, https://www.nhtsa.gov/road-safety/child-safety, 2018.

[180]  North Atlantic Treaty Organization. AECTP 500, Electrical/Electromagnetic environmental tests , 2011.

[181]  North Atlantic Treaty Organization. Standardization Agreement 4370, Environmental Testing, 2016.

[182]  Takanori Okoshi and Tanroku Miyoshi. The planar circuit – An approach to microwave integrated circuitry. *IEEE Transactions on Microwave Theory and Techniques*, 20(4):245–252, 1972.

[183]  Antonio Orlandi, Alistair P. Duffy, Bruce Archambeault, Giulio Antonini, Dawn E. Coleby, and Samuel Connor. Feature selective validation (FSV) for validation of computational electromagnetics (CEM). Part II – Assessment of FSV performance. *IEEE Transactions on Electromagnetic Compatibility*, 48(3):460–467, 2006.

[184]  Dominique Paret. *FlexRay and Its Applications: Real Time Multiplexed Network*. Wiley, New York, 2012.

[185]  Dominique Paret. *Multiplexed Networks for Embedded Systems: CAN, LIN, FlexRay, Safe-by-Wire*. Wiley, New York, 2008.

[186] Clayton R. Paul. *Analysis of multiconductor transmission lines*. IEEE Press, Hoboken, NJ, 2nd edition, 2008.

[187] Clayton R. Paul. Frequency response of multiconductor transmission lines illuminated by an electromagnetic field. *IEEE Transactions on Electromagnetic Compatibility*, EMC-18(4):183–190, 1976.

[188] Clayton R. Paul. *Introduction to Electromagnetic Compatibility*, volume 1 of *Wiley Series in Microwave and Optical Engineering*. Wiley, New York, 2nd edition, 2006.

[189] Detchko Pavlov. *Lead-acid batteries: science and technology: A handbook of lead-acid battery technology and its influence on the product*. Elsevier Professional, Amsterdam, 2011.

[190] Sergio A. Pignari, Giordano Spadacini, and Flavia Grassi. Modeling field-to-wire coupling in random bundles of wires. *IEEE Electromagnetic Compatibility Magazine*, 6(3):85–90, 2017.

[191] PSI5-consortium. *Peripheral sensor interface – Base standard*. 2016.

[192] Ali Rahmani, Babak Abdi, and Leila Yazdanparast. The effect of topology on life time of SMPS. In *2012 International Conference and Exposition on Electrical and Power Engineering (EPE 2012), 25–27 October, Iasi, Romania*, pages 891–893, 2012.

[193] Jens Rasmussen, Annelise M. Pejtersen, and L. P. Goodstein. *Cognitive systems engineering*. Wiley series in system engineering. Wiley, New York, 3rd edition, 1994.

[194] Konrad Reif, Karl E. Noreikat, and Kai Borgeest, editors. *Kraftfahrzeug-Hybridantriebe: Grundlagen, Komponenten, Systeme, Anwendungen*. Springer Vieweg, Wiesbaden, 2012.

[195] Robert S. Wrathall. A study of AC and switchmode coupling of currents to airbag squib ignitors. In *Workshop on Power Electronics in Transportation*, 1996.

[196] David E. Root, Jan Verspecht, Jason Horn, and Mihai Marcu. *X-parameters: Characterization, modeling, and design of nonlinear RF and microwave components*. The Cambridge RF and microwave engineering series. Cambridge Univ. Press, Cambridge, 2013.

[197] Hans-Leo Ross. *Functional safety for road vehicles: New challenges and solutions for E-mobility and automated driving*. Springer International Publishing, 1st edition, 2016.

[198] RTCA. DO-307, Aircraft Design and Certification for Portable Electronic Devices (PED) Tolerance, 2008, 15 December 2016.

[199] Albert Ruehli. Equivalent circuit models for three-dimensional multiconductor systems. *IEEE Transactions on Microwave Theory and Techniques*, 22(3):216–221, 1974.

[200] Albert Ruehli, Giulio Antonini, and Lijun Jiang. *Circuit oriented electromagnetic modeling using the PEEC techniques*. Wiley, Somerset, 2017.

[201] Terence Rybak and Mark Steffka, editors. *Automotive electromagnetic compatibility (EMC)*. Kluwer Academic Publishers, Boston, MA, 2004.

[202] Matthew N. O. Sadiku. *Monte Carlo methods for electromagnetics.* Taylor & Francis Group LLC, Boca Raton, FL, 2009.

[203] Matthew N. O. Sadiku. *Numerical techniques in electromagnetics with MATLAB.* CRC Press, Boca Raton, FL, 3rd edition, 2009.

[204] SAE. J1739, Potential Failure Mode and Effects Analysis in Design (Design FMEA), Potential Failure Mode and Effects Analysis in Manufacturing and Assembly Processes (Process FMEA), 2009.

[205] SAE. J1939, Serial control and communications heavy duty vehicle network, 2013.

[206] SAE. J2284/3, High-Speed CAN (HSC) for vehicle applications at 500 kbps, parts 1 and 2 refer to smaller data rates, 2016.

[207] SAE. J2411, Single wire can network for vehicle applications, 2000.

[208] SAE. J2716, SENT – Single edge nibble transmission for automotive applications, 2016.

[209] SAE. J3016, Taxonomy and definitions for terms related to driving automation systems for on-road motor vehicles, 2016.

[210] SAE. J3061, Cybersecurity guidebook for cyber-physical vehicle systems, 2016.

[211] SAE. J3076, Clock extension peripheral interface (CXPI), 2015.

[212] SAE. J3101, Requirements for hardware-protected security for ground vehicle applications, work in progress.

[213] M. S. Sandeep and Vivek Agarwal. Do-it-yourself fabrication of an open TEM-cell for EMC pre-compliance tests. *IEEE EMC Society Newsletter*, (218):66–71, 2008.

[214] Richard W. Selby. *Software engineering: Barry W. Boehm's lifetime contributions to software development, management, and research.* Software Engineering Best Practices. Wiley, New York, 1st edition, 2007.

[215] Ramino Serra, Andy C. Marvin, Franco Moglie, et al. Reverberation chambers à la carte: An overview of the different mode-stirring techniques. *IEEE Electromagnetic Compatibility Magazine*, 6(1):63–78, 2017.

[216] Ian Sommerville. *Software engineering.* Addison-Wesley Longman, London, 2015.

[217] Thiemo Stadtler and Robert Kebel. Using statistics to develop a new view on portable electronic devices on aircraft. *IEEE Electromagnetic Compatibility Magazine*, 5(4):80–84, 2016.

[218] Ronald B. Standler. *Protection of electronic circuits from overvoltages.* Dover Books on Electrical Engineering. Dover Publications, Newburyport, 2012.

[219] Warren L. Stutzman and Gary A. Thiele. *Antenna theory and design.* Wiley, Hoboken, NJ, 3rd edition, 2013.

[220] T. Halder. A reliability prediction of the flyback SMPS. *IEEE Indicon*, 2015.

[221] Allen Taflove and Susan C. Hagness. *Computational electrodynamics: The finite-difference time-domain method.* Artech House antennas and propagation library. Artech House, Boston, MA and London, 3rd edition, 2005.

[222] Transportation research board. The safety promise and challenge of automotive electronics: Insights from unintended acceleration, 2014.

[223] Pyotr Y. Ufimtsev. The 50-year anniversary of the PTD: Comments on the PTD's origin and development. *IEEE Antennas and Propagation Magazine*, 55(3):18–28, 2013.

[224] UN ECE. R10, Agreement Concerning the Adoption of Uniform Technical Prescriptions for Wheeled Vehicles, Equipment and Parts which can be Fitted and/or be Used on Wheeled Vehicles and the Conditions for Reciprocal Recognition of Approvals Granted on the Basis of these Prescriptions, 28 October 2016.

[225] US Department of Defense. MIL-STD-1316F, Design criteria standard, safety criteria for fuze design, 2017.

[226] US Department of Defense. MIL-STD-1629A, Procedures for performing a failure mode, effects and criticality analysis, 1980.

[227] US Department of Defense. MIL-STD-461G, Electromagnetic interference characteristics requirements for equipment, 2015.

[228] VDA. VDA 702, Situationskatalog E-Parameter nach ISO 26262-3, 2015.

[229] Steven H. Voldman. *ESD: Analog circuits and design*. ESD series. Wiley, Chichester, 2015.

[230] Wilfried Voss. *A comprehensible guide to controller area network*. Copperhill Media, Greenfield, MA, 2nd edition, 2010.

[231] Wilfried Voss. *A comprehensible guide to J1939*. Copperhill Media, Greenfield, MA, 2010.

[232] Thomas Weiland. A discretization method for the solution of Maxwell's equations for six-component fields (in German language). *Archiv fuer Elektronik und Uebertragungstechnik*, 31(3):116–120, 1977.

[233] Wired. Hackers Remotely Kill a Jeep on the Highway – With Me in It, https://www.wired.com/2015/07/hackers-remotely-kill-jeep-highway/.

[234] Wu Lifeng, Zhou Shihong, Du Yinyu, Guan Yong, Pan Wei. Research on failure analysis method of the key components in SMPS. In *2011 Prognostics & System Health Management Conference*, 2011.

[235] Kane S. Yee. Numerical solution of initial boundary value problems involving Maxwell's equations in isotropic media. *IEEE Transactions on Antennas and Propagation*, 14(3):302–307, 1966.

Translation from the English language edition: EMC and Functional Safety of Automotive Electronics
By Kai Borgeest
© The Institution of Engineering and Technology 2018
All Rights Reserved
版权所有，侵权必究。

This title is published in China by China Machine Press with license from The Institution of Engineering and Technology. This edition is authorized for sale in the Chinese mainland (excluding Hong Kong SAR, Macao SAR and Taiwan). Unauthorized export of this edition is a violation of the Copyright Act. Violation of this Law is subject to Civil and Criminal Penalties.

本书中文简体版由 The Institution of Engineering and Technology 授权机械工业出版社在中国大陆地区（不包括香港、澳门特别行政区及台湾地区）出版与发行。未经许可之出口，视为违反著作权法，将受法律之制裁。

北京市版权局著作权合同登记　图字：01-2019-4324。

## 图书在版编目（CIP）数据

汽车电子系统电磁兼容与功能安全/（德）凯·博格斯特（Kai Borgeest）编；胡兴煜，王远腾译．—北京：机械工业出版社，2020.7（2023.1重印）
（汽车先进技术译丛．汽车创新与开发系列）
书名原文：EMC and Functional Safety of Automotive Electronics
ISBN 978-7-111-65623-4

Ⅰ.①汽…　Ⅱ.①凯…②胡…③王…　Ⅲ.①汽车-电子系统-电磁兼容性-行车安全-研究　Ⅳ.①U463.6

中国版本图书馆 CIP 数据核字（2020）第 082653 号

机械工业出版社（北京市百万庄大街22号　邮政编码100037）
策划编辑：孙　鹏　责任编辑：孙　鹏
责任校对：张　薇　封面设计：鞠　杨
责任印制：张　博
北京建宏印刷有限公司印刷
2023年1月第1版第2次印刷
169mm×239mm · 12.5 印张 · 2 插页 · 255 千字
标准书号：ISBN 978-7-111-65623-4
定价：99.00 元

电话服务　　　　　　　　网络服务
客服电话：010-88361066　机 工 官 网：www.cmpbook.com
　　　　　010-88379833　机 工 官 博：weibo.com/cmp1952
　　　　　010-68326294　金　书　网：www.golden-book.com
**封底无防伪标均为盗版**　机工教育服务网：www.cmpedu.com